手把手教你提升
银行零售
业绩

宗学哲　王炳文◎著

中华工商联合出版社

图书在版编目（CIP）数据

手把手教你提升银行零售业绩 / 宗学哲，王炳文著
. —— 北京：中华工商联合出版社，2021.10
ISBN 978-7-5158-3198-5

Ⅰ.①手… Ⅱ.①宗… ②王… Ⅲ.①商业银行－银
行业务 Ⅳ.① F832.33

中国版本图书馆 CIP 数据核字 (2021) 第 213681 号

手把手教你提升银行零售业绩

作　　者：	宗学哲，王炳文
出 品 人：	李 梁
责任编辑：	胡小英
装帧设计：	回归视觉传达
责任审读：	李 征
责任印制：	迈致红
出版发行：	中华工商联合出版社有限责任公司
印　　刷：	香河县宏润印刷有限公司
版　　次：	2022 年 1 月第 1 版
印　　次：	2022 年 1 月第 1 次印刷
开　　本：	710mm×1000mm　1/16
字　　数：	315 千字
印　　张：	22.5
书　　号：	ISBN 978-7-5158-3198-5
定　　价：	88.00 元

服务热线：010 — 58301130 — 0（前台）
销售热线：010 — 58302977（网店部）
　　　　　010 — 58302166（门店部）
　　　　　010 — 58302837（馆配部、新媒体部）
　　　　　010 — 58302813（团购部）
地址邮编：北京市西城区西环广场 A 座
　　　　　19 — 20 层，100044
　　　　　http://www.chgslcbs.cn
投稿热线：010 — 58302907（总编室）
投稿邮箱：1621239583@qq.com

代序：离开 G 行的日子

二十七年前，一个春暖花开的时节，我入职 G 行一个在深山化工厂区的分理处，开始了自己的银行零售生涯。这一干，就再也没有离开过零售这条线。

有时自己觉得很庆幸，幸亏一直做零售，如果这二十多年有三分之一的时间用来做运营，三分之一的时间用来做对公，三分之一的时间用来做零售的话，那么我对零售的认识一定没有现在这样深刻。

二十七年做零售也算是误打误撞。从我个人来说，文凭一般，交际不行，更不是个八面玲珑的外向人。所以，我很清楚对公业务自己是做不了的，而零售是个"农民活"，一分耕耘，就会有一分收获，只要付出辛苦，只要肯下力，就一定能做出点成绩来。

这二十多年里我先后干过储蓄员、储蓄所主任、支行零售事后监督、支行个金部宣传员、总行零售部产品经理、分行财富中心主任、支行行长、一级分行零售部总经理、私人银行部总经理、总行网点导师等工作，无论是做哪项工作，我都充满了执着和发自内心的喜欢。

因为，热爱是最好的老师。

在储蓄所做储蓄员的时候，每到代发工资的时候，我们网点排队的人都特别多，大家经常忙得连午饭都吃不上，当时我向主任提了个小建议，没想到一下子就被主任采纳了。

为了缓解柜面的压力，我们举办了一个活动，只要是开立零存整取存单，并且每月存入300元以上，银行就送一床纯棉被罩，当时市场经济刚刚开始起步，纯棉被罩对很多人来说还算是个轻奢品，市场零售价都得40元以上。

我和储蓄所主任利用周日休息的时间到淄川批发市场上以每床11元的价格批发了一大批纯棉被罩。

为了让厂区的客户都了解这一活动，我们印制了上千份宣传单，写明了活动礼品，更关键的是宣传了零存整取能养成强制储蓄的习惯，以及利率高、省时省力，不用每月都到网点取工资办理转存等诸多好处，我们拜托厂里的财务处在发工资的时候，用订书机把宣传单订在工资条上。紧接着我们又在厂报头版位置做了广告，进行深入宣传。

另外，在我们网点门口还悬挂了红色的大条幅。为了确保宣传效果，我们还买了个小喇叭，在网点门口天天播放："开零存整取送纯棉被罩了，数量有限，先到先得。"

这一系列"广告组合拳"打出后，一传十、十传百，来开零存整取的客户特别多，大家都生怕开晚了，被罩送光了。

经过一个多月的忙碌后，我们网点排队取工资的人逐渐减少了。又过了两个月，呈现断崖式下降，大家终于能够吃上午饭了。不但达到了预期的柜面分流效果，更关键的是我们的存款额度一个劲儿地往上涨，年底一看数据，代发工资留存率全市行第一，全年储蓄存款增量全市行第一！

第二年，我回到了市内的G行中心路南储蓄所，现在看存款余额1亿元不值得一提了，但是当时却是我们全市唯一一个"亿元储蓄所"。

储蓄所靠近火车站，叫号量非常大，但很多客户是办理取现、汇款等交易型业务的，存钱的人相对比较少。当时我就想，怎样让客户都办理我们的存款业务呢？

叫他买不如教他买。这时我首先想到了宣传和普及存款知识的重要性。一开始，我就手工画了一块很大的黑板报，把怎样存定期更合算，怎样办理挂失，怎样办理部分提前支取，怎样存款利率高，利率上行存哪个期限更合适等等存款的小窍门登在黑板报上。因为文章图文并茂，每篇文章都用案例型的小故事开头，所以吸引了很多人观看。

其次，我又编写了一版适合会计和出纳看的《结算之友》，当时也有小企业的会计对一些银行术语弄不明白，我就用浅显易懂的语言变成银行知识普及指南：什么叫承兑，承兑就是给您一张承诺书，承诺半年以后给您钱，这样承诺兑付就是承兑汇票；背书就是在支票背面书写；贴现就是不到期的承兑汇票贴上钱变现……

这两个黑板报每天都有人围着看，还有人拿出本子把内容抄下来。于是我一咬牙又做了一个惊人举动：把家里当时仅有的1万元积蓄拿出来，买了一台当时算是比较先进的486台式电脑，一台NEC（日本电气股份有限公司）的针式打印机。为什么买这种针式打印机呢？因为当时网点的打印纸是带复写功能的，只要用针式打印机打，一下子就能打印出五张纸。

后来，我用WPS软件精心排版编辑的小报《G行储户之友》《G行结算指南》一面市，就吸引了大家的眼球。每期一打印出来，就被一抢而空。

为了扩大宣传效果，我专门找到网点对面报摊的王大爷，让他当成赠品送给买报的市民，因为大爷经常找我们换零钱，所以他也很乐意给我们帮忙。此后，这个小报渐渐地在网点周围就有了一定的影响力，每期出来，很多人专程来找我们要。

有一天，一位上级领导到我们网点来指导工作。领导检查完工作后，看到等候区很多客户人手一张小报，都在津津有味地读着。于是，那位领导也拿起一张看了起来，一边看一边不住地点头，这时旁边一个客户对那位领导说："他们这个网点服务真好，我们本来离得很远，听说他们能教我们怎样存款更合算的存款小窍门，所以我们就把钱转这里来了，结果跟着这个小报学，存款还真多得了不少利息呢！"

"这个办法好，小报是你们分行统一做的吗？"领导问道。

我们所主任说："这是我们一个储蓄员做的！"一边说她一边指向正在柜台里办理业务的我。

领导于是走到我的柜台前，问道："你怎么想起来办这个小报的？"

我立马起身汇报："报告领导，我们G行是客户身边的银行，可信赖的银行，我们一直在想怎样让客户感到服务在身边和值得信赖，要用我们的热情和专业让客户体验到！所以我们主任就带着大家一起做了这个小报。"

领导听完，转身对我们分行行长说："这个小伙不错，说得太好了！"

结果没过几天，我就接到了任职文件，去附近的新华街储蓄所当主任。

这件事给我一个体会，就是如果你把网点当成自己的家，用心去投入，那么这个家就会给你带来回报。

心有多大，舞台就有多大。这是马云说的一句话，我觉得他说的"心"，不是指事业心，而是指责任心。

后来，我开始利用业余时间学习，并且把自己办小报的事继续坚持做了下来，后来我还把这些原创的稿子投给了《山东城市存款报》，几乎每期都有刊登。

那时，G行和人民银行分家时间不长，在大家眼里，是个金饭碗，有些人觉得有了这个金饭碗，不用努力照样能生活得很好。但是，我不这么想，我把别人喝酒抽烟打扑克的时间利用了起来，不断学习，拿到了本科文凭，同时，出版了自己的第一本理财类图书《变成有钱人并不难》。

任何事情都是墙内开花墙外香，身边无伟人，但是，我抓住了当时理财刚刚起步这个绝佳的时机，考到了AFP等理财证书，后来又参加了工商银行和搜狐网举办的全国理财大赛，获得了冠军。

我的体会是，理财经理、客户经理一定要参加各种行内行外的比赛。营销的最高境界就是营销自己。这些都是将来走向成长之路的铺路石。

流水不争先，争的是滔滔不绝。

经过一段时间锲而不舍的努力，自己逐渐积累了点小资本。这时，刚刚成立一年多的浙商银行向我敞开了大门，我从G行一名一线员工直接走上了总行零售部产品经理的岗位。

浙商银行总部在杭州庆春路上，行内食堂设在了楼顶，吃饭的时候，映入眼帘的是烟波浩渺的西湖，以及远处桃红柳绿的苏堤。

虽说在浙商银行只工作了一年多的时间，但是浙商银行"简单务实，效益第一"的理念却让我受益匪浅。首先，浙商团队的综合素质是非常强的，其他银行员工可能有上进的也有消极的，但在浙商银行，总行零售部几乎都是清华、浙大等名校的高才生，人人都阳光上进，加班加点，任劳任怨，很少听到消极的话语。其次，浙商银行的文化是：不看文凭，只看能力，不听花言巧语，只看个人业绩。这点对我触动最大，而且学会了浙商银行的服务文化，只要一线的同事到总行零售部来办事，一定要帮一线同事安排住宿和吃饭，让一线员工感受到总行机关的细致服务。

我觉得，管理部门的最高境界是以你的专业能力和智慧去指导一线，让一线信服你，如果这点做不到，那就低下身子，好好为他们服务也算尽职。

在浙商银行工作了一年多后，因为离家太远，加上老人身体不好，所以便回到了老家的这家股份制银行筹建当时的财富中心。做了一年的财富中心主任，后来按照行里的安排去筹建一个新的支行。

零售业务就是俯身耕耘，支行开业后，我每天三件事，做饭，看表，发材料。为什么做饭呢？我觉得一个锅里摸勺子才叫一家人，行长亲自做饭肯定会增加家庭感和凝聚力；看表就是看业绩升降表，看资金进出表，看客户升降级预警表等等，当行长如果不了解数据，就是两眼一抹黑；发材料就是每天站在网点门口发宣传单，往里导客。看似发传单，其实里面有好多学问：发单页分三步，导入，促成，签单。首先单页要多印，我们支行专门买了一台二手的速印机，一分钟就能印60多张，另外导入也有和客户交流沟通的技巧，又有人员分工技巧，当支行行长如果天天坐在办公室里是无法掌握这些技巧的。

为了打造特色，我们把网点定位成了"岛城首家理财特色支行"，靠宣传打市场，靠理财树品牌，靠服务赢客户，网点叫号量很快就涨起来了，每天叫号量达到500个以上。

从开业第一年开始，个人存款、客户量、AUM余额年年增长额都是全行第一名。全总行500家社区银行，AUM余额排前两位的都在我所在的支行。如今这家支行早已超过了 50 亿元零售资产，成为全总行名列前茅的明星零售支行。

后来，我担任了分行零售部的总经理，我的体会是无论是做行长，还是做老总，其实很简单，就是抓好三件事：一是市场，二是产品，三是管理团队，说白了就是三个琢磨：一个是琢磨客户需求，一个是琢磨产品，一个是琢磨人。

比如琢磨产品，就要真正了解产品的卖点和适应群体，编成顺口溜，让大家好记，晨会天天讲，最终大家就会慢慢接受这个理念了。比如：

要想生活好，快买安存宝；

要想收入多，就得卖信托；

客户黏性高，定投要做好；

要想成长快，赶快做个贷；

要想零售强，赶快做私行。

当零售部的管理者就是既要让一线愿意按照你的思路去营销，又要吃透总行和分行的考核奖励政策，让大家通过多劳多得见到实惠。每次搞竞赛，搞活动，我都会让零售部的同事们，做一张《一张看得懂的某某竞赛拿钱表》，充分宣导，调动，接下来只要好好做好服务就等着收获果实了。

琢磨人就是琢磨一线员工素质的提升，不断地加强培训，让大家苦干能干加巧干。比如怎样提升个人和网点业绩，我也编了顺口溜：

资管新规要学好，业绩提升离不了；

宣传展板要用心，网点才能多拉新；

存款要想涨的好，大额存单是个宝；

个贷要想盈利高，非房业务要做好；

理财产品要转型，资产配置要先行；

电话营销扎实做，客户升级结硕果；

零售业务要深耕，全年业绩一定红。

我们总行一位老领导说过一句话，零售业务就是要大力发扬"五千精神"，我觉得很精辟：走千山万水、访千家万户、道千言万语、理千头万绪、想千方百计、吃千辛万苦。所以，作为零售管理者更是要厘清思路，想方设法把团队带好。其中零售管理者的"四有"是我这些年工作过程中最深刻的体会：

一是你得有腿。零售业务是下面千条线，上面一根针。作为管理者要善待理财经理等条线人员，从喊昵称开始，把他们当成自己的兄弟姐妹。工作上关心他们的成长，生活上关心他们的喜怒哀乐。同时，分行建立了投顾团队，选拔支行优秀理财经理组成一个团队，负责零售指标的落实、业务的培训、客户的资产配置服务等等。这支团队还是非常给力的，起到了"带动一大片"的作用。

二是你得有招。零售各种劳动竞赛活动，一定围绕着简单、易懂、好推广这三个元素。通报中多用模拟绩效，天天有排名让大家每天看到自己的收入变化，积极性自然就有了。利用简报、短视频、千聊等工具及时传播好的经验，让大家不断学习，知道要什么，怎么干。同时，零售管理者要把客户给支行或员工送上门，利用各种媒体广告、大数据等渠道给一线同事提供获客线索。另外，要善于当教练，思路清晰，让一线同事服你，经常和员工交流，利用晨夕会多宣导各种活动，好的培训不是灌输，而是点燃员工思想的火花。

三是你得有情。不痴迷不成活儿。对零售要投入真情，人性化带团队，投入时间和员工打成一片。多鼓励员工，表扬员工要大张旗鼓，批评员工要关起门来，树立大家的信心，增强团队的凝聚力，投入真情，让每个人不断成长。零售管理者的最高境界是：烘云托月出华彩，高山流水遍知音。

四是你得有公。孔子说"不患寡而患不均"。因此，作为管理者最大的忌讳是厚此薄彼，有亲有疏，一定要一碗水端平。不要收取支行和员工送的任何东西。要知道吃人嘴软，拿人手短，靠这些致不了富。同时，零售管理者不能和员工争利，钱散则人聚。所以，银行管理者的收入有两条，一个是把工作干好，业绩做好，多得绩效；二是学会理财，做好资产配置，做时间的朋友，尽早实现财务自由。

本书中的内容一部分是零售实战专家王炳文先生写的业绩提升、活动策划、网点宣传等内容；另一部分是我做支行行长、零售部总经理等工作的心得笔记，不当之处，还请大家多多批评指正。

人生的奋斗期往往只有二三十年，一转眼自己已经到了离开管理岗位、转业务序列的年龄。回顾自己的工作经历，觉得很庆幸，也很知足。如果说我最后的工作单位给了我施展的舞台，那么浙商则给了我新的思维和理念，G行使我完成了金融专业的积累，更是给了我最好的沉淀。可以说没有G行，就没有后来的开花结果，所以我满怀感恩，专门利用自己的专业和零售经历，把G行与股份制银行的零售营销模式进行对照与分析，纯属个人观点，仅供参考。

人尚未奔跑，时代却已策马扬鞭。

这是一个飞速发展的时代，这是一个两个月不学习就落后的时代。本书的内容全是最新的真实案例，这本书没有任何的理论，只是做真人真事的记录和展现。写这本书的目的，可能不只是把我们的技巧说出来，更多的是一颗热爱零售的心，以及对自己所在单位的感恩！

因上努力，果上随缘。希望这本书能给大家一些技巧性提示，同时，更是希望这本书能够点燃大家的一点火花，在今后的职业生涯中，努力提升自我，因为让自己提升最快、最稳妥的方式，不是找关系，走捷径，而是要不断学习，提升自我。在自己喜欢和最擅长之间找一个点，然后俯身耕耘，假以时日，必有收获。

最后特别感谢对本书做出贡献的金融界领导和同事以及各位亲朋好友们：李睿康、刘树伟、王大龙、宗海彤、仝彩虹、吴继昕、姜凤、栗兆群。

——宗学哲　王炳文
于北京

目录 CONTENTS

第三章　把握理财趋势，提升网点业绩 / 59

第一章

领导喜欢，客户信赖
——卓越理财经理
是怎样炼成的

理财经理行不行，没有客户等于零。当前财富管理的方向是从卖方市场向买方投顾转型，作为一名银行的理财经理或客户经理，首先要做到的是维护客户，加强通联，打造自己的人设，让客户一想到理财或者银行的时候，首先想到的就是你，这样就成功了一大半。其次，就是要提高自己的专业技能，靠感情维护只能维护一时，只有"感情＋专业"才会让客户死心塌地跟你走。那怎样做到这些呢？请看本章内容。

营销要说人话——银行人怎样说话客户才能听得懂

"开门红"又来了。

近期，许多一线网点的分管行长、理财经理都在备战，都想借着"开门红"大展拳脚，最好是把"开门红"做成"全年红"。

好的开始，是成功的一半。

但实行起来谈何容易！因此有不少人抱怨："我们搞的活动达不到想要的效果，就连我们发出的信息、递出的传单，也都事倍功半，在客户那里似乎是出力不讨好，这是为什么呢？"

答案可能是我们的表达方式客户看不懂，我们的语言逻辑客户不理解，我们迫切想提供的恰恰是客户不想要的，我们急于实现的正好是客户不"感冒"的。

所以客户不买账，我们不出业绩。

曲高难免和寡，找对人是关键！

还是以案说理。

Q银行为给"开门红"期间储备私人银行客户，专门做了一期针对私人银行客户子女的名为"青少年财经思维训练营"的活动。

关于如期开展"青少年财经思维训练营"活动的通知

为持续践行本行零售发展战略，为全辖各经营单位拓展私行客户提供获客场景，满足私行客户子女素质教育方面的多元化需求，助力分行私行业务更快更好地发展，分行定于12月6日如期举办"青少年财经思维训练营"第一期，现将相关事宜通知如下：

1. 活动时间

20××年12月6日14：00-17：00

2. 活动地点

分行×楼大讲堂及私行中心

3. 活动主题

训练营第一期——钱从哪里来

4. 报名条件

今年新晋达标私行客户和今年AUM提升大于50万元的存量私行客户子女（年龄为9~12岁），达标客户也可将活动名额转让给其亲朋好友。

5. 报名时间

首轮报名确认时间为20××年11月30日，名额有限，满额即止。

6. 相关工作要求

本次青少年财经思维训练营活动要求大幅激活存量私行客户及待提升客户，分行将按比例进行抽查。

怎么样？至少从表面上看，活动的对象是9至12岁的私行客户子女，目标非常清晰；活动场地是大讲堂及私人银行中心，选址非常切题；活动主旨是孩子去训练营玩，家长来茶水室休息，理财经理全程陪同，边喝茶边聊天边了解边营销，活动流程非常明确，这是理想状态，非常丰满。

然而，现实却无情打脸。

通知是11月初发的，到报名截止日，30天的时间，20家支行，报了3个意向客户。3个，还是意向的，不确定的。

奇怪。

主管此事的零售部急了眼，一面要求每家支行必须邀请不少于 3 个孩子参加活动，一面又紧急下发了电话邀约话术如下（此可作为邀约的参考话术）：

活动价值的话术：

"张先生，您好！我是××银行的小刘。今年咱们总行推出了一个青少年财经思维培养的项目，有利于咱们孩子建立财经思维方面的认知和能力，比如说规划能力、金钱和时间的管理能力、内驱力等。咱们这次运用'芬兰现象式'教育的理念，采用体验式的活动方式，让孩子既能学习知识，又能进行情景体验，非常好玩，特别受孩子喜欢。我们线下的主题是：钱从哪里来，我给您介绍一下……"

客户关系的话术：

"我们分行也好不容易争取到一场，我立刻就想到您了。这次也是名额有限，先报名先得。您先看您和孩子感不感兴趣？"

推销产品的话术：

"这次活动只对咱们私行客户开放，如果您觉得机会挺好，就只需要您×××（客户达标标准），我们现在正好有一个产品×××，您要觉得合适，我赶紧给您预留名额。这次活动的人员还能获得我们总行私人银行部的金融实践证书，同时今后参与三场活动后，可以获得金融博物馆金融启蒙中心的一人一个编码的金融实践证书，也是给孩子提升履历的好机会，这也是我们总行考虑孩子们的需求特意给咱们私行客户定制的。怎么样？我们的关系是最好的，我们的产品是最棒的，我们的活动是为您量身打造的……"

角度抓得全全的，痛点拿得准准的，字里行间诚意满满的。

但是，一顿操作猛如虎，报名人数纹丝未动。

咄咄怪事。

笔者随机采访了一位理财经理小贾，问他在邀约过程中有什么难处，有什么困难不好克服。小贾摇着头叹道："我太难了！"

分行此次活动的对象是"私行客户 9 至 12 岁子女"，私行客户在每家支行各层级客户中人数占比本来就少；2008~2012 年，连二胎政策都没放开，我市这几年中出生的孩子自然也就少，两下重叠，少之又少。

就算是恰好有私行客户家里恰好有这个年龄段的孩子，问题又来了——活动的时间是周日，现在的孩子们，哪个在周末是不上兴趣班的呢？

答案是实在是少。

也就是说，Q 银行的这场私行活动，无意中和各路儿童辅导班抢起了生源。那怎么抢得过？

再一了解，组织这场活动的两位私行经理（即私人银行经理），未婚，未育。

这个案例告诉我们，曲高难免和寡。要使我们说的话让客户能听懂，首先是要让听我们说话的客户足够多，也可以理解为，要找对人——定位好我们的目标客户。其次，才是让客户理解我们说的是什么、想要表达什么。

当然，有共同语言的前提是有共同的经历，正如歌中所唱的"同样的感受给了我们同样的渴望，同样的欢乐给了我们同一首歌"。要让客户听得懂我们说的话，要感同身受，还要站在客户的立场去设计我们的营销。

如何让客户愿意听、喜欢听、想听？

冲刺"开门红"，几乎所有的银行财私业务条线都要做电话营销。理财经理每天必须要给客户打电话，有的银行要求不严，每天打 10 个电话，每通电话 15 秒就能过关；有的银行催逼甚紧，每天打 20 个电话，每个电话要接通持续 1 分钟以上才能算通关。

这个关，外行人觉得好过，只有干过的人才懂得实在是不易。

难就难在，100 通电话要 5 天内打给 100 个人，每人再聊上 1 分半钟；难就难在，要和陌生人有效沟通 1 分钟，对方还能不迅速挂掉电话，耐着性子听你说完。

如果时间是金钱，打电话陌拜就相当于借钱，向不认识的人借钱——难！

有一次在 W 银行走访中，我发现理财经理小杜做起通联来，和其他理财经理有所不同。进一步观察，我发现当其他理财经理还在不遗余力地推销产品时，小杜却在忙不迭地向客户说明短信服务的收费政策，其他理财经理才说几句就被挂断了电话，小杜却侃侃而谈，一个电话能聊三五分钟。

奥秘何在？

趁着中午吃饭，凑到小杜对面坐下，求他赐教。小杜笑着给我来了个大揭秘。

每周要打一百通电话，拨给同一客户的所有电话又都会被合计为一通，所以陌生客户电话营销就不得不做。从哪里入手呢？偶然的机会，小杜发现有不少账户中存钱不多的客户，一般 1 万元左右，他们中的许多人都在默认状态下被收取每月 1 元的短信服务费，有的账户使用频率不高，明细里却每月有扣费，费用虽不高，却连绵不绝。小杜就打着用微信提示替代短信提示的旗子，接通电话后，先温馨告知客户"短信收费"，等客户表示异议，又关切地提出解决方案，待客户觉得小杜在帮他，在接受用微信换短信的方案后，再寒暄几句，顺便抛出几款重点产品推销。服务在前，销售在后，客户自然不好意思断然拒绝，耐着性子也要听小杜把话说完。

小杜很得意，电销很轻松。

这又告诉我们，要使我们的话让客户听得懂，前提是客户要愿意听，至少要听得完吧。又不能摁着客户听，所以必然要说客户愿意听、喜欢听、想听的话，那具体要说什么呢？是与客户利益息息相关的事情。

电话营销、面对面营销也都是如此。开门见山、开宗明义，先要把客户的胃口调足，把客户吸引住。

某银行面向私行客户及准私行客户搞了一场主题为"名医面对面"的医疗保健类活动，目的是提升私行客户感受，他们的邀约话术如下：

××您好，我是银行的×××，因为您现在已经是我们的私行客户，总行为了感谢像您一样的私行客户（贵宾客户）对我们的支持，所以特意邀请了北京的著名医学专家来到我市，可以安排跟您进行一个 20 分钟的互动，回答您感兴趣的问题，这位专家可是中央首长直属的保健专家呢，机会非常难得。全市一共就 20 个名额，今天我收到消息立刻就给您先占上了。这个名额您可以自己用也可以转给您的亲戚或者朋友用，我们这个活动定在本月 15 日，您看我给您约在哪个时间段比较方便？

还有一家银行的"沉睡"客户唤醒专享电话营销，话术是这样的：

先生（女士）您好，我是 ×× 银行客户经理 ×××，我们网点就在 ×××，您知道我们吧？（停顿）

我行正做老客户的回馈活动，系统提示您是我行的老客户，所以您可以享受我们的两项福利：（停顿）

福利一是只需您在我行存款达到 5 万元就可以享受我行年化收益 4% 不等的固收高收益理财服务。要知道，目前我市常见的理财产品年化收益为 4% 以下，咱这些高收益理财产品目前主要用于回馈老客户，如果您感兴趣，那么咱们赶紧约个时间，您过来了解一下，我担心过几天额度可能就没有了。您看您明天上午有时间还是下午有时间？！

（对方不感兴趣）没关系，对于您这样的老客户，我们还有第二项福利送给您——如果您是我行达标客户，那么就可以享受 10 元看电影、10 元洗车、加油卡充 200 元得 300 元，以及美食满 300 元减 200 元的活动，这些活动的优惠力度挺大的，一年下来能帮您节省不少钱，您想享受一下吗？！

我建议您明天带好您的身份证和银行卡，来我行查询一下您是否是我行达标客户，也便于您早日享受这些活动福利，您说好吗？

天下熙熙，皆为利来。有好处的地方，人人都愿意倾听。

如何说客户听得懂的话？

在"开门红"期间的外拓宣传中，说客户听得懂的话，关系到宣传的效果，关系到营销的成败。

这里就不得不谈宣传时的文案设计，不管是电话营销还是短信推送，都离不开合理的文案设计。而文案最重要的不是辞藻华丽、文不加点，而是让人一看就明白。电话营销说的话要让对方听得懂，短信推送的内容要让对方看得懂。

前阵子，笔者在走访网点过程中，看到A银行所有的网点都在为筹备"开门红"期间的零售业务，拉近与周边社区居民的距离，大力做"写给客户的一封信"活动。

具体来说，就是写一封热情洋溢、含情脉脉、深情款款、洋洋洒洒的信，A4纸正反面，前后字数大约500字，装在信封里，等下班后，由理财经理挨家挨户去投递。

且不论效果如何，试想有多少人会在拿到信后，逐字逐句地通读全文，并在信的最后看到"新客户理财，5万元起，4.1%"的那一行小字呢？

尤其是奔忙了一天的上班族，至于老年人，哎，不戴老花镜真的看不清啊！

要使客户听得懂我们说的话，就要言简意赅、老少皆宜。

我认识一位支行行长，他告诉我他们网点的海报、宣传单，都是由保安、保洁去绘制设计的。因为保安、保洁就是典型的当地居民，就是网点客户主体的缩影，最明白、最通晓客户的审美习惯。

据说，在某次由客户做评委的支行手绘海报比赛中，保安员和保洁员的作品虽然文字歪七扭八、图案粗犷简约，但是得票率最高。

要让客户听得懂，文案要言简意赅，更要先声夺人。

怎么夺？

现在，我们每个人每天收到的这样那样的短信、微信，多如牛毛、应接不暇，但是因为垃圾信息太多，所以客户停留在营销短信息上的时间非常短，短到只有"一瞥"。

只这"一瞥"，客户会主观判断短信是否有用。因此，银行的营销短信，给客户的第一印象非常关键。

那如何能在稍纵即逝的时间里抓住客户的眼球呢？答案是需要好的文案

设计。

举个例子：

"尊敬的客户，您好！我行近期推出90天定期产品，预期年化收益率××%，存款起点5万元，额度有限，欲购从速，您可通过网上银行、电话银行购买。具体细节请详询您的理财经理×××。××银行。"

很多人，只要一看到手机屏幕跳出"尊敬的客户"打头的信息提示，立马就会将其归入推销短信类，甚至都不会点开去看详细内容。

因为推销美容卡、健身卡、电话卡、化妆品、小额贷款……也都是用这个开头，大家早就对此厌倦、反感、疲惫，本能的反应就是直接删掉。

这样的短信文案，很容易营销失败。

那怎么开头好呢？

其实短信营销，不管对方是我们熟悉的还是不熟悉的，最好是以亲切、准确的称呼，如"王哥""李哥""王姐""张姐"来开头，但凡是这么开头的短信，很少会有人不看。因为这样的短信表明这是活生生的人在说话。

"你正好需要，我正好专业"，才是好的营销！

千万不要为了达到"让客户听懂"的目的，进行无节制地营销。

客户当然有可能懂却装不懂。我们都有这样的经历，去理发，理发师从开始到结束，不是关心我们对发型的要求、对服务的感受怎么样，而是不停地念叨："办张卡好吗？现在办卡有优惠，活动就剩下这几天了……"如果装糊涂、打哈哈说下次，那么他又恳求道："我这个月有任务，求求你，帮帮忙吧！"哎，这头发才理到一半，断然拒绝吧，担心影响他情绪，给咱不好好剃；要是给他个面子呢，委曲求全，又影响自己的心情，进退两难，感觉很不爽。因为不爽，所以下次，就绝对不会再去那家理发店。

本来可以做个长期买卖，结果一次就黄了。这该怪谁呢？要怪就怪对方话太多。

　　理发师在头发剪一半的时候给推介办卡，我们走不了，不听也不行。银行里就不行，不该说的话说多了，客户不爽，下次可能去对面的银行，得不偿失。

　　只要是我们的客户，只要客户还选择我们银行，只要我们时刻关注，营销就有的是机会，有的是时间，有的是成功的可能。一个人现在没有贷款需求，不代表他永远没有贷款需求；一个人现在没有信用卡需求，不代表他永远没有信用卡需求；一个人现在不理财，不代表他永远不理财。在合适的时间、合适的地方、用合适的方法向客户推荐合适的产品，也就是所谓的"你正好需要，我正好专业"，才是好的营销。何必小不忍而乱大谋呢？

　　客户如果听不懂，怎么解释也不懂，那就索性不再解释，下次有机会再说。

　　营销是门语言的艺术，更是交往的艺术。

　　事实上，当你把一款产品成功地营销给一位客户后，一定不要说了"再见"就当作永别，从此对客户弃之不顾。他既然能接受你的建议一次，就会接受并认可你第二次、第三次……不断提供服务，穿插进行营销，就一定有机会推出第二款、第三款产品，就可以不断深化客户的信任。客户感受到我们产品的质量、服务的周到，产生了愉悦感、满足感，"独乐不如众乐"，出于分享的目的、炫耀的目的，就会把我们以及我们的产品和服务推荐给他身边的人。对于我们来说，最棒的销售员永远是我们的客户。

稳存款，防流失——怎么让客户死心塌地跟你走

作为银行理财经理的所有喜悦和欢欣，在客户转进新资金、提升新层级的那一刻达到顶峰后，便没有任何过渡地跌入客户资金转走、层级下降的担忧，距离到期日越近，这种担忧越强烈，直到变成焦虑……如果客户资金得以新的产品承接，这时喜悦却又几乎可以忽略不计，而担忧却未曾减少。

世界上的事，得失之间，大抵如此。

银行财富管理多是"不出为进"

让更多的钱存进来，但一分钱也不要流失，这就是理财经理每一天的工作。

至少，进的要比出的多。

至少，进的要比出的快。

至少，进的无论如何也要有点儿，出的无论如何也要少点儿。

最好别出。

有人说，实操中的银行财富管理业务，核心奥妙无非四个字：不出为进。

这宛如醍醐灌顶。

所以首先作为理财经理，一定要"金金计较"！

下面我们以某社区银行为例算几笔账。

该银行总资产 5.5 亿元，如果把这 5.5 亿元资金，都购买年化收益 5% 的一年期固定收益理财产品，则到期收益为 2750 万元。也就是说，社区银行开年什么也不用做，就能"坐地日行八万里"，资产净增 2750 万元。但是，要拉 2750 万元存款，谈何容易？所以，在营销中尽量留住客户的分红和利息，营销小额定期储蓄、基金定投、天天理财，实质上就是"保卫胜利果实"。

要留下客户的人，目的是留下客户的钱。

逆水行舟，不进则退。怎么做才能让客户不走呢？

不走的客户长啥样？

很多同行都有此感：在银行做理财经理久了，经历的事情多了，凭经验就能判断啥样的客户会走、啥样的客户不会走。这是可以根据经验、凭借特点画出像来的。

还是以案说理。

月初，Q 银行城北支行的一位客户王总被城南支行给"撬行"了。

"撬行"，这是城北支行现任零售分管行长小北拿来形容挖转本系统客户这种在她看来不道德行为的最贴切、最生动的词汇。

王总的夫人是城北支行私人银行客户，非常忠实，还发动全家开了个人账户，以备理财之用。城南支行的零售分管行长小南，和客户有过一面之缘。

那客户到底是归谁呢？答曰：城北支行的对公客户经理张丽丽。她是客户的朋友、邻居，客户最早也是经由她介绍来行理财的，算归属自然是归她，也自然是归城北。

"我们（和王总）的关系，非常亲密，非常牢固。"张丽丽这样觉得。

但与客户仅有一面之缘的城南支行零售行长却"暗渡陈仓"，单人匹马到王总单位拜访，捎带着还给王总配置了 200 万元的私募基金。

喜报发到分行微信群，城北支行还心里嘀咕："他们哪里来的这一大单呢？"等到查询 PCRM 系统发现客户新进资金再去联系，为时已晚。

要命的是，按照他们分行的考核规则，客户在购买产品时输入员工的推荐人代码并实现层级提升的，客户管辖归属将自动划归推荐人所在支行。

城北自然不会吃哑巴亏，赶忙由张丽丽领着行长小北追到王总单位拜访。

"您是我们的客户，也是丽丽的朋友，以后就由我们来维护您的理财事宜……城南那边，您就……我们会把服务做好的！"小北的态度很诚恳。

"好的，以后就找你们，我上次也不太清楚。"王总给小北吃了颗定心丸，又安抚似地转进 400 万元购买了一款配售比例 30% 的基金，还主动提出要在城北支行做房产抵押经营贷款，支持支行的贷款业务。

"王总，配售后的退款，您看我们再为您配置些什么产品好呢？信托可以吗？"小北给丽丽使眼色，丽丽也连声附和，还是买信托的好。

"先办下贷款再说吧！"王总点点头。

要知道王总这回的 400 万元写的推荐人代码是小北的，也同时提升了层级。

"哈哈，这么一来，客户又能回到自己手里了。"小北的喜悦和欢欣达到了顶点。

接下来的一周，小北没日没夜地拉着个贷经理们为王总这笔业务和分行风险部门反复拉锯、反复沟通，不知道反复补充了多少材料，也不知道反复推倒重来多少次……

终于，贷款批下来了。她带着达到顶点的喜悦心情来到王总办公室，向王总报喜，王总很高兴，留她吃饭。

席间她满怀信心，又提出配售退款的理财方案，王总笑着说："城南的小南昨天来过，她已经都我买上私募基金了。"

我们许多理财经理都笃信，只要我们把最好的服务提供给客户，只要我们足够真诚实在，客户就一定会选择我们、信任我们。

但只是从这个案例看，往往又不尽然。

笔者在 Q 银行的多家支行任过理财经理，后来又从 Q 银行跳槽到 Y 银行，也曾深谙"客户走与留"的世态炎凉——

有的客户，你分明对他倾注了很大的心力、费了很大成本去维护，一旦你调岗到其他支行，他不出一周就把你微信删了；

有的客户，你分明也没怎么上心，也没怎么用力，你前脚走，他却紧跟着来追随你；

有的客户，自己会用手机银行、网上银行操作，平时不到网点来，你跳槽了，她看看你的新单位新产品不错，也能来站脚助威；

还有的客户，你们只是彼此互加过微信，他也只是路过向你咨询过产品，并没有实际往来，但可能有一天他突然给你打电话、发微信，要来购买产品，一出手还实力不凡……

客户和我们的关系是双向的。客户走，我们也在走，只有那些跟着走的客户，才是属于我们的客户，也才是不会轻易走的客户。

既是打理家财，更是人情世故

客户走走来来是常态。要留下客户的钱，先留下客户的人。没有一定要做的生意，但要有一定要交的朋友。

那时候，经常有新入职的理财经理问笔者："对于理财经理，对市场的专业把握和对客户的精准把握，哪个更重要？"

笔者认为，都很重要。一方面，把握不住产品，就把握不住客户；另一方面，产品亏得一塌糊涂，客户怎么能把握得住？即使不闹不告，也很少再会继续和理财经理合作。

但精准把握住客户，不仅能将合适的产品配给合适的人，能投客户所好加深感情，更能在关键时刻挽救和客户的关系。

怎么把握？

依然是以案说理。

老刘曾在多家网点任职理财经理，去年跳槽升级为资深理财经理。

他告诉笔者，在网点里我们永远把握不了客户，想把握客户，就一定要时不时去他家里坐坐。

真是至理名言！

有一次，他们网点要搬迁到一个比较远的地方，为了防止客户流失，于是对相对熟悉的客户，他带着小礼品挨家挨户去拜访，当面告诉客户网点要搬到某某地方，请他们能继续支持自己的工作，给自己帮帮忙。

而客户的反应也基本上都很痛快，而且那之后，他好像和客户的感情更亲近了。

客户跟不跟咱走，归根到底是一个"信赖"的问题，是信任程度的问题。当客户的家门为你敞开，那就有其他很多事都可以向你敞开，受信任的程度自然前所未有。

客户的家门，是竖在我们与客户关系间的最后一层窗户纸。捅破了，也就把握了。

老刘还告诉笔者，在 2018 年底，他给客户张大爷销售的私募基金亏损 20%，投入的 100 万元本金只回来不到 80 万元，而且因为产品反复延期兑付，前后存续了 3 年之久，他当初做的"双录"也意外丢失。

形势十分不利。

他觉得大爷肯定跟他没完，内心焦虑，压力巨大。

大爷得知消息后，也如意料之中那样异常愤怒，开始时扬言要到支行打横幅、到市政府静坐，发誓要讨回公道。支行领导对此很紧张，明令老刘不许产生负面舆情，否则后果自担。老刘无奈只得硬着头皮，带着礼物几次登门赔礼道歉、提解决方案。

一来二去，老刘发现张大爷没有老伴儿，儿子也不太来往，当时恰逢中秋，他从酒店订了好酒好菜陪大爷在家过节。

几杯酒下肚，张大爷终于向老刘敞开了心扉。

原来大爷早年间生意失败还被生意伙伴设局坑骗，闹了个倾家荡产、妻离子散，只能远走他乡、颠沛流离，一晃就是十多年，三年前他结束漂泊、终于回家，却早已物是人非，这次他本打算与朋友凑钱合伙购买私募基金，为自己多挣些钱养老，却命途多舛，折了本金，按理说合伙投资的亏损应该均摊，大爷于心不忍，自己揽了下来。他之前所以那样激动，是怕银行不再管他，不给找出路、想方案。

他这些年背着生意失败的"锅"，东躲西藏，好容易安定下来，不想再闹腾。

老刘当即口头向大爷保证，会找合适的产品帮大爷再把亏损补回来，哪怕三年五年只要大爷给机会，就一定对大爷负责到底。

大爷默然良久，表示同意。

前年、去年基金行情火热，老刘为大爷看准配置的几支基金，最少的盈利 30%，不仅帮大爷补好之前的亏损，还小赚一笔。

看完这个案例，就说把握客户都要从串门开始，那是以偏概全。但与客户越近，对客户的了解就越深入；了解越深入，营销就越能有的放矢，这是公理。况且，对于资产量不算太大（300 万元上下）的中老年客户，尤其是老年客户来说，这一招无往不利，这也是实情。笔者采访了一些有跳槽经历的理财经理，他们也都对此表示认可，也都提到对于这一类客户，再好的厅堂服务不如逢年过节去客户家坐坐。

在营销上，礼品不是万能的，但没有礼品是万万不能的！

江湖不是打打杀杀，江湖是人情世故。精准把握客户，归根结底是人情的礼尚往来。

笔者读过许多讲"留住客户"的营销文章，有的从产品入手，有的从福利回馈谈起，有的从服务切进，有的从技巧说起，这些都很必要，也更多浮在"术"的层面，未及"道"的层次。客户与我们，归根结底是商业买卖关系，是利益关系，却又不能单纯以牟利为目的去经营、去维系，理财经理想要让客户不离开银行，倒不如想办法让客户离不开自己，去经营的也理应是人与人的关系。

也唯有如此，理财经理才能在越来越变化莫测、竞争激烈的金融市场中，谋长治、求久安。

理财经理日常遇到的五个营销难题

第一个难题：理财、基金负收益的客户怎么做好安抚，赎回后用什么方法挽留？

理财首先要看是否是形成实亏，还是账面浮亏，如果是定开型、滚动型或长期净值产品（含债券基金），因为净值下跌，账面上形成了亏损，先不要立即就赎回止损，应对市场进行分析，如果是对中长期看好，客户又不是急着用钱，则可以考虑继续观察一段时间，向客户讲明自己的判断。

其次，客户形成事实亏损之后，可以考虑用总行专属的长期产品来进行承接，以补偿产品为由，用时间换取空间来计算收益，比如目前普通理财和存单的年化收益都在3.8%左右，而银行的长期理财相对较高一些，假设把超过3.8%的超额收益，计算成为过去亏损的弥补，最终既能解决投诉问题，又能达到销售中长期产品的目的。

另外，对待亏损客户要打感情牌，一边解释资管新规打破规定的形势下，净值化产品出现浮动是常态；一边要打感情牌，用礼品等方式尽量安抚客户。

第二个难题：他行客户怎么营销，拉到我们网点办业务？

首先，产品优势要会讲。吸引客户无外乎两个方面，产品比他们高，或者感情比他们好，另外要用好展业夹，把产品的收益等要素做个比较，做成表格，成功率更高。

其次，要用田忌赛马的理念，用理财拉对手的存款，用代理理财拉对手的自营理财。多做宣传，酒好也怕巷子深。

另外，在转别人的钱上花再多的钱和精力都是值得的。如果理财 POS 不能用，尽量让客户开通对方手机银行或网银，实在要到对方银行办理转款，尽量穿便装陪着去。

第三个难题：理财负收益的客户，通知后，再联系打电话也不接了，发微信也不回了，客户不愿意说地址。怎么能联系客户让他把钱再转回来？

与其把精力用在这方面，不如把精力花在开拓新的客户上。因为不是所有的客户都愿意终生跟随我们的。

第四个难题：营销买过保险的老客户，客户说已经买了不少了，不想再买了，这样的话再怎么营销趸交？

首先，突出趸交保险兼具的保险和理财的双重功能，拿长期收益和理财以及存款做比较。

另外，一切生意的本质都是需要和客户熟悉，销售保险的核心是对方信任你。

第五个难题：无论怎么说客户就不买保险，主要是大道理他比我们还多，怎样营销？

首先给他讲保险已经成为一种趋势，同时，根据年龄刺激客户的痛点。

另外，讲回来还是熟悉和信任问题，要不断把客户的黏性做好，银行活动搞得非常多，但是一定要建立日常客户的回馈机制，光靠平常小打小闹，让他来参加个活动，是很难和客户建立黏性的。比如有一家支行，每月给高端客户送某个品牌的山鸡蛋，习惯了吃他们的山鸡蛋，客户资金的稳定性自然也就高了。

厅堂人员信用卡联动开借记卡营销话术

某年某月某日，客户来网点激活信用卡后——

厅堂经理："王先生，恭喜您成为我行信用卡客户，我行针对信用卡客户推出了两项大福利。福利一：建议您开一张我行借记卡并和信用卡绑定关联自动还款，这样能够避免您忘记还款时间而导致信用卡逾期影响您的征信记录。并且今天正好有活动，开卡绑定还款即可获赠韩国指甲剪、限量版马克杯等礼品，我现在帮您开上？"

客户："不用了，我工资卡在城商行，已经绑定城商行卡自动还款了。"

厅堂经理："当然从城商行还款也行，但是您也知道我行的活期产品比城商行高出很多，城商行活期产品年化收益一般是 2.5% 左右，我行有一款'日薪月益'定活两便理财产品，存期越长收益越高，年化收益可达 3.35%，关键是可以随时支取，还信用卡非常方便。您觉得怎样？"

客户："我考虑一下，以后再说吧。"

厅堂经理："我们还有一项福利，您现在办理储蓄卡关联还款，存款资金达到一定金额，不但利率高多得利息，对您今后信用卡提额也有很大帮助。我现在帮您开上？"

客户："好，开吧。"

厅堂经理："好的，卡开好了，我加下您的微信吧，今后我会把我们肯德基、海底捞、必胜客等半价优惠活动及时发给您，您扫一下我的微信吧！"

招行理财经理是怎样把代发工资留存率提升到 50% 的

银行的代发工资的留存率一直是各个行零售业务的重点，但是除了送礼品之外，还有好的技巧吗？招行银行某支行的代发工资留存率为 50%，由此带动全行的活期存款占比高达 90%，代发工资为支行做出了突出贡献。

那么，如何把代发工资留存率提升到 50% 呢？

第一，最适合代发客户的两个产品，一个活期理财，二是信用卡。理财经理应该在开卡时积极营销这个产品，代发工资客户产品持有率提升了，代发留存率自然就会得到提升。

第二，公司零售要联动，细节到位能制胜。让对公客户经理陪同一起营销，我们的对公老板一般都是他行的私行客户，因此，我们一般让对公和零售客户经理结对子，一起营销。在和老板见面的时候，理财经理和其建立联系，对老板的个人理财进行专属服务，进而和财务人员逐渐熟悉，进而通过理财讲座等方式，对该企业的代发全员进行零售产品的交叉营销，提升留存率。

第三，经营好自己的朋友圈，专门对代发客户设置标签，通过朋友圈多发送适合代发客户的各种福利和产品。比如很多代发客户基金定投获得较好收益的实际案例，吸引客户加入基金定投。

第四，对于留存率比较高的客户重点进行维护，争取让他开通手机银行、定投、工资卡绑定微信支付，从而提高代发工资卡的使用率。同时重点客户的生日发送个性化祝福，以及根据客户等级进行回馈。提示积分兑换，理财优惠券，专属产品等专属福利，拉近距离。

第五，做好 MGM，代发工资客户一般相互认识，通过重点人，转介有礼，相约一起参加我行活动等，让其帮助介绍引荐，给他提供专属理财服务，实现客户的快速上量。

招行厅堂人员"456 主动营销"标准

标准一：柜员 4 必做

1. 迎送客户必递送单页；

2. 办理业务必营销产品；

3. 办理完毕必须加微信；

4. 遇到理财意向必做转介。

标准二：大堂 5 必做

1. 有人看展板必出门营销；

2. 客户进门必递送单页，每天客流量少的时候必在门口发单页；

3. 厅堂客户必加微信；

4. 了解客户需求，及时转介理财或个贷经理；

5. 去自助设备区域主动挖掘客户。

标准三：理财经理 6 必做

1. 人多必做厅堂微沙龙；

2. 客户业务到期必做电话提醒；

3. 每天电话营销 1531（15 个电话，邀约 3 场面谈，1 个成交）；

4. 必看 CRM 客户资金变动，防止流失；

5. 每天必须做一笔定投或保险或 1 张信用卡；

6. 每天客流少的时候坚持外拓半个小时。

招行低值客户跟进营销七大招

低值客户是银行最大的金矿，但是往往很多支行却舍近求远，浪费了这一最大的资源人。那么，招行某支行是怎样做低值客户跟进营销的呢？

招数一：三张表推自己

加微信后发送名片照片、理财单页照片、信用卡和招行零售客户福利表。

招数二：看圈了解客户

多给客户点赞，通过客户朋友圈看他是从事什么工作的，比如，经商的就直接发送理财宝等活期产品；经常消费的，发送信用卡信息；老年人发送健康类、年底活动类的信息，并一对一发带有客户姓氏称呼的个性化微信。

招数三：产品跟进很重要

对于排斥理财的，先从活期理财和短期新客理财开始逐步让客户接受，营销客户陆续将闲置资金转入我行，资金大了再推高收益系列等优势产品。

招数四：日常维护要做好

客户生日，重大节日，重大财经事件，发带有客户姓氏称呼的个性维护，慢慢增加黏性，让客户慢慢接受我们。

招数五：锲而不舍跟得紧

隔段时间再次致电或再次发微信，说说"开门红"的优势产品，是抢购的，非常难得，错过了机会就只能再等一年。

招数六：产品比较抓卖点

慢慢了解当初是为啥把钱转走的，转到哪里去了，通过对比，和他现有的产品进行比较，其他行存款高，我们就用理财；其他行理财高，我们就用资管，一年下来比其他行高出 2000 多块钱，三个月的买菜钱出来了。

招数七：登堂入户讲技巧

客户不来，我们就送上门。借助中国移动进村进行套餐产品营销时机，与移动同事一起上门对客户进行营销。当面营销比电销和微信营销效果都好。要带着折页，和客户说，凭此单页到我们网点办理任何业务都给他送礼品。

理财经理、客户经理怎样规划自己的职业生涯

回顾自己的职业生涯，刚刚参加工作的情景仿佛还在昨日，如今已是到快退休的年龄。刚刚进银行的时候，师傅和我说，读万卷书，不如行万里路。后来，参加工作时间长了，师傅又说，行万里路，不如阅人无数。再后来，我明白了一个更深刻的道理：阅人无数，不如师傅指路。

转眼自己也成了别人眼中的师傅。由于工作关系，这些年经常到系统内的各个分行去做内训，我也常会把自己的经验教训讲给大家听。好多学员说，老师讲的业务内容对我们有一定启发，但是老师讲的工作敬业精神和职业生涯规划方面的案例，却让大家很受启发。每个人性格不同，在银行内确实应该选择更适合自己的工作方向。

我们把理财经理和客户经理暂且分为业绩型、沟通型和专业型三种，这三种人分别该走哪个职业生涯的路线，怎样做才能让自己的未来更好呢？

业绩型职业路线：理财经理→客户部经理→行助

业绩型员工的特点是销售能力强，客户维护能力强，工作上有较强的争先意识。这种类型的理财经理、客户经理就适合把业绩做好。理财经理行不行，没有业绩等于零。很多银行特别是股份制银行在员工晋升时往往很注重业绩，这种类型的员工平时在自己上业绩的同时，要多起"传帮带"作用，多为领导出谋划策，同时对于上级的部署能够做到冲锋

在前。

除此以外，业绩型员工大局观再强一点，责任心再强一点，客户部经理岗位竞聘的时候就占优势了。竞聘上客户部经理岗位之后，学会吃亏在前，享受在后，别和员工争利，并且利用自己的聪明才智，把整个团队业绩带动起来。行内的各种活动多参加，在分行内提高自己管理和业绩的知名度，等有了合适的机会竞聘行长助理岗位就是水到渠成的事情了。

沟通型职业路线：理财经理→分行管理岗→总助

沟通型员工的特点是性格外向，胸怀宽广，能写会说，乐于助人，多数人在大学期间做过学生会干部，朋友多，爱交往，善于处理同事以及与上级的关系。

如果您具备这几种特质，那就是沟通型的人才。上级行机关，经常要从一线选拔人才，而上级行选拔员工更看重的往往不是业绩，而是沟通能力。因为机关更需要"会来事儿"的员工，用起来顺手，办事能让各方面满意。

这样的员工要想展示自己，要多参加分行的演讲比赛、专业知识比赛以及年会演出等；支行有需要跑分行的活儿要多去，混个脸熟，同时和机关同事打交道也是学习的机会。去分行机关一般三条路，一个是通过业务知识竞赛、演讲等展示的机会给领导留下好印象；二是人缘好，有人向领导推荐；三是分行的竞聘机会。这三条很难说哪条是捷径，我的建议是条条大路通罗马，你永远不知道哪块云彩会下雨。

从一线到了分行管理岗之后，要注意多为一线解决实际问题，不要推诿扯皮。好多同事往往一到机关，刚开始还行，但慢慢的，身上或多或少有了"衙门气"，这是机关管理岗同事的大忌。

既然自己是沟通型的人，在和上级领导处理好关系、和同事谦逊相处以及多给同事帮忙的同时，始终要坚定为一线服务的意识。金杯银杯不如一线员

工的口碑。有了好的群众基础，当好多支行行长主动找你谈，挖你到他们支行当行长助理的时候，你晋升的机会就快来了。有些机会，根本就不是自己争取来的，而是大家都抢着挖你，把你捧起来的。

专业型职业路线：理财经理→贵宾理财主任→行助

有的同事说，我业绩一般，又不是特别善于沟通，性格偏内向。严格意义上说，这都不是缺点，上帝在给你关上一扇窗的时候，一定给你打开了一扇门。这种类型的员工往往能坐得住，能够静下心来去研究某件事情，适合走专业型路线。

专业路线听起来有点太宽泛，有点老虎吃天无从下口的感觉。做理财经理或零售客户经理，基本的证书是要有的：AFP、基金从业资格证、证券从业资格证。然后，找一个自己喜欢的专业内容把它研究到极致。学习很枯燥，要耐得住寂寞，要想人前显贵，就得背后受罪。

极致到什么程度呢？比如在整个分行，一说到开放式基金，大家就想到你，这就是做到了极致，做出了品牌。在银行，想做到样样通的全才是很难的，把某个小的门类研究透就很好了。

专业的最高境界不是自己懂，而是要把自己的知识宣传出去。比如，自己注册个公众号、抖音、视频号等，通过文章和视频的方式进行传播；行内行外各种理财大赛一定要积极参加，因为获奖并不是像你想象的那样难。

有专业，还要会吆喝才是这类员工规划自己的必备模式。专业型的人往往做单纯的管理可能会有一定缺陷，但是竞聘专业性强的管理岗位可能就具备优势，因此专业型理财经理和客户经理的第一目标就是贵宾室理财主任。等经过几年的历练，专业和管理都上升到一个较高水平的时候，行长助理就靠资历和能力了。做时间的朋友，是金子总会发光。

至于判断自己是3个类型中哪种员工，可以自己分析，也可以问问身边比较熟悉的同事。其实这 3 种类型，不是分的特别清楚，你中有我，我中有你。但是无论是哪个类型，都离不开自己的努力。

事实证明：你不努力，一切都跟你没有关系！

影响理财经理人生规划的五大因素

影响理财经理人生规划的五大因素，如图 1-1 所示。

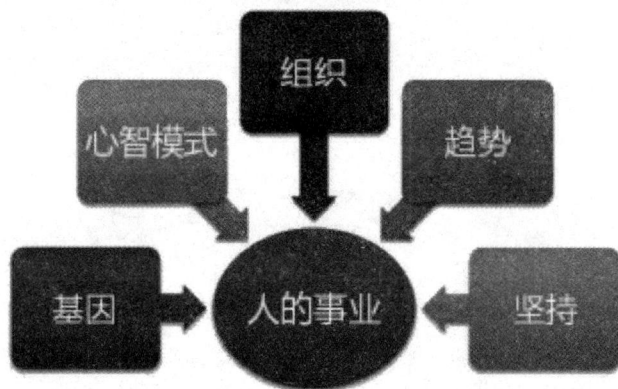

图 1-1　理财经理的职业生涯规划

因素一：基因

一个人的成长与自身的基因有很大关系，有些人智力非凡，天生聪明，有人 15 岁就大学毕业了，这确实比不了。但是两个基因一样的人可能会因为心智模式不一样，而走出完全不同的人生之路。

因素二：心智模式

心智模式，简单说就是一个人习以为常、理所当然的认知。有的人把努力和进取当成一种人生习惯，有的人把惰性和享乐当成一种生活目标，那努力和进取的人就会比惰性和享乐的人发展的好，人生会因为你的心智模式而完全不一样。

另外一个心智模式就是自己的价值观和世界观，即做人要有所敬畏，恪守底线，遵守道德。康德说，这个世界上有两样东西值得我们仰望终身，一个是头顶上璀璨的星空，一个是心中高尚的道德。道德是一个金融从业者职业生涯的基本底线。

因素三：组织

两个都很努力和进取的人，也并不是齐头并进，都会发展得很好。一切都是因上努力，果上随缘。这里面有机遇的问题，而人生中最大的机遇就是你遇上一个什么样的组织。

现在很多同事都认为银行工作压力大，天天怨声载道，口口声声干够了。但有些人辞职离开银行之后，却并不是十分如意，因为进银行毕竟还是有门槛的，而且门槛越低的工作竞争就越大。

现在自己面临退休，越来越体会到，好的组织对自己一生的重要性，组织就是自己的平台，离开了这个平台自己什么都不是。因此遇到困难要想办法克服，人生哪有事事如意，钱多活少离家近，哪有这么多好事？

风物长宜放眼量。趁着年轻，珍惜组织，做好沉淀，将来才会开花结果。

因素四：趋势

两个人都在同一个组织里，并不是勤奋努力就一定能如愿以偿，这还取决你能否把握住一个好的趋势。

趋势就是根据银行的发展形势，选择一个更有前景的专业。我刚刚参加银行工作的时候，"一等人干信贷，二等人干会计，三等人干储蓄"。但现在却已经不一样了，各家银行零售业务在全行盈利中的占比呈现逐年递增之势，所以，做零售的同事不要临渊羡鱼，总觉得对公或信贷好，建议大家把自己的零售业务做通做精，俯身耕耘，静等收获。

因素五：坚持

最后，懂得把握趋势的人，是否能够执着和坚持也是成功的关键。

现在有些年轻人老觉得命运对自己不公，才干了3年柜员，便觉得干柜员自己屈才，将来没有出息。其实三百六十行，行行出状元，当柜员很容易，当优秀柜员很难；同样当理财经理容易，当优秀理财经理很难——人生的坚持和沉淀是最大的财富。

执着就是树立目标，坚定地往前走，做时间的朋友。

第二章

看得懂，学得会，用得上
——听优秀银行人
讲案例

一个民族不能没有英雄，一个好零售营销不能没有先锋。本章节都是我们身边优秀的理财经理、客户经理、柜员以及管理人员口述的营销和管理心得，业绩骄人，内容新颖，案例真实，相信对于在营销和管理中始终找不到突破方向的读者来说，这些案例就像是一颗颗珍珠，只要学以致用，融会贯通，定会为您所用，为大家的零售业绩增光添彩。

我是怎样通过资产配置一次营销 100 万期交保险的

李女士，年龄 51 岁，常年在国外生活，有自己的企业，有一定的风险承受能力。通过一年多来的沟通维护，和客户逐渐建立了信任，资金从几万元增长到了 700 万元，客户还配置了两个每年缴 100 万元，连续缴 5 年的期交保险，并且实现了"存款 + 自营理财 + 信托 + 保险 + 信用卡"五种产品的交叉营销，把资金打散进行组合，客户黏性得到了较大提升。

第一，"四有"维护提升黏性

一年多以前，和客户刚认识的时候资金只有几万元，但在办理业务的过程中，我及时加了她微信，此后，我经常给她点赞，后来我发现我在朋友圈发理财产品的时候，她偶尔也给我点赞，而且有时会问我们起点比较高的私行类产品，于是我便及时向支行理财经理和分行私行部产品经理请教，主动尝试先用高收益理财来吸引她。

后来，她从其他银行转入 600 万元，买了我行的一款信托产品。购买产品之后，我加强了维护，在高科园支行行领导和同事们的大力支持下，我能够做到平时有活动，节日有祝福，生日有礼物，到期有提醒，并且落实每月都有电访和面访，逐渐和客户成了无话不谈的好朋友。

产品到期后，客户对我的信任感大大提升。于是，我开始利用学到的知识向她做产品配置。

第二，资产配置"微笑的5"

客户只是持有一种单一产品，到期后客户流失的概率是50%，但是配置到5种产品，流失的概率就将降为5%，也就说，当客户有持银行保险等5种产品的时候，她进门就会向我们微笑。

"微笑的5"一直是我营销的目标，但是配置保险产品不是一蹴而就的，而是需要前期大量的沟通与准备以及话术营销，当时客户信托到期690万元，该客户对收益有一定要求，并有一定的风险承受能力，再加上资管新规出台后，理财收益慢慢呈现出下降的趋势，所以，如果还是像以前一样到期转存，考虑利率下行及转存等待时间，理财收益就会打8折左右。

不仅客户的综合收益率会损失，还容易流失客户。所以在这种情况下，我以长期配置为主线，先后为客户配置了存款、保险、自营理财、信托、信用卡等产品，这样既能保障客户资金的流动性、收益性和稳妥性，又能增强我们的客户黏性，提升客户在银行的资产收益。

第三，量身定制突出专业

考虑到客户平时有一定流动资金的要求，而且年龄已经51岁了，几年后就会面临退休养老的问题，所以首先我觉得要从养老方面有一个基本的保障，这时候保险就是最合适的选择。

这样，我结合标准普尔资产配置图，详见图2-1所示，从要花的钱、保命的钱、保本升值的钱等多个角度，以专业的视角帮客户分析组合投资的重要性，根据客户的资产量，我选择了配置100万元5年的期交保险，第十年开始每年返钱，如果客户每年的钱不用的话，还可以进入到万能账户，这样就是每年的收益再生息，也就是复利增长。爱因斯坦说，复利是世界第八大奇迹，复利的收益往往能够引起客户的强烈兴趣。

但这样面临的第一个问题就是连交5年的话，需要前五年每年都进100万元，客户会觉得麻烦，所以在这时我又给客户配置了3年期4.75%的私行产品，每季付给客户的收益，客户可以随意支配，如果不用还可以放在活期或买入我行灵活型天添盈理财产品，每年返的本金会直接进入到保险产品中，这样客户前四年都不需要考虑保险每年进钱所带来的麻烦，返的钱也不会流失，而是进入新的产品里复利增长。

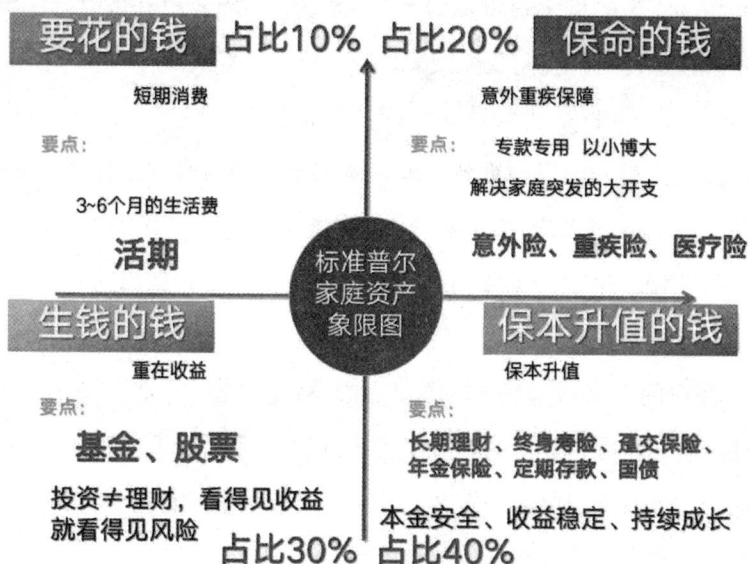

图 2-1　标准普尔家庭资产配置图

第四，"营销垫板"促成利器

上面的标准普尔配置图，我们也可以把它叫作"营销垫板"，也就是营销铺垫的模板，这样给客户讲解产品，客户看起来会更加清晰，接受度也会更高。

理财是靠历史长河和无缝对接来实现的，所以不论从稳妥性、收益性、流动性来说，以长期产品为主的组合式投资，客户赚取较高收益，银行赚取较高中收益，实现的是银行和客户的双赢。

（理财经理 宋海彤）

我是怎样每天开 15 笔大额存单的

在领导和同事的大力支持下，我本月营销大额存单 310 笔，金额 8700 万元，平均每天销售 15 笔。今天就与大家分享一下我销售大额存单的一些心得，希望能对各位小伙伴们的日常营销有一些帮助。总体来说，我的销售秘诀有以下五点：

第一，巧选客户

不同的产品，有不同的目标群体，选对了目标群体，营销工作往往可以起到事半功倍的效果。怎么个挑选法呢？主要看年龄，老年人客户群体是最容易接受的群体，所以凡是进到网点来的老年人，无论是不是办理理财业务的，我都会找准时机向他说一说，我们大额存单的好处，只要开口，就会有效果，老年客户群体对于这款产品的接受度非常的高，成功率差不多会达到百分之五十。

第二，识别意向

除去年龄的因素，客户来买理财，通常会先询问工作人员有没有稳妥类的理财时，我会抓住机会先向其推荐大额存单，客户接受度几乎为百分之一百。

第三，妙解话术

刚才说到大额存单两个营销起来比较容易的群体，那是不是其他客户群体就无法介入了呢？答案当然是否定的，关键在于我们的营销话术。

举个例子来说，客户王先生来买一百万高收益理财。我是这样跟他说的：

王哥，我们现在高一点的理财收益差不多在百分之四左右，但是我不建议您再买了，为啥呢？资管新规听说过了吧，实行后所有的产品打破刚性兑付，所有保本类的产品一律都没有了，所以我建议您现在买一款能够锁定长期固定收益的产品，我们目前就有一款这样的产品，重点是它是一款存款产品，无风险，最长期限为三年，三年到期累计收益是12.54%。而且这款产品你有急用的时候随时可以支取。你这个月买上，下个月开始每个月给您返利息，收益实实在在看得见，而且返还的利息还可以再生息，您这一百万元存三年，每个月可以领取的利息是三千五百块钱，相当于你在咱们城市有一套一百多平的房子租了出去，收了房租。但现在一百万元在咱们这个城市可买不起一套房子呀，买了我们这款产品多划算。

请大家注意，以下是挑重点的时间。首先，我会跟客户说总收益而不是分期收益。其次，资管新规下的银行理财走势是必须要说的内容。还有，一定要强调是存款，重要的事情说三遍，让客户买得放心，用得舒心。另外，说完营销话术之后，发现有些客户在我行只有五万元或者十万元的理财，这个时候我会主动跟客户说，您的金额不够，起点金额20万元呀，您看看在其他行还有没有钱凑一凑呗。这个产品很难得，全国都在抢额度，过了这阵儿可能就没有了。通过这种方式愿意购买的客户，会想办法去筹款，往往最终购买的金额远远大于20万元。

第四，柜台联动

我与柜台密切的联动，也是经常能够出单的一个主要原因。有些客户来到网点，直接就去柜台办理业务了，在办理存取款业务的同时，柜台人员会主动向我们进行转介绍。柜台内外联动提升了营销大额存单的成功率。

第五，营造氛围

在分行下发大额存单竞赛月活动的时候，支行内部就积极响应分行号召，当天出台了支行内部的大额存单。竞赛活动分为四个团队进行PK，每天在支行钉钉群里通报当天的完成情况，每周在支行零售条线例会上，进行进度汇报工作，激发了支行员工的积极性和主动性。

零售工作没有捷径可走，靠的是一分努力，一点技巧。在大额存单的销售过程中，我不断总结经验，不断地提炼技巧，不放弃每一个客户，最终实现了天天出单。虽然一天下来，嗓子也会变哑，但零售工作带给我的成就感，让我觉得非常充实。

（某城商行零售客户经理 王俊霞）

我是怎样两个月卖出1亿元基金的

今年一到二月份，我销售的股票型开放式基金达到了1.12亿元，不但完成了任务，增加了支行的中间业务收入，而且提高了客户的收益，增加了客户的黏性和忠诚度。那么我接下来讲一下，我销售基金的一些小技巧。

第一，灌输理念

我们要给客户做一些资产配置理念的灌输，比如说鸡蛋不能放一个篮子里，世界上最好的产品不是大额存单，也不是银行理财，也不是基金，而是投资组合。

第二，我们首先要相信基金这个产品，从长期来看，它一定是能给客户带来收益的

基金出现波动和亏损是很正常的现象，只要坚定长期投资的理念，就一定会有不菲的收益。我们需要跟客户多去沟通和交流，在市场一旦有一定的复苏迹象的情况下，我们有必要提示客户适当开始建仓。比如说疫情渐渐好转，对国内经济的恢复有非常大的一个提振作用。所以那个时候，我抓住时机，积极营销，两个月我销售股票型基金3000多万元，这些基金最后给客户带来了20%以上的收益，这样的话，客户对基金的信心慢慢就有了。这点要求我们理财经理及时关注经济形势，不断学习专业知识，才能等风来的时候抓住机会。

第三，从定投开始

很多同事可能会觉得，定投都是投资一些小金额，对我们的业绩可能没有什么特别大的帮助，实际上不是这样子。因为客户刚开始接触基金的时候，一般不敢一次性买入过高金额，我们可以让他先尝试小资金定投，逐步由小到大，由少到多，逐步从按月定投到按周定投，直到按天来定投。举个例子，我的一个客户，刚开始一个月拿出一万元来开始定投，这个数额已经算很大了，后来我根据客户的资产状况以及风险承受能力，逐步加大投资砝码，直到现在，他按天定投，一天投 30 万元混合型基金。

第四，要做好售后

我的客户基本上都能做到周周有一个市场分析的沟通，多数客户我通过基金投资客户群来进行维护，大客户每个月我都会坚持一对一地做一个面访和交流。所以，这些客户他感觉我在银行这边买基金是有人服务的，如果是在某某基金网即便能省点手续费，但是没人服务，没人交流，没人指点，没人互动，那么他也不会动心。由此说明了做好售后的重要性。

第五，做好 MGM

我们的客户，他通过买基金赚到了钱，他一定是乐于分享给他身边的朋友的。那这个时候啊，我只要和客户电话交流或面访，顺便跟他提一句，您可以一起去分享给您身边的家人朋友，让他们一起来享受财富带来的增长。客户就会非常配合，这样，我维护的基金客户越来越多，不断实现了裂变式的增长。

（某股份银行大华支行理财经理 梁旭日）

我是怎样 1 天卖出 13 笔信托产品的

一天卖出 13 笔信托产品，我自己总结了一下，主要有以下几个窍门：

第一个窍门是对产品树立信心。只有我们树立了信心，产品肯定会被抢购一空，也会得到市场的认可。

第二个窍门是寻找目标客户。对我管辖的客户进行梳理，我们系统内有个"大额活期未用"功能，我排查了一下这些客户，然后，逐一给他们打电话，让他们了解这个产品。

在跟客户沟通的时候，客户也会有异议，他们也会问我，这个产品是代销的，可能不如你们自己银行的产品好，是不是风险比自营的产品风险大？

我说，虽然是代理产品，但是我们总行、分行会对产品进行层层把关。这个产品我个人也研究了，详细地看了产品说明书，产品投向的底层资产全是固收类的，它这个投资方向跟我们的自营理财几乎是完全一致的，从目前的销售情况看，很多客户还是很认可的。

一通电话打完之后，陆续就有客户前来购买，原来我总觉得客户的钱放在活期上，是个"定时炸弹"，我总怕他这个资产会转走，看着这些客户纷纷购买了一年期的代理产品，我终于放心了。

第三个窍门就是"营销无诀窍，量大定江山"，针对这个产品，我打了电话，产生了近 50% 的成交率，多打电话，成功的概率自然就提高了。我编了个顺口溜，与大家共勉：

要想存款不流失，就得赶快做配置；

要想资产涨得多，大家赶紧卖信托。

（某股份制银行理财经理 李鑫）

挽留资金是死缠烂打还是欲擒故纵

我在办理业务中，遇到一对 80 年的小夫妻，是菏泽市曹县的，可能是在我们当地做小买卖，十月份的时候来我窗口存了 14 万元，昨天正好又叫到他俩的号，他们要存 7 万块钱现金进来，又从存折上取了 3 万元活期，在点完所有现金准备问他怎么存的时候，男主人问我之前存折上的 14 万元能不能取，我问他取了干吗用？他说要去农信存，有礼品，利息还高，离家又近。利息其实是一样的，一打听是送油，我就给他分析我们两家银行，因为我们没有大额存单了，又不知道啥时候出，单拿三年定期来说，利率一样，农信有积分还送油，我们没有礼品不占优势，我就问我们主任能不能送客户点礼品，主任说送两套保暖内衣吧，就这样也没有打动客户要取钱的决心。我留了电话让他第二天来取，他来取之前我把两家行三年到期收益分别列举出来做了个对比。下午两点多两口子来了，取款之前，我把写好的收益图给男主人，并对他说：取钱的时候我们欢迎，来存钱我们更欢迎，大家挣钱都不容易，都是为了多拿利息，我很理解你们的感受，你来我这办了 3 次业务，也算是有缘分了，排除银行人这个身份，作为朋友来讲，我也希望你能多拿利息，然后把我的电话留给他，可以随时给我打电话。配完款我微笑着送他们出门，谁曾想没到一个小时，他们又回来了，两口子从刚才那个黑袋子把两捆钱原封不动地给了我，最后的结果是，先存了 7 天通知存款，坐等大额存单出炉。

这件事给我的体会是：一是营销不能死搬硬套，该用计的时候还得用计，稳住了存量还多了新增；二是要多想想客户需要的是什么，站在朋友的角度，从客户立场出发，对症下药给这个客户办了3次业务，印象特别深刻，农村人想得很简单，他就认他的理儿，昨天很执拗地要把钱取走，今天又很执着地把钱拿回来，这样的客户很好营销，也不太好营销。

有时候，真的特别想把客户留下来、想把客户的资金留住，就前围追后堵截，把自己夸得天花乱坠，把对手损得体无完肤，恨不得抱住客户不让走，客户却走得更加坚定了。往往正是因为我们的过分执着引发了客户的逆反情绪。实际上，客户逆反是一方面，更糟糕的是过分执着会显得我们心虚，让客户误以为打到了我们的痛处，更加认定他取走资金的决定是正确的。由此看来，资金像沙子，有时候抓得越紧反而漏得越凶，跟得越紧反而跑得越快，所以，欲擒故纵、佯装撤退，在客户吃了秤砣铁了心要走的时候，不如绕开锋芒，退避三舍，这个时候反而可能会使客户原本坚定的心开始动摇，甚至决定不走了，留下来。

（某城商行柜员 姜凤）

我是怎样一年卖 6000 万期交保险的

资管新规出台之后，我抓住有利时机，真正站在客户立场上，不是简单地向他们兜售产品，而是根据他们的资产情况做配置，最终赢得了客户的信任。年初以来，我销售期交保险 6000 万元，名列全总行第一名。我的主要体会有以下几点：

第一步：树立信心

有时候，大家总觉得保险很难卖，从自己心里抵触的话，一定会找出很多理由：时间太长了，收益太低了，客户认为保险都是骗人等等，但是时过境迁，过去可能很多客户有这样的思维，而现在老百姓对保险的接受程度有了很大的转变。破山中贼易，破心中贼难。因此，我们一定要克服自己的畏难情绪，积极投身到复杂产品的销售中。

第二步：选准客户很关键

我们的客户，哪些客户适合年金保险呢？那我觉得最重要的客群就是中高净值客户，首先账户里面有活期资金，这是首要条件。其次，年龄最好在 35 岁到 65 岁之间，这个年龄段相对容易接受保险。另外，过去买过国债，买过保险的客户就更容易成交一些。

第三步：邀约来行讲技巧

我觉得要想提高成功率，就要事前做准备，把名单筛选好。一个人如果要完成 100 万元指标的话，那至少要给自己筛选出 20 个相对熟悉的老客户，我给他们打电话一般是先从聊家常开始，经过初步了解，之后我再邀约 10 个左右的客户来进行具体面谈。

第四步：用好配置的理念

我会提前做出含着保险的产品理财方案，内容从流动性、稳妥性和收益性的角度，一定要体现专业性，不要单纯地推销保险，而要全面地分析他的家庭情况、收支情况、抵御风险的情况。另外，不管什么类型的客户，我都会准备两套方案。比如，客户是一个家庭主妇，那我们可以通过她的子女教育方面，或者通过她个人养老方面，做 AB 两个方案，如果第一个方案行不通的话，立即拿出第二个方案，这样成功的概率自然会提高 50%。

（某银行理财经理 张玉文）

全省分期营销冠军的九大绝招

第一，电话要多打勤打，营销无诀窍，打得多成交自然就多。不要怕拒绝，持之以恒，我刚刚开始打的时候，曾经出现过连续 30 个被拒绝，但持续打，不断总结，就会越打越熟练。

第二，我做的分期多数是 3 个月的，这也是有说话技巧的：分期首月免手续费，分成四期可以沾 4 个月的光，不但容易被客户接受，而且以此增大分期量。

第三，对于信用卡额度低的客户，以"做分期能增加信用卡额度"为营销点，但同时也主动指出其弊端是有手续费，用真诚取得客户的信任。

第四，找准群体。老师和政府部门成交率低，个体老板成功率高，成交率高的是两个极端，年轻人多（有消费分期需求），年龄大的多（多数是家庭条件不好需要钱的）。

第五，我打的都是信用卡分期。分期手续费不比在外面刷卡套现高，而且套现不安全，很容易被降低信用卡额度，甚至被封卡。

第六，打分期电话的时机很重要，因为账单期后，有 25 天的免息还款日，所以这时打，客户需求不是很强烈，选择在还款日前 1 到 7 天，成功率会高一些。

第七，熟悉产品是关键。提前对分期产品，以及我行个贷产品以及他行贷款、分期、花呗等做个了解，便于随机应变。

第八，对客户进行分类。首先要看客户的消费频次和消费金额，相对消费频次多的成交率高。

第九，亲情化营销。多沟通，多和客户聊分期之外的话题，通过聊天掌握客户需求，同时主动根据客户的需求，尽量给客户帮忙。营销的最高境界就是人和人之间在相互帮忙中达成信任和成交。

（某国有银行华宁支行营业部客户经理 魏均山）

全行基金销售冠军为啥还没有投诉

在领导和同事们的支持下，我连续 12 个月获得了分行的基金销售冠军。我个人觉得销售技巧是一个方面，更多的是要帮客户选好基金，毕竟帮客户盈利才是最好的营销技巧。今天我给大家分享一下，选基金的五大秘诀：

第一，需要了解清楚基金的规模。一般情况下，如果基金的规模在 1 亿元以下，这样的基金成长性不足，它面临一个清盘的风险，这种基金我们一般不要选择。

第二，我们要认识基金经理。基金经理是一个基金的灵魂，所以我们需要选一下基金经理的从业经历，最起码得有五年以上的基金管理经验，以及穿越了市场牛熊的经历。并且他的历史业绩相对持续稳定，而不是说单单今年获得某某明星基金经理，今年的明星，明年可能就销声匿迹了。

第三，我们需要选择好的基金公司。因为基金经理背后的基金公司代表整体投资研究能力。相对来说，管理规模大的，老牌基金可能更适合初入基金市场的投资者。

第四，需要了解清楚所选基金的风格和行业板块，需要结合现在市场的基本面，看一下这只基金它选的是哪些股票，它是全行业投资的，还是突出某个行业和主题的。因为行业主题型基金，面临的风险可能会比较集中，波动相对较大。如果客户风险偏好追求稳健的话，我一般建议选择全行业型基金；风险偏好比较激进的客户，也可以分批入手行业主题型基金。

第五，我们需要看一下基金的几个指标：夏普比率、波动率、最大回撤。

　　夏普比率表示投资组合每承受一单位风险，会产生多少的超额报酬。例如某产品夏普比率为 2，则表示投资者承担的风险每增长 1%，将换来 2% 的超额收益。一般情况下，夏普比率高的基金，可能带来超值回报的收益就越高。我个人帮客户选基金一般选夏普比率超过 2 的。

　　波动率是指基金投资回报率的变化程度，是按照百分比来算的。例如 1 元面值的基金，上涨到 1.03 元，就是有 3% 的收益率。上涨较快的收益率当然是较好的，但变动较大说明风险也是较大的。基金波动率是大好还是小好并不能一概而论。基金波动率一般是以一个时段来做衡量，例如以年为单位，我个人向客户推荐基金，一般选近一年波动率低于 20% 的。

　　最大回撤率是指在选定周期内任一历史时点往后推，产品净值走到最低点时的收益率回撤幅度的最大值。用通俗的语言来说，比如一年以内，基金净值从前期最高点，跌到最低点，这下跌的幅度，就是最大回撤率。近一年最大回撤率高于 15% 的我一般也不向客户推荐。

（某银行理财经理 张红艳）

半年营销150笔分期业务

分期业务是银行信贷业务中盈利最高的品类之一，但是很多同事觉得分期不好推，所以很难接受。其实，营销就是捅开这层窗户纸。下面，我把营销分期的五步骤和大家分享一下：

第一步：巧选客户

识别客户群体，20~50岁之间的客户是最容易接受分期业务的，来厅堂办理业务的要做好目标客户识别。一是贷款客户，一般贷款客户都有授信敞口的需求；二是实体企业，小微企业主往往对手续简单的分期业务很容易接受。不过，尽量不能给投资公司、中介等推荐的客户办理，很容易形成风险；三是新注册公司来我行开户的客户，这个群体的审批通过率高；四是对企业财务人员来办理对公业务的时候积极营销，成功率往往也挺高。

第二步：多开口营销

我们厅堂人员，有时在厅堂，有时在高柜，有时在对公低柜，但是只要遇到办业务的客户就询问：您有没有办过信用卡，客户说不办信用卡，那我就说：您有没有用过花呗借呗，当他们说用过的时候，我就说，不办信用卡不要紧，我给您申请个和花呗借呗一样的备用金账户，使用非常方便。

第三步：说产品算收益

分期业务没有年费，没有管理费，也没有贷款利息，最高可以申请5万元。比如1万元，用12期，每期只需50元手续费，但花呗却要90元，比我们高出接近一倍。提前还款没有任何手续费，手机银行就可以还，非常灵活方便。

第四步：多用优质服务

伸手不打笑脸人，多帮客户解决工作内和工作外的问题，比如有时客户来，已经过了关门时间，但我依然站在客户角度，帮客户受理，这时你再推新分期业务，客户就不好意思拒绝了。

第五步：业务要熟练

办理时间过长，客户有反感，所以我一般会说，只需 5 分钟，就会给您的借记卡加一个备用金账户，客户就很容易接受。

（北京路支行厅堂经理 赵金梅）

屡试屡爽的客户维护秘籍

第一，短信一定要发。发短信技巧，一是有新产品必发；二是筛选群组，不要大水漫灌，不同产品用不同群组，更加精准；三是不要太勤，一周最多1次；四是高端客户生日发个性化祝福短信，增加体验感。

第二，办理业务的客户，无论金额大小，只要是销售重点产品，都给小礼品，提高客户感受。一般情况下，说点好话就能搞定50%的客户，给点礼品就能搞定70%的客户，说点好话再给点小礼品就能搞定90%的客户。

第三，线上多户客户互动。尽量多加客户微信，建立自己的抖音号和视频号，线下是基础，线上是维护，客户发朋友圈，多点赞，多互动，常联系，不断提高熟悉度。只有和客户熟悉以后，客户才能放心地把钱存到我们银行来。

第四，充分利用客户管理系统，用好客户生日祝福，晋级福利提升，产品到期提醒，特别是用营销宝对客户资金流失、当季未联系客户进行提醒，节省时间，提高工作效率。

（新华支行理财经理 常张强）

柜台人员营销对公客户五部曲

公私联动是零售业绩上量的关键，但是很多理财经理往往对对公客户不太感冒，觉得对公客户难营销，其实不然，关键在掌握技巧。

第一，先递一杯咖啡，发一个单页，给一个微笑。

第二，给个小礼品，动员老板和财务人员开立个人账户，风评测完，网银开上。

第三，加上微信，五大福利（预约车位、免排队、春节领春联、各种银行问题随时问、最新财经资讯），接着发送自己的电子名片和零售产品表。

第四，告知我行机场贵宾厅、各种客户活动等福利，为将来营销做好铺垫。

第五，后续加强维护。比如适合企业老板的小集合系列，信托产品来了之后及时营销。

（某银行对公柜员 张蕾）

优秀支行是怎样做网点日常精细化管理的

作为全行零售管理的先进单位，其实我们主要抓了精细化管理，制定规定动作，层层抓监督，事事抓落实，具体做法如下：

对员工投入时间和精力。管理者平常在大堂，一个是和员工打成一片，更多的是和客户渐渐都熟悉了。朝夕相处，及时掌握员工思想动态，了解客户需求，解决投诉。

加强日常化的考核。各司其职，人尽其才，比如大堂人员，每天加 20 个微信，学会导入客户和转介绍，沙龙活动要坚持，外拓人员量化考核，晨会有部署，夕会有总结，天天有通报，周周有排名，月月有奖励。

营销氛围营造要做好。比如礼品要摆在醒目位置，并且有积分兑换标准，门口有宣传牌，让客户知道我们银行的好产品。大堂有单页，进门的客户有营销，留微信，有跟踪。

客户维护要做实。节日有回馈，到期有提醒，日常有互动，生日有祝福。平时支行对高端客户上门服务、预约等，要求做到人人熟悉，提供差异化个性化服务。

（长安路支行零售行长 刘凤丹）

我是怎样维护客户增强黏性的

因为我们行有轮岗的规定，我从事理财经理这六年，换了三家支行，但是凡是我维护过的客户流失率几乎为零，我主要做了以下四点工作：

第一，客户就是我的亲人和家人。简单地说就是做好四个多，生活多关心，日常多问候，理财多交流，活动多邀约。

第二，亲和力是拉近与客户距离的纽带。微笑是世界通用的名片，俗话说，伸手不打笑脸人，进门有迎声，出门有送别，工作有耐性，老人耳朵不好慢慢讲，这样客户就渐渐熟悉了你的服务，黏性自然而然就增强了。

第三，记住客户的需求。过年换新钱，我都记在小本上；理财到期，挨个打电话；买国债的，等额度来了一一通知到；甚至包括客户个人生活上需要帮忙的，我都尽力而为，一来二去和客户就成了相互依靠的朋友。

第四，专业赢得客户信任。给客户做好产品配置，合适的产品，卖给合适的人，比如我考出了 AFP、基金、保险等各种证书，平时关注财经，与时代接轨，与客户需求同步，利用自己学习的专业知识把投资指引编成顺口溜：

非标信托寻不见，股票基金推不断；

投资房产怕入坑，股权又怕跌一半；

国债定存最稳妥，利率不敢正眼看；

今年投资怎么办，政策导向最关键。

（牡丹路支行理财经理 张小伟）

第三章

把握理财趋势，
提升网点业绩

作为一名银行零售业务的从业者，紧跟时代节拍，把握理财趋势是非常重要的。特别是随着百姓理财意识的不断增强，大家的投资类型越来越多元化，如果不能跟上这些变化，工作方向不明，营销观念落后，那么就有可能是在错误的道路上狂奔。既然如此，怎样才能把握趋势提升业绩呢？请看本章内容。

银行"线上营销"怎样才能走进客户心中

"线上营销"所涉及的范围很大，所能用到的工具和平台很多，不只是建个微信群，建个公众号或是申请个抖音账户那么简单。营销效果也有好有坏，有的能累积巨量客群，轻松转化销售，也有的搭上巨额成本，却迟迟不见效果。实践证明，银行做"线上营销"，走进客户心中才是重中之重。

时代变了，不玩转"线上"就啥也玩不转

现在只要是和销售沾边的企业，就一定离不开所谓"线上营销"。银行业乃至整个金融业也需要"线上营销"。

以银行为例。过去几年，特别是"资管新规"落地前，监管没这么细致、产品又以"固收"为主，只要在传单、大屏幕上把收益率的字体设置得足够大、足够亮眼，很快就能吸引来客户，卖出产品——销售量的大小和发传单的多少成正比，和 LED 屏幕的大小成正比。

现在，这些招数还不能说没有用处，但效果已大不如前。

以前拿出理财产品，很多理财经理敢说"保本保息"，现在谁敢？以前拿出趸交、期交保险，理财经理敢说"就是存款"，现在谁敢？以前基金亏损了，可以说客户没听明白，现在，客户自己就知道要录音录像，以前谁录？以前定期存款、结构性存款的年化收益也能达到 5% 以上，即便是结构性存款也敢说保本保息，现在谁能？

不敢，不能。

2018 年以来，"资管新规"及配套的系列政策给野蛮发展的银行财富管理这匹野马套上了笼头。以此为零售主打的部分股份制银行纷纷转型。

监管比从前严得多，产品收益波动比以前大得多，市场形势比以前复杂得多——谁也别想再随随便便"成功"。

十年光阴，客户也在变。

再也不见大叔大妈抢购理财产品如抢白菜的情景。以前，抢到就是赚到，"理财热烘烘，买它起三更"。现在，买到也有可能赔本，产品都是净值型，收益都是净值化，以前"跟存款似的"，现在"和基金似的"。

时光流转，靠发传单、打广告来赢得市场的时代终究是一去不复返了。

客户在变，产品在变，市场在变，营销的方式也要变。变得更加立体，不再局限于平面、局限于纸张；变得更加多元，不再局限于广告、局限于产品；变得更加精确，不再大水漫灌，获客与经营都精耕细作；变得更加无孔不入，不再是客户需要才找银行，银行就在客户家里，就在客户身边。

"线上"时代，不能想当然

这里有一个问题，图片、文字、视频、声音四种信息载体，哪一种更受人青睐？答案不言而喻，是视频，其次是音频，这也是现在短视频 APP、电台 APP 这样火爆的原因——它更顺应信息爆炸时代人们的阅读习惯——上班族早晚通勤，如果是自己开车，那就听喜马拉雅或有声书；如果坐公交，那就刷抖音、上快手。

图片、文字为主的公众号长文当然立论清晰、逻辑流畅，信息量大还能激发读者产生灵感。根据笔者对近半年来某银行网点上门客户的调查，在受访的 700 名客户中，年龄在 50 岁以上、75 岁以下的 278 名客户，经常使用微信的有 255 人，占该群体的 91.72%；经常浏览短视频（不限于腾讯微视、抖音、快手等）的有 237 人，还有 27 位客户经常在个人账号发短视频，有 3 名 70 岁的客户经常开直播且有不少观众。人都爱看与人有关系的信息，特别是视频里那些活生生的人，不管是故事还是八卦。

很多公众号作者纷纷转战短视频，趋势面前谁也无能为力，只有改变。

这就提示我们，一方面，自媒体营销，无论是云工作室还是其他形式，想要具备传播力，先要调查受众习惯，内容的创作、形式的选择要考虑大众的习惯，这样才能不被潜在客户一看到就忽略；另一方面，要明确自媒体的核心价值观和世界观。受众选我们，我们也要选受众，真正能成为我们粉丝的受众，一定是和我们有着相同价值观的受众。

顺应受众，可以快速做大；坚持自我，才能做得长远。

金融行业的自媒体营销，同样遵循以上规律。

"线上"，玩的是思维

不管是电话营销还是短信推送，还是公众号的推送、短视频的剧本，都离不开合理的文案设计。而文案最重要的不是辞藻华丽，而是让人一看就明白。线上营销的文案更要让潜在受众听得清、看得懂、用得上。

信息暴涨的时代爆炸碎片俯拾即是，我们每个人每天都能收到这样那样的推送，多如牛毛、应接不暇。这其中垃圾信息太多，所以受众停留在银行发送的那些营销信息上的时间非常短，短到只有"一瞥"。

只这"一瞥"，客户会主观判断短信是否有用。因此，银行的线上营销文案，给客户的第一印象非常关键。

那如何能在稍纵即逝的时间里抓住客户的眼球呢？需要好的文案设计。

好的文案设计"好"在哪儿？好在能创造和激发受众的想象力。

那什么样的模式可以创造和激发想象力，什么东西又可以落地想象力？

举个例子。疫情期间，某银行联合京东到家线上生鲜到家服务，目的是短期内爆出该行信用卡的刷卡消费量，要求员工在微信朋友圈转发购物链接时的统一文案是这样的："使用京东支付，首次绑定某银行信用卡可享满 20 元减

19 元！即刻加入生鲜果蔬、超市便利等到家服务，快快下单体验吧！"

银行投入很多、下的力气很大，但几天下来，参与者寥寥。其中链接点击量最大、出单最多的那位员工，并没有转发统一的文案，而是在研究以后，这样写："点链接进入京东到家，在某超市买精品 5 升大桶花生油仅需 89！直降 40 元！限时三天哦！"

原价 130 元的花生油现在仅需 89 元的消息，对于朋友圈里的家庭主妇、抢菜大妈的杀伤力是不言而喻的。

相比前面一条统一的文案，员工自己编辑的这条贵在用具体的产品把场景所描绘的想象向潜在的客群实现了落地。

产品需要场景赋予想象力，场景也需要产品落地想象力。

零售业务过去拼勤快、拼会说、拼激情，现在还要拼技巧、拼思路、拼创新。渠道获客可以全面阐述为：独特的渠道；精确的策略；贴切的服务；全天候感觉的跟踪。几年前有人说零售是农民工的活，意思是只要付出必有收获，现在如果零售人自己还是这样认识自己、这样定位，真的没前途。应该说：零售不但是农民工的活，也是技术员的活！

有人可能会说："零售就是做服务，只要我们的服务到位，客户体验良好，就一定可以黏住客户，让客户成为我们的拥趸。"

事实上，我们很难界定什么是好的服务，也很难界定客户获得的服务是否到位。可能我们做得很到位，客户也很满意，但扭头客户就忘得一干二净，这样，我们的付出约等于零。

对于"线上"服务和产品，如果说品质是寿命，那特点就是生命。

什么是"云工作室"？怎么定位、怎么玩？

所谓"云工作室"，可以简单理解为多功能公众号，但又不是公众号。具体是什么呢？

W 银行最近上线了一款名为"云超市"的类云工作室产品。在试运行后，分行开始向理财经理征询改进意见，从这些来自一线的建议中我们可以对"云工作室"的概念有更深入的理解。

第一，怎样让员工愿意用

一是从员工日常应用角度看，云工作室必须操作简单易上手，并能够及时根据客户需要做出调整。可以把云超市打造为银行客户经理微信工作台。与内部的 PCRM、ROP 等系统连接，可以将产品和服务定向推送给名下客户，将自己设计的产品包直接推送到客户的微信或手机银行端。并及时反馈客户点击情况，方便客户经理及时查看及营销。

二是能统计客户经理的日常销售营销工作量，设置"产品销售大比拼"，形成良好的竞争氛围。加强考核，将云超市使用频率、效率与积分考核制度联系起来，并可查看自己的销售积分。

三是在云超市中增加电话录音功能，实现通联客户录音和微信聊天记录的上传功能，便于分行后端管理监控；增加理财经理日志功能，方便理财经理对日常营销进行记录。

四是超市店面个性化设置。可以在云超市中添如个人观点，凸显客户经理个性。

五是在具体营销中，"让客户推荐客户"。通过推荐人转发的超市链接购买产品的，推荐人可以获得优惠券，并在理财起息后发到推荐人手机银行（推荐码就写推荐人的卡号，一旦被推荐人购买起息，优惠券自动发送到推荐人手机银行）。

六是客户产品购买更便利。最好是能不依附手机银行或必要时及时跳转手机银行，直接输入卡号、金额及密码就能直接买。产品说明也尽可能简单明了，化繁为简，提升客户体验度。

第二，怎样让客户喜欢用

一是售前售后服务优质高效。客户提出的问题可以随时转发客户经理微信，并设置提示，类似淘宝客服，随时随地解决客户疑难。

二是产品要精。客户能想到的银行业务方面的需求，金融超市里应该都可以轻松找到相应的界面。

三是产品界面还可以增加天气预报、财经资讯、实时新闻等。

四是前期为了吸引客户主动使用云超市、在朋友圈点击云超市链接，可以设置小游戏或小奖励，如积分签到、连续登录有积分累计，在线兑换小权益或者幸运转盘抽奖。前期做便利，转而做服务，最后做产品。

五是初期还可以在超市发布专属高收益产品让客户接受伴客超市，线下也可配备一些小礼品，客户在网点领取时再当面营销云超市；最好是秒杀爆款理财，抢得越多，超市越火。

六是增加建议簿、许愿墙等，尊重客户个性化需求，让客户参与到超市经营当中，甚至像淘宝一样客户可以随时发表好评和差评。

七是综合性平台。云超市不仅仅是介绍产品的广告平台，也千万不要落入这样的窠臼。应当是一个综合性的信息获取平台。

八是用个人魅力吸引客户。如开展"××银行最美员工评选点赞活动"，在朋友圈或微信群转发投票链接为员工做宣传，也增加了客户对客户经理乃至银行的好感度。

九是操作简单。傻瓜式操作是王道，简单好玩又赚钱的最好。

第三，怎样才能达成销售目标

一是快速成交。客户点击链接时能直接购买，无须下载手机银行或者转入手机银行，额外激励刺激快速成交。

二是越简单越好。客户点击"我要办理"或"我要预约"，哪怕是浏览了相关页面。客户经理就可以实时收到消息提示，并及时跟进联系客户，第一时间展开营销；页面设置切忌复杂、多层嵌套，越简单越好。

三是如果条件允许，还可以引入人工智能或者人工视频客服，保证客户服务感受。

四是客户通过人像识别等简便途径能迅速登录云超市，查看账户中产品持有情况。以往有些观点是要避免客户十分了解自己的产品持有情况，对产品有深入了解反而会干扰客户经理在营销中的主动地位；但随着产品，特别是理财产品向净值化方向发展，我们必须要让客户清楚地知道自己在买什么、买到的是什么，这样在市场波动、净值变化后，哪怕是出现亏损后，客户因为之前有预期，心理落差就不会太大，就不会完全把矛头指向理财经理。

五是对于产品的解析说明必须清晰明了，让客户充分了解产品，每款产品可以配视频或语音讲解及理财产品购买流程图。

"云工作室"，到底要干啥？

看完一线理财经理对 W 银行云超市的建议，我们必须要再明确一点——做云超市、云工作室，是为了销售产品吗？是，也不全是。

过于强调销售、强调产品，会在受众和潜在用户中无形中立起"销售平台"这样的"人设"，而"销售"又并不是一个对我们营销规划本身很友好的标签。

这很好理解——当你周末在家享受难得的亲子时光时，突然接到陌生电话，以为是有客户来聊业务，结果那边传来"老板，我们的 POS 机有兴趣了解吗？……"你一定会果断挂掉电话。

现在把卖东西叫"带货"。大多数受众对于被动推销是反感的，而对主动购物是倾向的，这也是利用互联网平台或自媒体做销售，"说学逗唱"的功夫要比练就成套的销售术语管用的原因。

历朝历代都有摆摊谋生的行当，北京话管这叫"撂地儿"，卖"大力丸"的都会胸口碎大石，卖跌打膏药的都能舞枪弄棒，最早的相声老艺人善于用沙子在地上撒出漂亮的字体来吸引路人……老祖宗的智慧，告诉我们销售的功夫在销售之外：卖东西之前先把人拢起来，拢人需要绝活儿，而绝活儿与销售这件事本身并无关系。

拢人，就是拢流量。

抖音上，有个账号名为"HT 瞳"（银行小姐姐）的舞蹈达人，是大网红，据说是银行人抖音粉丝最多的，最新的数据是 430 万粉丝，笔者身边很多朋友都在关注她。据说她早先是黑龙江某农商银行的柜员，休息时间在柜台里跳了段舞蹈传到抖音上，舞姿优美、身形曼妙，一夜爆火。

她火了，她所在的银行也火了。是因为他们银行产品好、业绩优、服务佳吗？与这些都没有关系，粉丝喜欢她，就连带着对她工作的银行感兴趣了。

有很多银行人开抖音号宣传本行理财、本行品牌，远远比她要早，但效果却远远不如她，天天为惨淡的访问量发愁，这其中的奥妙，值得深思。

前面笔者谈到，对于自媒体时代的内容创作，"品质是寿命，特点是生命。"

没有特点就没有流量，就谈不上扩散自己的价值观，就更谈不到继而"带货"，实现价值转化。

这其中暗含着两个"悖论"，一是我们越是执迷于在某个专业领域扎根、凸显自己的专业能力和水平，流量就越少，反而越是插科打诨、蜻蜓点水，越是顺应大众文化，越是凸显娱乐性，流量就越大；二是我们越是坚守图文阵地、越是坚守纸面，坚持"文以载道"，越是门可罗雀，反倒是传播形式越多元、越立体，多一些套路、讲一些故事，传播效果越好。

后疫情时代，如何调整理财计划

新冠疫情的肆虐让每一个中国人都在反思自己的财务状况是否健康。过往更多人是重视"赚钱"、轻视"理财"；而当"赚钱"这架马车侧翻时，如何从容应对未来各种不确定的风险？又该怎样调整理财计划呢？

这场疫情对我们的生活到底会有着怎样的影响？疫情初期，大家更多的是关注疫情的发展情况，而后越来越多的人意识到，疫情对我们的经济生活也带来了很大影响。在疫情初期，某"餐饮大王"在网上哭穷撑不了三个月，普通百姓担心不上班会不会减薪，个体工商户则可能为了房租而彻夜难眠，甚至某些企业因为资金链断裂而面临倒闭。

这次疫情让我们明白，在"赚钱"这架马车侧翻的时候，"理财"带来的收益也明显动力不足，最终导致资产抗风险能力相对较弱。那么作为普通老百姓，为了从容应对未来各种不确定的风险，该怎样调整理财计划呢？

这想必同样是银行客户十分关心的问题，客户经理在了解客户需求痛点、痒点之后，也有助于与客户进行有效沟通。

疫情之下，你的资金流动性充足吗？

刘大叔是小区里闻名的理财高手，他的理念是：能买高收益的理财，就不买利率低的储蓄；能买长期的产品，就不买短期的理财。这几年他确实因为这个理财理念，让资产实现了保值增值。但这次疫情之后，老伴连惊带吓突发心脏病住进医院，因为要做搭桥手术，需要缴纳一笔不菲的住院费，这时刘大叔才发现，自己尽管"腰缠万贯"，但这些理财都无法提前支取，无奈之下，四处求亲告友才勉强凑足了住院费。事后，刘大叔说，看来理财不能只看收益，对于咱老百姓来说，留出应急的钱也是理财的重要组成部分。

疫情来了之后，有些人没有做现金规划，一旦急用则需要借钱才能维持生计。可能这部分人并不是没有钱，而是大部分的钱都用来投资，或者购买了长期的理财产品。当然，重视理财选择的流动性，并不是全部资金都要配置流动性最好的产品，而是在兼顾安全性与收益性的同时，把一部分资金配置最适合的产品。具体可以从以下几个方向考虑合理的资产配置方案，来防范流动性风险。

理财小技巧：

一是大额存单。受资管新规影响，保本型理财产品逐渐退出历史舞台，大额存单作为安全性、收益性、流动性相对平衡的存款产品，成为后资管新规时代下的新宠。各家银行纷纷利用大额存单揽储，不惜将上浮空间打满。

挑选大额存单的时候可以考虑以下几个方面：首先，一般"五大行"、股份制银行、城商行、农商行因其揽储压力依次变大，其大额存单利率上浮幅度也依次上升；其次，部分银行大额存单产品还具有可转让功能，能够最大限度地兼顾流动性和收益性。

二是货币基金型银行理财。货币基金具有高安全性、高流动性、稳定收益性和"类储蓄"的特征，而"理财小白"对于货币基金类产品，可能比较熟悉的仅有余额宝和微信支付里面的零钱通，而银行的货币基金型理财，不仅可以做到 T+0 起息、T+0 到账外，其收益更是远远高于余额宝和零钱通。就最新的收益率来看，某宝和某通的收益持续走低，目前七日年化收益在不断下行，而银行货币基金型理财目前收益相对稍微高一些。相比较而言，在保证流动性相同的情况下，银行货币基金型理财收益更高，是老百姓打理日常生活费用的最好理财产品之一。

三是可转让理财。为了提升周期性理财产品的流动性，某些股份制银行和城市商业银行推出了相关可转让理财产品，其转让方式主要有转让方定价、竞价与协议转让三种方式。其中以转让方定价转让方式最为普遍，转让方根据自己对资金变现的着急程度，按照一定折价将理财产品进行转让，折价越高越容易成交。可能有些人一时间难以确定是否在理财产品封闭期间需要这笔资金，那么可转让的理财则正好解决了这个问题，提升资金流动性的同时，也可以有一定机会博取高收益。

新冠疫情之下，健康类的保险产品你配置了吗？

周大叔的侄子在保险公司工作，侄子给了他一个单独购买百万医疗保险的名额，他认为自己不需要，便将名额给了自己老伴。周大叔退休之后，经常参加羽毛球比赛，在一次比赛中，不慎摔了一跤，将腿筋拉伤，住院和手术费用一共花费了四万多元，除了医保给周大叔报销了一万多元，剩下的费用只能他自己掏腰包，而如果当时他投了医疗保险，按照这款百万医疗的条款，社保报销之外，他只需承担 1 万元，剩下的费用将获得保险公司的全额报销理赔。这一跤给周大叔摔出了不一样的保险意识。

"财富不是一生的朋友，保险却是一生的财富"，适当搭配人身保险，可以转移风险，为人生保驾护航。面对不确定的未来，多一分保障，多一分安全，保险不是为了改变人生，而是为了人生不被改变。

那么怎样配置才算合适呢？一般健康保险预算控制在家庭收入的 10% 左右比较适宜，配置少了保障力度不足，配置多了则会有经济压力。

理财小技巧：

一是商业医疗险。有的人会认为，我已经有了社保，还需要购买商业医疗保险吗？社保医疗保险有药品种类、报销限额和报销比例的限制，而商业医疗保险是对社保中医疗保险的有效补充，在有社保的前提下，一份百万医疗保险，可用于弥补社保缺口。对医疗水平有要求的，可配置中高端商业医疗保险，当然保费也会高一些，但是承保范围更广，可以享受到国内外的高端医疗资源。购买商业医疗保险时应注意赔付责任是否包括住院医疗、特殊门诊、门诊手术、住院前后的门诊急诊，以及续保期等问题。

二是重疾险。商业医疗保险属于报销型保险，是对发生的医疗费用进行报销；重疾保险是赔付型保险，达到赔付条件即可赔付，也是对发生疾病期间，被保险人医疗费用和无法工作导致收入损失的补偿，重疾保险是对商业医疗保险的补充。在选择重疾保险产品的时候，不仅要注意涵盖了多少种疾病、保额多少，还应注意以下几点：是否涵盖多种高发疾病；保额是否有类似每年递增百分之几的设置，以对抗每年的通货膨胀；豁免条款的设置等。

三是意外伤害险。据世界卫生组织数据表明，意外伤害致死人数排在全世界第3位。因此一份意外险也是我们所必需的，而且普通的意外伤害险与医疗保险一样，有高杠杆的特征，一般一年保费几百元就可以撬动几百万的保额，具有较高性价比。在选择意外伤害险时，首先，最好不要选择返还型意外伤害险，这种保费较高，性价比相对较低，而传统的意外伤害险保费较低，几百元的保费即可撬动几百万元的保额，购买意外伤害险，我们的目的并不是储蓄和投资；其次，注意保障范围是否齐全，是否包含意外死亡、意外伤残以及意外医疗保障的设置等。

风险来临，为什么有些人更加淡定？

王先生在一家小公司上班，因为新冠疫情原因，公司资金链断裂，老板只能宣布将王先生在内的部分员工裁掉，王先生近40岁了，虽然有部分存款，但是没有其他收入，每个月还要还银行贷款，面对突如其来的变故，他有些不知所措。一同被辞退的小刘，则表示工作丢了无所谓，王先生惊讶于小刘的淡定。两个人经过聊天才知道，原来，小刘除了工资收入，每个月的理财所得也有几千元，与在职工资水平相当。作为年龄相仿，家庭条件相当的王先生陷入了深思。

在此次新冠疫情中，很多人都暂时失去了"财路"，即使是新媒体行业从业者，也避免不了失业的风险。此时，作为普通老百姓就更加羡慕传说中实现"财富自由"的人了。在这里我想说，财富自由并不是梦，实现财富自由的工具就在我们手中，当理财收益大于工资收入的时候，不就是一种"财富自由"吗？在努力赚钱的时候，我们更应该选择合适的理财工具，让辛苦赚来的钱产生更多的价值。

理财小技巧：

一是银行理财。如果投资欠缺经验，从银行理财产品入手是一个不错的选择。首先，银行理财产品体系较为丰富，有货币基金型理财、债券型理财、挂钩型理财等，可以满足一般投资者大部分的投资需求；其次，投资者可以根据自己的风险承受能力，选择不同风险类型的产品；选择银行理财产品的时候，不仅要关注该产品预期年化收益率和业绩比较基准，还应关注该产品所投资的底层资产：如果你不想承担过高的风险，那么显然投资于股票市场的理财产品就不适合；债券型理财产品往往投向国债、金融债、优质企业债等标的，较为稳健。

二是基金。作为普通老百姓，如果不想承担股票市场大起大落的风险，那么选择一只或者几只你信赖的基金，则可以省去很多烦恼。但是，关于基金的持仓、加仓、平仓等一系列操作，也要有自己的逻辑判断。此次疫情之下，股票市场的利空在春节回来之后一次性释放，但根据历史经验和业界普遍观点，医药和科技板块受益，利空影响偏小，板块表现值得期待。所以，对这两个板块比较有信心的投资人可以继续持仓，也可以进行适当补仓。另外短期利空不会影响经济的基本面，如果你投资的初衷是对中国经济长期看好，那么可以趁此下跌之际根据资产配置比例进行补仓，或者以基金定投的方式稀释风险低位补仓。

三是信托。银行理财产品资金大多数投向债券和信托等资产，也就是说有相当一部分购买银行理财产品客户的资金实际是间接地购买了信托产品，而收益率却远低于信托产品。信托普遍年化收益率在6%左右，同比银行理财产品在4%左右，收益差距还是较大的，但是信托的起投金额门槛相对较高。受此次疫情的影响，信托主要投资政府基建类、房地产、工商企业等行业，纷纷延期复工，短期形势并不乐观。因此，投资信托产品更要精挑细选，通过信托公司实力、产品抵押率、投资地域、收益率等，判断风险。

四是年金保险。年金类保险产品往往具有强制储蓄的功能，而且保单现金价值和返还金额明细都体现在保单中，合同约定的固定收益一目了然，相对非保本的银行理财和信托产品，具有一定优势。种一棵树最好的时候是 10 年前和现在。10 年之后你会发现保单已经产生收益，这个时候保单的教育备用金还是养老备用金的功能就体现出来了。除此之外，保单还具有高净值型群体财富传承等功能，是一个多元化的理财工具。

新冠疫情阴霾总会散去，春暖花开一定会到来。新冠疫情是一场考验，也是银行理财一个新的起点。通过这次新冠疫情，人们日常理财中存在的不足容易集中暴露，客户经理应抓住机会，同客户做积极沟通，根据客户需求及时给予理财计划调整思路，帮助客户规避潜在风险，描绘未来生活的美好蓝图。

银行投资理财何去何从

疫情之后，全球经济发展呈现象级的波动，新冠疫情、停工复产、股市熔断、恢复生产、通货膨胀等，我国信托行业也迎来巨变，多家信托机构产品无法兑付，个人客户真的不能再投资信托了吗？在这种情况下，银行向客户推荐指数基金，还是股票型基金呢？

面对如此复杂多变的经济形势，个人投资者和银行理财经理切不可盲目追赶与回撤，市场规律是感性的，利空利好都会带节奏，但个人的投资行为应该更加理性。彼得·林奇曾说，投资是艺术、科学和调研。只有经过深度思考的投资，才有可能抓住盈利机会的影子。

行业巨变、频繁暴雷，信托还能投资吗？

保监会下发信托公司资金信托管理暂行办法规定，资金信托类产品任何时点投资非标产品的比率不得高于50%。其中"任何时点"的要求，便有了更强的约束，目前市场上几大类信托产品中，大家普遍购买的便是资金信托，且多投资于非标资产，该办法一出，对于资金信托来说，无疑是上了"紧箍咒"。

除此之外，某信托公司资金池信托已经造成了实质性的违约，国外的信托产品，主要是代客理财，而国内信托产品多为代人融资。而国内资金池类信托项目，基于融资角度的话，一旦出现不能刚兑的情况，产生的后果可能是一系列项目的停止运转。

所以，随着信托行业越来越规范，个人投资者选择信托公司和信托产品，应该回归信托最初的目标：资产隔离与保值增值。

第一，你买的是真的家族信托吗？

无论国内外，家族信托往往是高净值客户的标配。当资产规模达到一定级别之后，所面临的风险有：婚变风险、继承姻亲分流、连带责任保证、子女继承挥霍、代持风险以及侵权赔偿等，无一不会导致家庭资产的分割。所以，一份可靠的家族信托，便成了资产隔离和保值增值的有效保障。但是，你买的是真的家族信托吗？

案例：宁先生在青岛做生意多年，个人资产已有数千万元，经银行理财经理推荐，便买了3000万元的家族信托，希望可以留给孩子成人之后使用。但是，刚刚过去一年，宁先生便收到银行理财经理的通知，这款家族信托提前兑付了，收益很可观。虽然如此，宁先生仍然觉得有疑问，明明买的是家族信托，为什么这么快便兑付了？经过详细追问，原来这款产品只是披着家族信托的外衣，本质还是代人融资的理财型信托！

一般家族信托的期限不会太短，如果只是简单的不可撤销和他益安排，期限一到便进行收益分配，便不能算是真正的家族信托。从家族信托产品设计的角度来看，最好的形态应该是家族财富集中管理，信托机构对整个家族负责，每年出具完备的资产负债表，对家族中的成员都很了解，从而对其未来规划进行资金安排。

第二，资管新规后该如何投资信托？

近期，多家信托公司"爆雷"，可以说信托资管新规是直接的诱因，除了限制非标资产的配置不得超过50%，同时禁止任何期限的错配，开放式资金信托一律不准投资非标产品，从根源上禁止信托非标资金池。在强监管环境下，即便信托公司想要兑付，也是万万不敢的。

但是，产品爆雷和资管新规下，我们便不能投资信托了吗？答案当然是可以投资信托。新规虽然限制了非标额度，但是，信托公司仍然保住了贷款拍照，也就是说，信托公司仍然可以做代人融资的业务。对于标类产品与非标类产品 1 比 1 的配比，信托公司想要做大非标资产，则肯定要先做大标类资产。这次新规也明确，信托公司开展固收类证券投资资金信托业务，经信托文件约定或者全体投资者书面同意，是可以通过公开市场上开展标准化债权类资产回购的，固收＋业务将会是信托公司重要的转型方向。

因此，今后投资信托产品不仅要避开非标类资金池，还要看信托公司能否将标品固收业务打通，未来的信托将会在债券产品创新方面有一定作为。

基金投资有学问——股市连涨时是最佳的入场时机吗？

股市连涨代表"疯牛"已经来了吗？那么股市连续上涨的原因是啥呢？指数连续几天跳水，就是熊市基调？其中一个很核心的诱因，就是市场的预期在作祟。例如，中国国家统计局公布了本月份 PMI 数据 50.9，高于市场预期的50.4，上月份该数据是 50.5。这表示经济活动环比上月继续恢复并改善，经济在持续复苏过程中，生产及新订单等保持改善势头，持续在荣枯分界线 50 以上。

PMI 指数是采购经理人指数，这个数值顾名思义是从采购成本角度计算的，代表着经济活跃程度。很多投资的人会关注指数 PMI，PMI 指数以 50 为荣枯分界线，当这个指数大于 50 时，则反映了经济在扩张或者在复苏；当低于 50 时，就说明整个经济在收缩。在新冠疫情初期，国家统计局披露该数据为 50.9，并且高于市场预期的 50.4，所以说明了我们经济的复苏比预期要好很多。

再结合新冠疫情的发展情况来看，新冠疫情的初期大盘下跌，新冠疫情中期，我们会发现部分板块股票开始回调，一个是科技股，另一个是医疗股。科技股本身受新冠疫情的影响不太大，并不像消费、娱乐等行业，受新冠疫情影响很大，科技股回调便比较快，而新冠疫情本身便促进了医疗股的上涨。但是随着新冠疫情中后期货币政策和财政政策的收紧，更多资金流向了其他板块。基于此种情况，银行理财经理应该如何为客户配置基金呢？

第一，新基金一定比老基金好？

买新基金和打新股不同，新基金在发行时有一段时间的认购期，在这段时间内，投资者不能卖出，认购期之后还会有一个封闭期，这段时间就是基金经理进行建仓的过程，建仓的时间一般看行情和基金经理决定，以曾经美股10天内4次熔断为例，道琼斯工业指数几天内蒸发近三分之一，虽然同时期内A股估值较低暂时表现尚可，但大部分新基金还处于观望期。

案例：银行保洁张阿姨听说这次股市行情很好，正好月初某基金公司匠心精选全国配售，张阿姨便买了一万元，配售后退回了六千元，这只基金单日募集一千三百亿元，打破年初保持的单日募集记录，配售比不足百分之三十。然而，从本次行情来看，不少投资者看到股市行情好了，便想投资一只明星基金，想要分一杯羹，但是，此时选择一只三百亿的大型新基金，从募集到配仓，会经过一个漫长的期限，很可能错过此次短暂的行情。

因此从投资者角度看，没有新基金的历史数据和各项指标作为参考，甚至短时间内无法看到基金的持仓、重仓，而老基金经历了牛市熊市的转变，通过现有和历史持仓，可以判断出基金经理的投资风格等，因而不能草率地认为新基金一定优于老基金。

第二，基金越跌越买，一定适用于所有情况吗?

基金在中国已经发展了20余年，刚开始基民经常盲目追涨杀跌，经过这些年投资经验的积累，对于基金的"跌"，早已没有了最初的恐慌，反而学会了低位加仓，摊平投资成本，但过度使用这种操作，往往让投资者买在了波动的底部，而不是历史的底部，在大盘震荡形势并不明朗的时候，珍惜子弹，小心观望，择时建仓，往往比频繁加仓更有效。

例如，原本强势的蓝筹股、白马股，存在不同程度的震荡。与此同时，前期被低估的板块在上涨，但是短暂几日的涨幅，便迎来比较大的跌幅，说明投资者对市场预期还是有所保留，全球经济局势尚未明朗，中美贸易战等不稳定因素不容忽视，"牛"与"熊"基因尚都不健全，基金止盈不止损是建立在未来收益曲线上扬的逻辑上，而在目前的环境下，系统风险相比依然较大，所以加仓或建仓，依然要慎重考量。

零售规模之战，如何高效拓展中高端客户

银行零售业务立足之本在于客户规模，有了开卡量，才能有低成本的存款和源源不断的收入，广泛的群众基础固然重要，但是，其中规模贡献度最大的，还是中高端客群（以 AUM 五万元以上为标准）。一般中等规模股份制银行的支行，所有个人客户大概五万户，中高端客户只占十分之一左右，是否能够做大这部分客群，才决定这家银行在市场的占有份额的比重有多大。在这场竞争中，各家银行使出浑身解数，抢占代发客户、用礼品吸引客户、推出特别款产品，方法不少，效果却经常不尽如人意，有时不是方法不对，而是忽略了过程中的细节。代发客户一定会留存吗？维护不到位仍然会流失！联系客户就一定有产出？话术不对怎样都白费！你给客户最好的？不如给客户最适合的！短期收益和长期收益哪个重要？满足客户需求最重要！那么该怎样才能稳定提高中高端客户呢？

第一，如何留存代发客户的中高端客户？

代发市场竞争已经趋于白热化，甚至有的银行将拓展代发客户纳入"一把手工程"，如此费力的情况下，代发客群中的中高端客户流失还是很严重，如果放任不管，那么辛辛苦苦得来的果实，慢慢就要付诸东流，白白浪费付出的大量精力，那么究竟该如何提高代发客户的留存率呢？

来看下面的案例：

青岛某股份制银行零售业务发展相对较晚，在同业中占比一直不温不火，于是，便大力拓展代发工资提升零售规模。在分行领导的带领下，代发工资团

队终于拿下几个优质代发客户，每家公司年终奖代发规模都在 8000 万元以上。但是，随着代发工资的落地，之后的问题也随之显现出来，那就是留存率太低，新开卡使用率太低。工资在哪家银行发，公司管理层可以拍板，那么员工喜欢将工资放在哪家银行卡上，就是纯粹的个人喜好了。为了提高这部分客户的留存率，这家银行可谓煞费苦心，年货节、电影节等活动层出不穷，一个月下来，流失率仍然惨不忍睹，究其原因仍然是客户对代发银行黏性不足，那么该怎样让客户认可呢？

银行产品同质化严重，礼遇相似，服务水平普遍提高，仅靠代发工资强制增加持卡，客户一般还会选择原本习惯的银行。于是，这家银行针对代发客户作出了一个资产状况分析模型，其实就是一个简单的 excel 表格模型计算器，主要内容涵盖以下内容，家庭年收入项：固定资产市值、金融资产总值、目前每年金融资产收益、家庭总收入；家庭年支出项：保障性支出（保险等产品支出，规避哪些风险及收益）、家庭消费支出、教育性支出；家庭建设未来规划：10 年之内房产更替需求、孩子长大后教育规划支出、孩子婚姻合理支出、自身养老规划支出。针对以上三项内容，得出以下内容为主的核心报告：财富自由指数、养老指数、传承指数、规避风险指数等是否达标。电影《华尔街之狼》里面有个桥段，如何卖一支笔，第一步不是营销，而是创造需求，甚至贩卖焦虑。对于银行理财经理来说，就是帮助客户发现问题！通过这样对每一位客户的"诊断"，客户留存率提升到惊人的 96%！

代发客户的需求是什么，发工资？领礼品？看电影？这些都是附加品，他们对于银行的需求，与每一位普通银行客户本质是一样的，追求收益、规避风险，但是，有的时候他们并不知道自己真正的需求是什么，一旦帮他们打开这个大门，才能真正走进他们的内心。与其说一味迎合客户，让客户产生"被需要感"，不如反常规，让他们认识到自身财富创收能力并不足，从而实现提升客户"需要感"。

第二，提升中高端客户只能靠礼品？

如果第一次接触客户，送一些小的伴手礼可能是拉近关系最直接的有效方式，对于熟悉客户也是增进感情的方法，但是，客户是无限的，经费是有限的，如果五万元等级客户都靠伴手礼维护，那么银行盈利一定大幅缩减。那么提升中高端客户的首要方法是什么呢？是建立联系！哪家银行联系客户次数多，便会在争夺客户大战中胜出，那么该如何联系客户呢？

联系客户这其中有着很大的学问！以电话营销为例。大部分理财经理在电话接通后都习惯这样说："请问耽误您一分钟方便吗？"这里面牵扯到心理学的问题，答应你吧，客户觉得自己被耽误了1分钟，会产生有一种"丢失感"，所以很多客户都会说："不好意思，不太方便"，这也就是所谓的把天聊死了。正确的表达方式是："我们针对象您这样的优质客户，有几个福利提醒您一下……"然后继续展开，哪家银行没有点福利呢？想要推产品？"最近有一款针对象您这样优质客户的特别福利产品……"，通篇以"福利"为主，满足客户享受福利的心理。

除此之外，每一位销售都有过这样的遭遇，为了说服客户，理财经理花了大量的精力，客户仍然坚持说："我考虑考虑吧。"面对这样的回答，一般理财经理要么直接放弃，要么坚持继续尬聊下去，实践证明，这两种方法效果都比较差。那么正确的反应是怎样的呢？以下几种方式可以灵活运用：一是简单明了：好的，那我下周一联系您，您看如何？二是搞清楚"考虑"的真相：我很理解您，毕竟涉及资金问题，您能和我说说您的顾虑在哪儿吗？三是搞清楚真正能做决定的人是谁：我理解您的情况，毕竟投资不是小事，那么您是需要和家人商量吗？如果这样，我可以与您家人进行一个简单的介绍，这样可能比较清楚一些。上述三种回应看似后退，实则以退为进，创造机会继续挖掘客户需求。

第一次与客户建立了联系后，只是完成了营销工作的一半，很多理财经理给客户打完电话后，微信也加上了，却没了下文，究其原因，不仅是维护客户过多，而是没有建立联系客户台账，即便PCRM系统再先进，也无法满足每一客户情况的及时登记。完整的客户档案其实并不难，一个Excel表格便足够了，要素包括：客户姓名、联系方式、客户号、产品到期以及备注。每天电话营销前，先将客户档案中应该二次回访的客户联系一遍，客户紧密度就提高了。低头干活不仅要抬头看，还要回头看，及时把掉下的客户捡起来，远比去开拓新客户更重要。

你以为客户需要的，就一定是客户真正需要的吗？

营销的一个关键误区就是，你根本不了解客户，却强行推荐你认为他需要的产品。这是营销人员很容易犯的错误，这样的做法，有时不经意间便会伤害客户，严重的可能会造成不可挽回的局面。

来看一个案例：

李先生曾经在某股份制银行开了银行卡，一直作为自己股市、信托、私募资金的短期周转使用，于是便将资金放在该银行的货币基金上，有好的机会便转出，最多的时候账户上面有800万元，这样一直操作了几年。理财经理小王在翻看客户资料的时候，偶然间发现这位客户一直在做货币基金，而近期货币基金一直在下行区间，以后可能会越来越低，正好行里冲越低存款，发行14天短期结构性存款，收益还能更高一些，于是便打通了李先生的电话，小王经理作为资深理财经理，话术老道自然能聊，但是他忽略了一点，并没有给客户太多说话的机会，本以为是一个简单短期产品转化的营销电话，但是，当第二次促单的时候，小王经理没说几句，客户便火冒三丈地说：你能不能先听我说？通货膨胀已经达到3%，没有15%的理财产品，以后不要再发给我这些没智商的所谓的理财产品！小王经理连解释的余地都没有，即便表示有相关私募基金，也依然被拉黑了。

这个案例中的小王经理真的不知道挖掘客户需求吗？实际并不是。只是在面对这位客户时，简单处理了，让客户自己说出需求，才能事半功倍。在银行庞大的客户群体中，有很多客户已经具备丰富的投资经验，他们选择理财经理，必然要选择能力出众，同样具有丰富投资经验的，如果第一次接触，便先入为主地随意推荐产品，那么也是给客户机会根据推荐的产品，对你进行能力评估，因此，挖掘客户需求，远比营销更重要。

客户投资股市，资金留存不多，便要放弃吗？这类客户往往更能体会到市场波动的"痛"，关键话术：我正好现在也有几只股票，举例这几只股票情况，不知道您最近的股票怎么样？接着这样的出发点继续聊下去，客户必然会向你吐露更多的心声，要知道客户愿意聊天便是成功的一半。

第三，拓展中高端客户如何避免"杀鸡取卵"？

中高端客户往往需要些时间培养，而有些新入职理财经理不顾市场规律，为了短期业绩，在基金市场火爆的情况下，加大客户投资金额，期望收到短期收益后撤出，增加客户信任度，不顾基金的长线投资属性，把基金当作股票投资，无异于拿着大炮打蚊子。任何产品都有其特殊属性，无论何种原因，都无法改变基金具有长期投资的特征。

李女士夫妇是做工程的，便在某国有银行做了经营性贷款，理财经理小付平常比较关注个贷经理的日常维护，理财与个贷的联动并不稀奇，能够做经营贷的客户，一定是优质客户。看似难度不大的联动营销，却被客户的要求难住了，因为李女士做工程需要垫资，她的资金成本也比较高，所以对于产品要求就是既要保证流动性，又要保证收益性，即便是以高收益著称的信托产品，也大多是长期产品，那么该如何配置产品呢？

小付做了如下的配置。李女士工程中标也会留出一到两个月时间，三分之一的资金以三个月理财为主，作为底层资产，每三个月为一个周期，能够做到最大限度拟合工程周期，并保证一定收益；四分之一资产配置分行设立的本地信托产品，因为对产品把握程度比较高，所以配置相对较多；十分之一资金配置基金，在基金配置比例上，客户因前期投资基金赚取收益近乎翻倍，所以想加大投资，小付经理力劝，基金产品并不能保证任意时点赎回都能赚钱，才压低到最小占比，余下资产配置增额终身寿，保单贷款最慢三个工作日之内到账，保证充足的流动性，终身寿产品以时间换收益，时间越长收益越高，而保单贷款并不影响保单现金价值，完美契合李女士的需求。如此配置，期限及收益足以达到客户要求，既避免了急功近利的追求收益，又成功留住客户资金。

资产配置要以客户需求为根本出发点。权益市场的盈利，容易让人产生错觉，牛市之中人人都认为自己是股神。以截至 3 月 15 日权益市场为例，客户如果此时加仓抄底，一旦上半年杀估值，下半年杀盈利，耐住性子，在市场震荡的时候，以分批定投的方式进场，一定能缩短扭亏为盈的时间，培养客户的耐性，避免操之过急。有的理财经理，一看市场大跌，便急急忙忙让客户"抄底"，一个星期营销几千万元基金，本应规避短期市场风险，底部并没显现却强行抄底，无异于消耗客户资金价值。

综上所述，拓展中高端客户，无论是话术技巧，还是精研产品，无不透着勤奋的耕耘和思考的魔力，勤奋带来高质量的客户覆盖率，思考带来量变促成质变的动力，二者缺一不可。

线上获客没有场景，银行如何做互联网场景营销

"银行服务无处不在，就是不在银行网点。"《银行4.0》的作者布莱特·金所说的正逐渐成为现实。2012年互联网金融迅速崛起，即便如今已纳入严格的监管，失去"野蛮生长"的土壤，但不可否认的是，对传统银行业仍有翻天覆地的冲击。突如其来的全球新冠疫情，让无接触式金融服务越来越被大众所需要。

后疫情时代再次向银行抛出了一个熟悉的问题：银行如何做互联网？曾经，银行以"账户"为中心，账户里面的资金和所带来的业务才是银行真正关心的，互联网金融迅速发展的10年印证了，"客户"才应该是所有账户的中心，因此，大多数银行逐渐开始转向客户。然而，此时早已过了互联网红利期，各场景入口已经被牢牢占据，而除了必要的业务，客户从不来银行网点，手机银行、网上银行不仅登录流程烦琐，而且各项业务板块操作壁垒较高，具有一定的专业性，用户可选择社交、消费与购物场景匮乏，即便用给网点加载下载与激活任务的方式，将手机银行的用户扩展数倍，但是仍然无法与某宝用户黏性媲美，更无法做到获客与留存。那么后疫情时代，银行到底该如何做互联网场景营销呢？

客户日常金融服务有哪些场景？

做互联网场景营销，就要具备互联网思维。互联网产品经理经常说的沉

浸式体验，就是真正以客户为中心，但并不是线下维护个人客户，而是贯穿客户日常生活的所有细节，其实金融渗透在人们日常生活的方方面面，一个正常人生活需要的解决方案有哪些呢？

消费场景：加油、电子设备、食品饮料、软件、衣帽等；交通场景：汽车的购买与维修、出行、停车等；教育场景：新闻、杂志、书籍、培训、学校等；通信场景：电话、互联网；娱乐场景：航班、酒店、饭店、体育等；健康场景：健康服务、保险等；住房场景：装修、保洁、水电、房产、宠物等。

以上所有的场景，都有互联网公司来满足，生活缴费、支付有支付宝、微信等，出国有途牛、携程等，商城有淘宝、京东等，住房有 58 同城、链家等，出行有滴滴、共享单车等，餐饮有美团、饿了么等，甚至理财和贷款还有百度金融、京东白条等，所有的个人金融生活服务都被互联网公司垄断，这也意味着银行线上用户流量被切断，线上各种场景的用户与银行之间，一定夹着互联网公司。

看着以上场景和相关公司，想想这些公司的发展历程，没有一家不是背后有雄厚资本支持且经过至少数十年发展的"大白马"。一部分银行觉得自己"兵强马壮"，总想自己创造场景，然而复刻成功再达到控制某领域流量无异于痴人说梦，因此，与各家互联网平台合作，便成了目前市场的主流。

除了合作谋生存，银行也可以打造自己的线上平台服务团队，以区域支行为中心，建设该区域的线上授信认证团队，接收来自其他平台的贷款讯息，同时接入银行自有流量，实现共同的生态系统。客户转移到线上，对银行的实时风险控制能力产生了极大的挑战。创新并不意味着可以放松监管，而是对风险控制提出了更高的要求。银行的优势是，可以轻易对客户的资金流水、征信、证照、地理位置变化等关键数据进行解析，从而大大降低了风险事件发生的概率。

银行如何做场景获客？

互联网金融曾经因为拥有较强的场景获客能力而获得了较快的发展，然而当金融行业回归理性，互联网金融的缺点也就暴露出来了。金融行业是信息密集型行业，以牺牲风控和监管换增速，往往会造成严重的金融危机。银行也具有互联网不能比拟的优势，例如，牌照、地缘、资金、商圈、政府关系与风控能力等。

要将银行固有的优势发挥出来，就要将金融业务和相应功能应用到实际的金融场景之中，第一部分已经分析了各行业的金融场景，那么银行都能提供哪些金融服务功能呢？除了传统的支付结算功能、存贷款功能，还有账户管理、贸易金融、跨境支付、财富管理、衍生品设计与交易等。

银行想要做场景营销，一定是以线下反哺线上，创造了线下场景生态圈，然后再巩固线上场景，这便是扬长避短。线下是银行的优势，线上是银行的劣势，除了网购，大部分的场景都是依托于线下，例如医院、学校、社区、商圈、交通等场景，这些线下场景都是银行可以依靠较强的社会关系渗透的，把金融服务融入每个场景中，形成服务闭环，就会产生资金沉淀。

以医院为例，很多银行都将医院列为重点客户合作，两者合作拥有着天然的优势，共同的政府背景，相互弥补的支付需求和资金沉淀的需求。但是，大多数的合作仍然处在做表面工程阶段，并没有真正做到搭建完整的场景，将所有资金纳入这个闭环中，而是银行出资帮着医院做各种各样的系统，比如缴费终端、挂号系统等，每个系统又相互独立，这样做的结果可能是有部分存款沉淀、医院的代发工资。真正的医院场景获客应该是金融与医疗体系的完美融合，银行构建完整的服务场景，包括开户、跨行归集、缴费、消费、贷款、理财、保险等，为患者提供更加简化的一键叫号，精准导诊，预约最合适的科室和专家，并对有支付困难的客户进行风评之后再决定是否提供帮助。

完整的场景应该是：首先下载 APP 注册→提供注册信息（构建患者信息库）→预约挂号（现场挂号平行）→支付（更新患者信息库）→智能导诊（自

动排队叫号）→门诊医疗（更新患者信息库）→结算→是否有贷款需求（线上 AI 贷款风险评估）→是否有理财需求（设置专项病理财，以病理付费周期为期限等）→是否有保险需求（有大病经历的人，才会懂得保险的珍贵）→审核贷款，购买理财、保险→门诊处置（取药、住院、复诊等）→更新患者信息库。

很多银行都在推出智慧物业、智慧城市等场景，每个场景只有完整地构建出来，才能真正为银行带来流量，从而产生金融资产的留存。如果仅能用本行账户缴费，但却无法在线开户，那么从便利性上，在一开始便无法进行下去。以支付场景为例，开放所有银行的缴费端口，是满足平台便利性的最基本功能。

如何抓住银行数字化转型的新机遇？

上面提到，传统银行相对线上有着自己独特的优势：银行具备完整的风控体系，具备完善的风控能力；与政府有着复杂且密切的关系，大部分银行都有政府持股的背景，尤其银行也是服务于当地的经济发展，银行让人信赖的形象深入人心，资金实力雄厚，企业资源众多，地缘优势等。但是，数字化转型中，银行还有一个致命的弱点，就是待处理的历史数据数量太过庞大，无法完成快速迭代，而有些城市商业银行，因为成立发展的晚，反而没有冗杂的陈年数据的烦恼，更容易从源头实现系统联通。

第一，拥抱社交平台流量

无法线下展业的日子里，所有的理财经理都在思考一件事：该到哪里去找客户？理财经理应该做到：客户在哪里，服务就跟到哪里。比如：理财经理可在短视频平台开启直播，科普金融知识；将线下产说会搬到微信社群宣讲产品，充分利用社交平台引流，会带来意想不到的惊喜。掌握在线展业技巧，在线展业不仅仅是服务渠道的改变，也伴随着服务方式的转变。从前熟练运用的线下服务技巧难以奏效，掌握在线展业技巧成为能否服务好客户的关键。从关怀切入，淡化营销色彩非常时期，理财经理需要从客户角度做好沟通，以免引起客户不适。当客户群众多，熟客度、客户认可度各不相同时，最保守的做法是淡化营销色彩，联络话术多以关怀、问候切入，表明在线的态度和服务的意愿即可。保持线上的宣传力度，主要指理财经理借用朋友圈、微信群等渠道做产品的展示。新冠疫情期间，社交渠道成为理财经理与客户保持联络的唯一通道。客户难以从线下渠道获得最新资讯，理财经理一定要做及时、全覆盖地触达，让客户有需求的时候，能及时找到"在线"的理财经理。

第二，熟练运用金融科技工具

在远程营销展业过程中，熟练运用金融科技工具可以使工作事半功倍。连接微信、百度、头条等多个社交平台，利用社交流量，为企业与个人带来全渠道拓客机会。利用多平台小程序服务通知，提升客户感知度。通过工单引擎系统，理财经理可为客户提供即时在线的专业服务，真正做到"服务在身边"的客户体验，理财经理打造个人主页，在工作室中可以发表观点，推荐产品，发布活动。通过持续向客户传递价值，积攒人气打造私人流量池，巧用营销海报、转发助手、智能名片等工具，为理财经理提供丰富在线营销"弹药"。

与其说抓住新的机遇，不如说是经营的竞赛，线上产品输出本身并不会有太多的创新，关键在于活动或经营是否足够精细。

银行如何融入互联网生态圈？

互联网在过去 10 年的飞速发展，腾讯、阿里等互联网公司的月活用户数已经远超过 10 亿，利用社交媒介，打造金融场景生态圈，腾讯系有微众银行，阿里系有网商银行，利用自身的优势，盈利速度飞速发展，然而未来各行业生态圈是相互依赖生存的。目前有些银行正在推 API，集成 5G 消息、微信、抖音、短信等 N+ 通信渠道，并通过统一消息 API 与银行的业务系统群对接，统一消息 API 能最大限度减少接口改造工作，支持消息渠道的敏捷横向扩展。

银行引入 API 之后，拓展渠道时仅需新增渠道插件费，无须平台采购、对接、硬件配套等额外成本。同时免开发联调，插件式即开即用，实现一次接入，即可面向所有系统复用。高效赋能城商行线上渠道的布局，延伸零售业务的"触手"，抓取更多的潜在客户。

首先，基于上述集成渠道，通过统一消息 API 对接业务系统，从根源上实现了各个通信渠道、业务系统之间的互联互通。由此，不但打破了通信数据的孤岛状态，更独家打造出了"唯一用户 ID"，可将用户手机号、微信、邮箱地址、抖音号等各个通信渠道的用户标识整合起来。其次，可将唯一用户 ID 作为筛选依据，通过"消息记录时光轴"，将同一用户 ID 各个渠道的、上、下行消息按照时间排序，在同一页面展示，相关运营情况一目了然。更可反哺银行的客户画像及客群细分，充分发挥通信数据的效用。

从细分行业来切入场景，网购场景已经被瓜分殆尽，以"薅羊毛"的方式吸引客户，也仍然做好客户转化，以目前的情况来看，银行应当瞄准开发程度相对较低的客群，例如旅游行业、健康运动等领域，这一部分群体相对较年轻，虽然尚未形成较强的购买力，但对平台获客来说最重要的是"量"，除了与月活客户千万以上的平台合作，将手机银行众权益平台作为酒店预定、购买车票、查询攻略等引流区域，再配以主题合伙账户，增加附加功能，也是不错的选择。

破解理财经理营销客户的七个关键点

"有人星夜赶考场，有人解甲归故里"。有调查显示，往往在银行进门 10 个新客户的同时，便会流失 6 个老客户！看似厅堂里人来人往，厅堂外车水马龙，但是，行内资产规模却迟迟无法迅速扩张。青岛市的麦岛原来是个小渔村，因为某家本土房地产大咖在这里开发了一个高端大楼盘，于是一夜之间，引来了十多家银行设点开张，周边居民逛银行，就像逛菜市场一样，今天被这家买菜送鸡蛋吸引，明天便被隔壁送花生油给挖走了。

有一家银行，不仅拥有着众多的铁杆粉丝，而且无论网点工作人员怎样轮换，理财收益怎样变化，这家银行的客户都铁了心地把他行的到期资金一笔笔转到这里。

从外表看，这家银行的门口和装修并非出众，产品也只能算是中游水平，不过当地居民就认他们，尽管受新冠疫情影响，这家支行的 AUM 仍然突破了 50 亿元，规模增量和有效客户数增量均是周边银行的五倍以上。这家银行的理财经理似乎个个身怀绝技，同样的产品，从他们嘴里说出来，客户就容易接受，经过近半个月的跟踪采访和实地调研和体验，我们发现原来该银行产品畅销的秘诀，就在以下七个关键点之中。

关键点一：收益高就一定能吸引客户吗？

客户需要什么样的产品，是每一位银行理财经理都在思考的问题，想要给客户配置适合的产品，就要分清客户是什么类型的投资者，有针对性地配售不同类型的产品，才能在不断地接触中把握客户。

住在麦岛金岸的王先生是从底层创业的企业家，他深知赚钱不易，因此，早在来到银行做理财时，便表明自己只懂做生意，缺乏金融投资知识，不愿承担过多风险，只想做一些稳健型的理财，能够稳健地保值增值就行。负责维护的私人银行理财经理小李，依然不时向客户推荐行内热销的股票型基金，王先生有生意人的头脑，虽然始终没有答应购买，背地里却暗自关注着这几只基金，恰逢近几个月新冠疫情影响，小李推荐的基金虽然历史业绩不错，但是近期表现相当糟糕。没过多久，王先生便将资金悄悄转移到了其他银行。短短几周便流失一位私人银行客户，小李却还不知道到底为什么。

什么样的产品才能吸引客户呢？收益高的不一定是最好的，只有适合的产品才能吸引客户！小李推荐客户的基金，可能并非烂基金，但是在客户尚且不具备一定金融投资经验的情况下，为了营销指标，而忽视了客户需求，贸然推进客户投资进程，反而会拔苗助长。

客户的投资习惯需要逐步培养，银行大额存单、稳健型理财、债券基金可以重仓搭配，优质年金保险、万能型保险也可适当搭配，少量配置混合基金、股票型基金等，在这个过程中，做好客户投资知识的储备和投资理念的疏导，虽然股票型基金等风险敞口较大的产品配置的较少，但这是提升客户投资技巧的重要展示，通过几个投资周期的培养，实现了预期收益，客户便会越来越信任理财经理，可接受产品也会越来越多。所以，产品收益高不重要，适合客户的产品才重要。

关键点二：好产品为什么卖不掉？

有些银行的产品明明比同业更具优势，为什么总达不到销售额？礼品库房经常堆满送新客户的礼品，为什么少有客户领取？银行产品再好，也怕藏的太深，礼品再适用，没有客户知道，也不会达到预期效果。想要产品卖得好，宣传手段不能少！

某银行采购了一批"不倒翁饭铲"来送给新客户，结果只有进门的几个阿姨感兴趣，经常刷抖音的大堂经理小于，突然有了灵感，关于平时使用饭铲是放锅里还是放桌子上，大家经常争论不休，小于用了半小时，便将普通饭铲的使用矛盾和"不倒翁饭铲"拍成了搞笑的抖音小视频，并将微信二维码名片放在了视频下方，新客户只要添加微信就可以来网点领取一个，老客户则通过分享朋友圈领取。没过几天，小于的微信增加了一千多位好友。"好友过千，法力无边"，支行的产品营销也有了更好地改善。

如今，人人都可以做抖音达人、带货主播，由于抖音算法推荐的一般是附近用户，银行利用好抖音等平台，在产品宣传上做足文章，产品营销必定会事半功倍。银行产品卖得不好，多半是宣传不到位，产品和服务曝光率较低，客户甚至都不知道这条街上还有这家银行，怎么想起来买银行的产品呢？

好酒也怕巷子深。银行之间的竞争，不单单是产品的竞争，更是品牌的竞争，除了银行自身的品牌之外，每个员工也是一个独立的 ID。产品好不好，宣传很重要，文字不如图片，图片不如视频。

关键点三：产品美不美，全靠理财经理一张嘴！

客户有 100 万元资金来做理财，银行理财经理如果这样说"根据标准普尔四象限理论，10%、20%、30%、40% 的钱应该买怎样的产品，哪些产品比较好。"那么可以判断，这位理财经理一定从业年限不长，虽然这套理论没有问题，但是对于理财的解读，却与其他普通的理财经理别无二致，无法一下抓住客户的眼球。

有一段买电视的经历让我印象深刻，当时我走进夏普专柜的时候，导购员向我介绍说"夏普是液晶之父，我们生产了世界上第一块液晶显示屏，看电视绝对清楚"。我的心理活动：生产第一块就等于最好吗？当我走进小米专柜的时候，导购员向我介绍说"小米是去年液晶电视销量第一，这么多人选择肯定错不了"。我的心理活动：什么逻辑，别人买，我不一定要买啊；而海信的导购员是这样向我介绍的：先生您选择电视机的时候一定要注意以下几点，首先要看运行内存大小，内存太低的千万不要选，运行内存的单位也要看清楚，是"GB"，而不是"Gb"；其次要看CPU，CPU是电视的大脑，低性能的CPU用的时间稍微久一些，便会出现系统卡顿的情况；然后要看是不是真的4K屏幕面板；最后要看散热性能，散热不好的话，电视机的各部位零件过热，会产生过高辐射和甲醛等有害气体，危害家人身体健康。于是，在这位专业导购员的指导下，我痛快地挑选了一款海信的液晶电视。

"王婆卖瓜式"的营销已经过时，自吹自擂的表达方式无法真正触动客户内心，银行理财经理在营销过程中存在同样的问题，话术过密，干货太少，而金融投资领域又是知识密集型行业，让客户认同的产品设计和投资逻辑，才能死死地掌握客户资金。

本着这样的理念，我支行在新冠疫情期间，保险大单频出，某保险区域总经理道出了原因：某些银行维护客户理念落后，我们是"教"客户理财，而他们是"叫"客户理财，理财经理卖的清楚，客户才买得安心，口碑便这样积攒起来了，最终的业绩便凸显出两种理念的差异。

关键点四：把复杂变成简单，把术语变成白话！

教客户理财，是一个循序渐进的过程，作为带领客户理财的"老师"，愚蠢的理财经理，往往把简单的东西复杂化，而聪明的理财经理，则把复杂概念简单化，只有简单容易理解的东西，才具有迅速推广的可能。

例如，有的理财小白客户可能会问，什么是理财？理财产品是比较抽象的概念，如果能够具体地表达，则能够让客户在接下来的投资过程中，可以更好地理解理财、产品结构以及产品的卖点在哪里。

那么，怎样解释什么是理财产品呢？理财经理小于是这样向客户解释的，他把理财比喻成罐头，并拿出实物展示给客户，罐头里面装的是肉还是水果，看罐头上的配料表便一目了然，由此也就解释了理财产品的基础资产。

根据基础资产的不同，可以分为银行自有理财罐头、保险罐头、基金罐头、资产管理计划罐头、信托罐头，生产以上不同罐头的厂家，分别是银行、保险公司、基金公司、银行理财子公司、基金子公司、信托公司。罐头的配料表是由风险等级由低到高三种原料组成：货币类产品、固收类产品（债权）、权益类产品（股权）。

那么，怎样才能让客户更加清楚地理解每种罐头的配方呢？产品说明书便是罐头的配方，下表是某商业银行理财产品说明书中资金投向，从资产种类中我们可以看出，这是一款银行理财罐头嵌套着资管计划罐头，信托计划及定向计划属于权益类产品，所以该产品风险等级会相对较高，但是收益也会更加明显。如表 3-1 所示。

表 3-1　某商业银行产品说明书——资金投向说明

......

二、投资对象

本理财产品募集资金投资于现金、存款、回购、同业借款、货币基金、利率债、存单、拆借、信用债（包括但不限于企业债、公司债、短期融资券、超短期融资券、中期票据、次级债、资产支持证券、非公开定向债务融资工具等）、债券基金、定向计划（包括但不限于证券公司及其资产管理公司资产管理计划、基金及其子公司资产管理计划、保险资产管理公司投资计划）、信托计划等，属于混合型产品。

本理财产品以价值投资为基础，综合对市场长期走势及短期利率波动的判断，积极主动地寻找具有高度安全性和较高收益的中、短资产构建稳健的投资组合，以期在保持安全性和流动性的前提下，获取较高的收益。

理财产品拟配置资产的比例为如下表，产品管理人可根据实际情况在一定范围内进行调整。如新增投资范围或投资工具，产品管理人将通过产品季报、半年报或年报等投资报告及时进行信息披露。

资产类型	资产种类	投资比例
高流动性资产	现金、存款、同业借款、回购、货币基金、大额存单等	10%～90%
其他资产或资产组合	债券基金	10%～90%
	信托计划	
	定向计划	

关键点五：放大独特优势，淡化产品共性！

当前银行 KPI 考核指标变得越来越复杂，各种代销类产品占比增多，因此，对理财经理的产品掌握有了更高的要求，熟悉每一种产品的卖点，才能有的放矢。

大额存单卖点。大额存单作为安全性、收益性、流动性相对平衡的存款产品，各家银行纷纷利用大额存单揽储，不惜将上浮空间打满。除此之外，按月付息大额存单的利息，再定投指数基金，便可实现复利增长。

货币基金型银行理财卖点。货币基金具有高安全性、高流动性、稳定收益性和"类储蓄"的特征，银行的货币基金型理财，可以做到 T+0 起息、T+0 到账。在保证流动性相同的情况下，银行货币基金型理财收益更高，是老百姓打理日常生活费用的最好理财产品之一。

可转让理财卖点。银行推出的相关可转让理财产品，其转让方式主要有转让方定价、竞价与协议转让三种方式。

保险类产品卖点。在有社保的前提下，一份百万医疗保险，可用于弥补社保缺口。商业医疗保险属于报销型保险，是对发生的医疗费用进行报销，重疾保险是赔付型保险，达到赔付条件即可赔付，也是对发生疾病期间，被保险人医疗费用和无法工作导致收入损失的补偿，重疾保险是对商业医疗保险的补充。

基金产品卖点。作为普通老百姓，承担不起股票市场大起大落的风险，那么选择一只或者几只你信赖的基金，则可以省去很多烦恼。

关键点六：同类型产品如何对比解析？

幸福是比较出来的，不幸也是比较出来的，产品的优劣同样是比较出来的。单独拿出一款产品，没有比较，便没有所谓收益的高低，同类型产品，收益不同，风险等级也不同，因此，做同类产品的对比，更不能简单地做收益对比。

以银行结构性存款为例，资管新规逐步落地，保本产品越来越少，某银行推出的结构性存款，金额起点 5 万元，期限 90 天，保底收益率 0.3%，最高收益率 4.8%，触发条件是人民币对美元汇率在产品期限内浮动达到万分之五；

另一家银行同样的起投金额、期限，保底收益率1.8%，最高收益率4.9%，触发条件是国际原油价格上涨10%。

熟悉大宗商品市场的都知道，全球新冠疫情形势不明，三大产油地区中东、俄罗斯、美国之间博弈不断，国际原油价格能否在3个月之内上浮10%，谁都没有把握，而反观人民币挂钩美元汇率，只要浮动值达到0.0035便可触发最高收益，回顾人民币兑换美元的走势，我们发现有80%以上的把握达到这一标准。所以，选择保底收益和选择收益更高的，还是触发最高收益条件更低的，相信客户已经有了判断。

以保险产品为例，年金险、万能险缴费时间越短、返现时间越快、现金价值越高，合同内保底收益越高的产品越好；医疗险的保费相差不多，大多每年几百元，便可撬动百万医疗保额，因此免除责任越少、赔付保额越高、门诊赔付金额越高的越好；重疾险每年的保费较多，因此要选择以更少的保费，可以保障更多重疾和轻症、没有豁免责任、有重大疾病二次赔付的。

以基金产品为例，以同行业基金划分，债券型基金波动率比较重要，波动率越小，债券基金收益越平稳，预期收益实现的概率越大；股票型基金要比较夏普比率，夏普比率越大，表示这只基金收益表现越平稳，基金单位风险获得的超额收益就越多，基金历史表现就越好；指数型基金整体的贝塔系数较其他类型基金更为显著，这类基金一般追求"贝塔"的收益，即承担市场风险带来的市场回报，贝塔系数趋近于1，收益与市场走势基本一致。通俗地讲，贝塔系数也可以理解为基金对于大盘变动的敏感系数，在牛市的时候，显然贝塔系数越大越好，熊市的时候贝塔系数越小则越抗跌。

关键点七：怎样让客户认同你的投资建议？

带货主播李佳琦曾经说："看了我的直播，你不买，就会觉得在亏钱！"银行理财经理如果有这样的功力，那么保险、基金、信托就不愁卖了。但是，与带货直播不同的是，理财产品无法与厂商议价砍价，理财经理却可以通过让客户认识到自己财务的真实现状，通过对比，让客户了解其实自己并没有想象的那么富有，用数据体现出落差，客户才会有购买的动力。

理财经理小张想给客户配置一款期缴年金险，保底收益率 3.5%，中档收益率便有 4.4%，在如今的行情下，收益已经不错了，但是普通客户对收益并不敏感，精于如何赚钱，却对理财一窍不通。于是小张以下面作为营销垫板，以中国存款利率走势为例，向客户展示了过去 30 年，因疏于理财而损失了多少，如果 1990 年投保了一款终身的年金险，现在客户的资产已经翻番。

利率下行的同时，为了经济发展以及应对美联储的"注水"，央行多年实行积极稳健的货币政策，我们经常感叹 20 世纪 90 年代 1 万元的购买力，且不知 30 年后回看 2020 的 100 万元也会是同样的感慨。所以，没有抓住 30 年前的机会，那就要抓住当下，未来利率下行，大趋势已经了然的情况下，用多款产品锁定较高收益才是明智之举。

产品是银行攻城略地的"利器"，理财经理才是产品的"灵魂"。营销客户不简单，不仅需要有质量的产品、丰富的专业知识，还要有能说会道的功力，更需要一个通透有趣的灵魂；营销客户并不难，客户大多是临时起意，我们则是蓄谋已久，钻研产品，拓展专业，理解人性，你便是客户要找的那个人。

如何走出财富规划中产品营销的误区

客户李女士是位普通的工薪阶层，趁着当地二手房市场低迷，把近几年所有积蓄拿出来买了房子，缴了首付之后，手里剩下 30 万元，每月房贷 6900 元，夫妻二人月收入 2.5 万元左右。在银行办好贷款后，李女士来到理财经理这里，详细咨询了理财产品，可能由于觉得自身资金不足，便问起财富规划有多少起点金额的问题，刚转岗理财岗位的小孙经理在了解李女士的情况后，不仅仅做了简单的产品推荐，而是在一天之后，还给李女士出具了一份详细的规划方案。他根据李女士的具体情况，计算得出下表的财务指标，从而判断进行产品搭配，如表 3-2 所示。

表 3-2　财务指标与产品搭配表

财务能力	计算公式	指标	适当范围
偿债能力	总负债/总资产	45%	10%～40%
流动性	流动资产/每月还款	1.5	6倍～8倍
负债压力值	每月还款/税后收入	28%	小于50%
财富自由程度	投资收入/生活支出	1.95%	大于50%
投资回报率	投资收入/投资资金	3%	大于5%
保障能力	保费支出/年收入	0	4%～8%

表中各项指标显然并没有达到健康值，偿债能力不足、流动性较弱、投资回报率太少、重大事故保障能力缺失等问题严重，当客户看到自己家庭资产各项健康指标时，怎样做资产配置也就清晰了，例如：保障能力缺失问题，看似应该搭配重疾险，考虑到家庭成员年龄较大，保费支出占家庭收入会过大，

因此用医疗险来做一定程度的保障；投资回报率过低，适合配置部分净值理财和基金等。给客户详细解释之后，客户十分满意，成功出单多款重点产品。打开财富规划方案大门之后，形成独具特色的模板，营销客户的阻力也小了很多！

在无风险利率长期下行的趋势下，财富规划和资产配置不仅越来越成为每位理财经理的必修课程，更是每个家庭越来越不容忽视的生计问题。但是，在实践的过程中，很多人只是秉承"鸡蛋不能放在同一个篮子里"的简单理念，不同功能产品的期限错配，如此资产配置，能达到财富规划的初衷吗？固收类产品、银行净值理财、基金、保险、信托等在财富规划中扮演着极其重要的角色，那么该怎样把握每一位角色的内涵和规避误区呢？

固定收益类产品真的"固定"吗？

说到固定收益类产品，很多人自然想到了债券，即持有债券的人会在固定的时间收到固定的本息还款，极端例子还有企业为压降资产负债率而发行的"永续债"。从本质上来讲，大多数反映借贷关系的金融资产都可以称为固定收益类产品，国债、公司债无不反映借贷关系，很多投资者听字面意思便觉得"靠谱"，且不论是否真的"固定收益"，在无风险利率下行趋势过程中，将大量资金投入到固收类产品中，可能比银行定期存款收益高，但是，仍然无法跑赢真实通胀率，因此，固收类产品固然能在短期内解决客户的需求，却无法满足客户的长期财富规划。

曾经有位客户拿着某系下财富公司的私募基金来咨询，我们都知道，私募基金在监管的要求下，需要在中国基金业协会进行备案，备案后方可进行募集。但是，这款私募基金的备案机构却是地方产权交易中心，关于产权交易中心的灵活性，有相关文件规定，凡使用"交易所"字样的交易场所，除了国务院或者国务院金融管理部门批准外，必须上报省政府审批，通过审批的交易所全国只有八家，地方产权交易中心却多达上百家，备案难度也是从中国基金业协会、交易所，再到交易中心依次递减。而根据资管新规之后的要求，不再允许新增资金池业务，一笔资金只能对应一笔资产，该产品却以某管理咨询公司募集的多位客户的资金在交易中心登记成一个理财计划，再以某资本管理公司将多个项目打包成一个定向融资计划，除此之外还有第三方公司为资本管理公司进行担保，最终做成"一对一"的表面合规。客户最终没有选择该款私募基金，面对疑点重重的产品，宁可错过，不能选错！

从产品角度讲，市面上能投资的固收类产品大概分为以下五种：银行理财、信托、券商的资管计划以及私募基金。相信大多数投资者都清楚固定收益类产品只是风险相对较低，收益并不是百分之百"固定"。因此，固收类产品作为家庭财富规划中的"分母"部分，要严加审查，"分母"做小了，各项指标也就不健康了！

从固定收益产品的收益角度看，资产配置还要根据市场行情再做决定：

经济衰退状态，固收类产品＞现金管理类产品＞股票；

经济停滞到复苏的过程中，大宗商品＞股票＞固收类产品；

经济过热状态，大宗商品＞股票＞固收类产品。

新冠疫情期间世界经济停摆，中国虽然实现正增长，但是后续面临考验加大，固收产品到期普遍不容乐观。

资管新规下银行净值理财何去何从？

资管新规发布之后，银行理财净值化已逐渐完成，仅存的老产品也在进一步压降库存，银行理财转型的产品体系已经初见雏形，以某银行新净值体系为例，其中包括"日、鑫、悦、益"四类产品，有"益"字的代表含权益类资产，有"鑫"字的代表含债权，有"悦"字的代表含有非标资产。

销售过程中，推荐的原则是：第一顺位，"悦"系列定开，主打非标，稳健；第二顺位，含权益非标类，"益"系列有非标作为稳定期，权益类资产作为收益放大器，向下空间有限、向上空间充足；第三顺位，含权益类，波动比前面的大一些，但看好权益市场，坚持持有；第四顺位，纯债类产品、挂钩产品，需要根据发行时点的股、债市场具体分析。

青岛某股份制银行支行，有"青岛银行零售行业的风向标与晴雨表"之称，该支行三位理财经理的中收利润在全国近万名理财经理考核中，均排名前二十。很多理财客户都会有一种感觉：银行的理财经理永远只注重自己的业绩，而不是客户的利益。而该支行却始终秉承着"什么赚钱做什么"的理念为客户赚钱，客户赚到钱了，自然就慕名而来了。

随着银行注重利润指标的考核，净值型理财的销售在KPI中的占比逐步增高，但是，理财刚转向净值，十年期国债持续在低位，上升空间较大，造成债券基金的下行压力较大，很多银行净值理财出现不同程度的问题，该支行在销售净值型理财的过程中，经过支行研究决定，适当增加理财型保险和基金的销售占比，将客户保本打底资产做厚做实，用优选基金博取高收益。最终，该行不仅没有让客户因净值型理财亏本，反而因做了正确的资产配置，大赚特赚的客户不在少数。

当前银行净值型理财逐渐成熟稳定，该支行趁机做大净值型理财规模，适时培养了客户对新产品的认知。

净值理财在家庭财富规划中，充当部分指标的"分子"，理财经理最重要的应以客户利益为主，以客户收益为导向，才能正确认识净值型理财。现在银行考核指标化，行里让卖什么则必须卖什么，当中自然有管理者的道理，但是，如果不顾客户利益，那么最终伤害的还是银行自身的根基。

投资基金怎样避免前怕狼后怕虎？

青岛市南区某零售支行，共三位理财经理，年人均销售基金1.6亿元，是因为有源源不断的客户吗？并不是，每位理财经理经常几百万元的销量，源自每位理财经理的"胆大心细"。基金是资产配置中创造收益的最重要环节，做好基金，资产配置就做好一半了。

近年基金市场热度不减，但是，仍然有很多理财经理担心让客户赔钱，不敢给客户推荐基金，客户的本金没损失，收益却变相"损失"了！不求有功，但求无过的想法，只能导致业绩平平，最终客户被理财能力更强的同行挖走。

没有金刚钻，不揽瓷器活。作为银行理财经理，想要把握基金市场，给客户创造更高的收益，不仅应该具备专业的基金知识，了解客户的投资偏好等基本情况，更应该了解资本市场、基金历史收益情况和基金公司，这样才能做客户真正的理财顾问，帮助客户挑选出合适的优质基金。

有很多人投资基金只盯着大盘指数，指数跌了便希望能在低点进场，随后发现自己买的基金并没有追随大盘指数，大盘涨不代表基金投资的板块也会涨，相反也是同样道理，目前机构抱团趋势明显，资金在各板块间轮动，很可能造成基金与指数相悖的情况。

保险只能靠"宰熟"？

保险是资产配置中比较难啃的"骨头"，大多数客户对保险比较排斥，如果按照标准普尔四象限中的配置，保险支出是不小的比例，但是实际应用过程中，医疗险作为报销险种，虽然没有重疾险的赔付高，但是仍然起到了保障的作用，年金险、终身寿险作为理财型保险，并不是完全意义上的保险，因此，保险支出比例并不重要，重要的是实现保障功能。

相比于保险的功能和收益来说，信任危机似乎成为保险销售中的首要障碍，所以，营销成功一单保险，可能需要长年累月地跟单，与客户成为熟悉的朋友，才能更有效地出单。但是，如此"宰熟"也违背了保险的初衷，淡化了保险产品功能性，甚至客户缴费之后仍然不清楚这款保险到底有什么用！客户黏性固然重要，不过保险的功能才是最重要的！

理财经理小刘是个销售保险的"高手"，他的秘诀很简单，但是并不是所有人都敢学，那就是"趸交保险当定期卖，期交保险减额交清"。张大爷在小刘这做了两年的理财，之前的产品都如约兑付，让原本防范心理很强的张大爷一时放松了警惕，小刘便以过去收益都如期兑付，产品都很稳健，便把张大爷的 30 万元本金，做成 15 万元 5 年期交的终身寿产品，并告诉张大爷交了两年之后，不用再交钱，每年也都有收益。大家都知道 5 年期交终身寿产品，如果减额交清不仅影响收益，甚至本金都可能亏损，现实中如此"宰熟"不胜枚举，业绩提了上去，谁为后面的纠纷买单呢？

保险是金融产品体系中非常重要的一环，正确发挥保险的功能性作用，才是保险营销工作的本质。

终身寿保险产品往往具有强制储蓄的功能，而且保单现金价值和返还金额明细都体现在保单中，合同约定的固定收益一目了然，相对非保本的银行理财和信托产品，具有一定优势。种一棵树最好的时候是 10 年前和现在，10 年之后你会发现保单已经产生收益，这个时候保单的教育备用金还是养老备用金的功能就体现出来了。

商业医疗保险属于报销型保险，是对发生的医疗费用进行报销，重疾保险是赔付型保险，达到赔付条件即可赔付，也是对发生疾病期间，被保险人医疗费用和无法工作导致收入损失的补偿，重疾保险是对商业医疗保险的补充。在选择重疾保险产品的时候，不仅要注意涵盖了多少种疾病、保额多少，还应注意以下几点：是否涵盖多种高发疾病；保额是否有类似每年递增百分之几的设置，以对抗每年的通货膨胀；豁免条款的设置是否刻意规避保险公司应尽义务等。

如何看清信托产品的浑水？

信托行业资管新规，除了限制非标资产的配置不得超过 50%，同时禁止任何期限的错配，开放式资金信托一律不准投资非标产品，从根源上禁止信托非标资金池，在强监管环境下，即便信托公司想要刚兑，也是不敢的。

今后投资信托产品不仅要避开非标类资金池，还要看信托公司能否将标品固收业务打通，未来的信托将会在债券产品创新方面有一定作为。

真理总是越辩越明，每一个产品和业务都是在千锤百炼中做到完美的；业绩总是越勤奋越出成果，每一个成绩的背后都离不开爱思考的大脑和勤劳的双手，及时反思与改正，才是营销中最快的捷径。

踩准营销节奏，巧妙创新吸存

存款是支撑一家银行的基石，在拉存款这件事情上，资深的老客户经理说，只有把业务做透才能真正拉到存款！下面我们就来看看客户经理怎样才能拉到存款吧。

对公存款哪里挖？

每一家企业都和人一样，有着自己独特的资金需求，作为客户经理能够采取的营销思路也就不同，要像"挖土豆"一样深入挖掘客户的不同需求，简单可以概括为"资金流动较少的企业适合做存款，资金流动性快的企业适合做贷款"。

比如，某楼盘开发商对购房者有预售策略，预售资金的监管则是相当诱人的存款；二手房款资金放在银行监管，上报审批、过户、抵押这些流程下来至少需要半个月时间，而房款资金量不会小，当与中介做通渠道后，存款自然增上去了；医院对药企等下游企业较强势，可以延期付款，反过来患者则需要对医药费、手术费等现款现结，这个过程完成后，就会滞留大量存款；学校是预收学费的，资金使用率又不高，所以，学校也是滞留存款的重要客户。

以学校为例，当地教育局对公办学校有着明显的管辖权，学校的资金安排都与教育局有较强的关系，因此，通过为教育局解决棘手问题，比如说为学校改革或者校址选择提供相应优惠的支持性的贷款方案，则会换取到教育局大

力的支持。

授信业务怎样吸收存款？

一般企业都有授信业务，从授信业务介入，是公司业务的最佳切入点，有需求就一定有机会拉到存款。

相对于大企业来讲，中小企业喜欢的流动资金贷款，银行话语权较重，通过这类客户找到上游企业，两个企业发生贸易时，给上游企业配上授信，流贷受托支付到上游企业，并在银行开立户头，这样存款就来了。

而有些客户喜欢使用票据贴现，贴现款也是存款。流贷和贴现中没法控制企业不走款？这时便可以发挥银行话语权的作用了！留到过了节假日也是不小的存款沉淀。

有些客户收到的是一张大额银票，可上游企业却有好多家！有些客户收到一打小额银票，但是，上游企业强势，非要整张大额银票！有些客户收到一张无数手的转手票，可上游却要一张一手票！有些客户收到一张小行票，可上游却要一张大行票……没关系，配上保证金或存单加上银承质押开立银承，如此，既解决了企业需求，又有保证金存款。不断挖掘企业融资需求，与客户深入合作，存款总会有的。利用好承兑汇票保证金，可以大大提高存款派胜率。很多企业尤其是东南沿海企业，日常交易中并没有存款流水，而是以银行承兑汇票代替，银行以贷款与票据组合产品，派生存款甚至高达 150% 以上。

公私联动巧营销

正所谓万事开头难，公私联动最难的不是如何联动，而是如何与客户建立牢固的合作关系，如果有了某个切入点，接下来的配套服务便是如虎添翼了。

工资代发永远是公私联动不能避开的重点业务，鉴于银行优惠政策同质化严重，除了跨行异地取款免费、转账手续费优惠、特别客户询证费用减免及相应服务等必不可少，针对特定企业的定制化服务则显得尤为重要。代发工资的资金留存率是相当高的，这部分可以多关注新企业及原有企业的需求变化。

案例：青岛市市北区CBD有一家专门培养网红的公司，以拍短视频等各种网络传播方式为主，某支行零售行长看到拍视频的网红，便敏锐地嗅到了商机，拍短视频不仅需要创意，更需要道具，银行最不缺的就是维护客户的礼品，为此该行长专门申请一部分专项营销费用，并选定道具公司，最终该方案成功打动网红公司老板，不仅开了公司账户，成为该公司主营银行，光日常结算流水便几千万元，更是将该公司500余人工资代发收入囊中。公私联动不仅是一句空话，有人说公私联动其实就是让公司条线帮助零售条线完成任务，实则并不是这样，其本质是多方面挖掘客户需求。

收单业务要创新

收单就是收款机，青岛啤酒的经销商下属各销售网点，在曾经现金消费的年代，收到纸币较多，而如今电子收付模式下，某银行为青岛啤酒经销商设计了专用收单支付系统，每个销售网点配置一台POS机，客户刷卡后，资金直接划入青岛啤酒专用账户上，实现了资金归集，由此该银行沉淀存款近20亿元。收单业务会带来大量结算性存款，而经营良好的企业和商户，日常资金流平稳，积累的存款也就很稳定。

但是，随着各家金融机构和支付机构不断蚕食市场，收单市场目前已经被微信、支付宝、通联支付、云闪付等机构瓜分差不多，银行作为传统金融机构，在这一领域远远落后。

其中，通联支付早在几年前便开发出收单支付标准化产品——"销售通"，可以适应有多家分支机构的公司门店，不仅解决了门店之间收付款的问题，而且让老板可以直接管理销售款和各项收支，大大缩短公司分支门店资金管理流程，并提升了流动效率。

而反观各家银行的收单产品，不仅起步晚，而且产品功能单一，不仅缺乏微信、支付宝等支付便捷程度，而且不具有通联支付标准化功能，所以在近几年，各家商户享受完推广期的红利，便弃之不用了。

目前，支付领域蛋糕越分越小，各支付企业竞争逐渐饱和，收单POS离不开银行端开立公司账户，收款二维码离不开法人办理的银行卡，从监管角度看，银行应该更具有优势，因此，银行只有利用自身优势，才能进一步分得一杯羹。

理财与基金是存款最好的朋友

为什么说理财与基金是存款最好的朋友呢？有人说，因为理财有募集期，募集期的资金算存款，但是，随着投资者教育的日渐提高，投资者普遍清楚募集期并没有利息，如果不是产品收益特别高，大部分投资者是不会选择募集期过长的产品的。

早在2005年前后，某国有大行便适应客户需求，设计出三方存管产品，彼时国内基金刚刚发行不久，开户买基金的客户络绎不绝，该银行便主推基金等产品，而有些小银行，因业务局限性，领导层觉得基金会转化存款，从而降低存款指标，所以并没有适时跟进基金等三方产品的销售。虽然，没过几年，各家银行也都陆续重视理财、基金的销售，但是，经过前几年的积累，该国有银行早已经储备了大量具有多年炒股票、炒基金经验的高手，其中很多已经成为资产千万的私行客户，而这些小银行，因业务布局晚，只抓住了资金量小、经验匮乏的新股民。

理财与基金并不是存款降低的罪魁祸首，相反，只有作出特色的理财银行，个人客户才会被吸引来，精明的企业主更是具有理财的嗅觉，当一家银行基金大卖，跟着这家银行有钱赚，那么，理财经理也就比其他银行更有机会营销存款了！

拉存款是银行的世纪难题，经常有客户拿着大额存单挨家竞价对比，如果实实在在地向她解释，客户多半不会买，说出客户在这里买的优势，才能打消她的顾虑。这其中过程就需要我们仔细研究了！拉存款的方法有一百种，其中提高专业水准、沟通水平、人际关系，才是最根本的方法！

县域支行如何做好数字化"开门红"

近年来数字化营销一直是银行探索的方向，各家银行积极利用大数据分析手段进行客户营销与维护。然而，从支行角度来看，如何利用数字分析来进行网点客户的精准营销与维护，仍然是一项难题。

其中城区支行与县域支行的客户质量与客户群体不同，县域支行客户具有理财知识缺乏、客户年龄偏大、存款占比较重等特点。在银行营销布局当中，很容易忽略该客户群体。但是，我国城市化进程相对较慢，县域银行的客户占比相对较大，所以，在"开门红"的工作当中，针对县域银行应该单独制定策略，那么如何将数字化落地到县域支行的营销工作中呢？

县域银行数字化营销？还是数据化营销？

各银行布局线上数字化，着眼于线上批量获客，但对于县域银行的业绩提升，实则帮助不是很大。县域银行应抛开看似高大上的线上数字化渠道，筛选在数字化过程中有用的数据，以及各种线上数据搜索辅助工具，查找营销线索进行营销。

案例：北方城市每到冬季，缴纳取暖费和代开发票是银行工作中比较重要的部分。某些银行为了业务的发展，将取暖费发票代开纳入自己的运营工作当中，其目的之一，是增加支行的获客概率，但在执行的过程当中，大部分银行并没有充分利用好这一机会。青岛某一县域支行的柜员发现，来网点打取暖费发票的客户，大部分是没有本行银行卡的新客户，相对于经常来往点的老客户来说，更容易吸收行外资金。所以，在给客户打发票的同时，该柜员也在筛选客户。利用客户发票的签收簿，将客户分为：取暖费3000元以上与3000元以下；打印2张发票以下，2张到5张及5张以上发票的客户。并在签收簿添加联系方式一栏，如因业务繁忙或其他原因无法当场营销客户，便利用签收簿，电话联系或添加微信等方式进行后续营销。

其中的营销逻辑是：如果客户的取暖费金额在3000元以上，则该客户房子的面积大概在130平方米以上，以当地房价为标准，至少也是优质客户；如果客户打印多张发票，则该客户极有可能名下拥有多套房产，这意味着该客户很可能本身就是一名私行客户，有了目标客户，营销便有的放矢。

如此利用简单的客户信息分类，再进行精准化营销，该柜员冬季"开门红"期间，成功新增数十名优质客户，吸收行外资金5000万元以上，业绩远超支行理财经理。

县域支行的数字化营销不是简单的布局线上，而是应该采取更接地气的措施。数字化营销一定离不开数据，对数据的分析是第一步，利用企查查等查询工商信息APP，分析出哪些数据对营销有用，然后再进行整合，最终将数据转化为产能，这样对于县域银行的发展，才能具有积极的推动作用。

县域银行做个体营销？还是社群营销？

纵观我国县级市地区，发展程度各不相同，但其客户结构，仍然是企业主不多，居民收入水平相对低下。因此，造成了县域居民信息获取渠道相对落后，掌握信息相对匮乏，对于国家经济发展和投资手段缺乏认识。在此基础上，如银行理财经理，利用自身的专业知识和信息渠道，积极拓展客户和投资者教育，就会收获广大县域居民的青睐。

案例：某县级市的银行理财经理小王，是土生土长的本地人，金融硕士毕业后便回到县城做了一名银行理财经理。与其他大学生理财经理不同的是，他不仅具有专业的金融知识，而且利用本身对于县域居民的了解，使得他在理财销售中更加接地气。起初原本只会买保本保息存款产品的叔叔阿姨们，在小王经理的带领下，纷纷配置上了基金、保险。

原来小王是这样做到的：每年年底，都是当地居民钱包最鼓的时候，忙碌了一年，收获了一年的积蓄，而这个时间也是银行"开门红"冲业绩的时候，同时也是当地餐饮消费最旺的时候，周边县城居民都会有聚餐活动。于是他便联系到几家原本就在做优惠活动的酒店，银行客户进微信群可定期参与"霸王餐活动"，活动规则很简单，便是以抽奖方式每周六抽选三位客人免单。小王经理目的便是获取客群，能来到当地较为高档酒店消费的客户，无一不是当地较为富裕的居民。

一个星期的时间便建起来 500 人微信群，除了每周定期"霸王餐活动"之外，小王经理还以短视频讲解方式，对群内客户宣讲正确投资理念和方法，依靠这个群，小王曾创造连续两个星期保险开单的记录。

每个县城居民都具有自己独特的生活方式，有的以餐饮文明，有的以水果发家，还有以大型国企为依托建成一座县城。县域银行是距离总行数字银行最远端的地方，那么，如何发挥自身"土皇帝"的优势，便显得尤为重要了。

看似无用的营销电话到底打？还是不打？

对于县域银行客户营销方法，"电话"仍然是一种高效的联系方式，微信信息联系，客户看见和回复间隔较长，浪费一定的沟通时间成本，语音联系不方便记录营销线索。县域客户理财观念淡泊，如无法缩短沟通时间，客户很容易便忘记了，因此，利用电话外呼系统进行营销，营销线索长期保留，使下次营销有话可说、有理可依。如今，客户越来越少来物理网点，"开门红"可能面临的是开门没有客户的局面，所以，一部智能电话和熟练的营销技巧，便是很有用的获客利器。

此处所说的电话营销，并不是简单的电话推销，县域银行客户在年底大多比较赋闲，营销线索也相对密集，因此，精准好用的外呼系统是必不可少的。

那么在精准营销中需要注意哪些问题呢？

第一，系统准确归集营销线索。例如，基金收益情况、产品到期情况、优惠活动吸引等，县域客户生活范围相对闭塞，因此提供一些有用的信息，客户不仅不会反感，相反还会感激你的提醒，除此之外，明确的营销线索，也会产生清晰的营销目的，使人更加容易信服；

第二，理财经理声音低沉。低沉的声音往往不具有说服力，甚至会让客户觉得有些恐慌、不积极，适当的声音应该是声音音量适中，语速较慢，能听清楚，语气抑扬顿挫，如无法掌握，则至少要在语速方面有所变化，让客户听起来更舒服；

第三，通话时间过长。正如前面所说，电话只是为了提高沟通效率，并不是真正地做电话推销，县域客户距离相对较近，避免在电话中沟通过多产生的误解，通话时间不宜过长，对于金融产品的营销，见面才能挖掘客户更多的需求；

第四，辩解式沟通不可取。如果客户对于银行产品利率有疑问，比如问到"你们的利率怎么这么低"，如果理财经理辩解说"我们的利率不低啊……"，这无异是在与客户争辩，而是应该顺着客户往下说，卸掉客户为难营销人员的情绪。例如"您说的确实对，现在银行利率都在下行，虽然这款产品利率并不具有优势，但是我们可以进行资产配置或者看一下其他产品，从而有机会获取更高的收益呢！"

营销模版：××先生（女士），您好，我是××银行您的理财经理×××，我上周五给您打过电话（打消客户挂电话的冲动——并不是第一次给您打电话），您可能在忙，所以我也没和您详细介绍一下，上次听您说您的资金短期内可能需要用，但是您放在活期上，利息就受损失了，我们现在年底之前利率有优惠，35天预期年化收益3.4%的产品，活期利息才0.3%，利息收入差了10倍多（阐明利害关系，吸引客户），肯定比放在活期合适，而且这款产品也是保本的，您要是觉得行，可以买一些，期限也短，收益还高一些。

手机银行就可以买，稍后我可以加一下您微信，把购买流程和我的工号发给您，您叫我小×就行，我也好帮您做好台账，等到期了再提醒您。

您方便的话，也可以来我们支行聊一聊，我们还有很多好的产品，您也可以多比较一下。

县域银行客户结构相对简单，拓展和维护却不简单；县域地区过年气氛相对较浓，县域银行"开门红"却并不容易获取亮眼的业绩；县域银行距离客户最近，却距离数字化最远。如何利用数字化的发展，仍然离不开工作人员的辛勤探索！

新形势下怎样换个思维卖理财

随着理财刚性兑付的打破，本来图稳才投资的银行理财，却赔了本金，引来大量客户投诉；A股市场毫无征兆地逆势上扬，之后却出现震荡横盘信号，散户跃跃欲试，却又不敢出手。搔痒投资者的事件频出，新形势下银行投资者该如何投资？

新冠疫情之后，全球经济发展呈现象级波动，新冠疫情、停工复产、股市熔断；国内债市行情下跌，转型中的净值理财也跟着赔了本金。

面对如此复杂多变的经济形势，个人投资者和银行理财经理切忌盲目追赶与回撤，市场规律是感性的，但个人的投资行为却应该更加理性。彼得·林奇曾说，投资是艺术、科学和调研。只有经过深度思考的投资，才有可能抓住盈利机会的影子。

银行理财亏本，理财经理该怎么做？

我们分析近年银行理财出现亏本情况，其中大部分是投向债券市场的产品，之所以造成这种情况，是因为这样几个原因：其一，债券是一种避险资产，利率相对固定，风险性较低。所以，新冠疫情期间大量资金进入债券市场，但是随着国内新冠疫情逐渐稳定，经济等各方面都在往好的方向发展，资金便陆续从债券市场撤出，从而造成债券市场价格持续走低。其二，国债、地方债大幅增加，市场上债券供应的增加，也会促使债券价格的下跌。

其三，十年期国债持续在低位，上升空间较大，造成债券基金的下行压力较大。

银行理财逐渐过渡到净值型理财，很多客户担心到期亏损，便不再投资净值型理财。那么，面对客户这样的选择，银行理财经理该如何给客户做资产配置呢？

第一，理财经理投资决策需要"见招拆招"

很多银行理财客户都会有一种感觉：银行的理财经理永远只注重自己的业绩，而不是客户的利益。有这样一位支行行长，人称"何老师"却始终秉承着"什么赚钱做什么"的理念为客户赚钱。

从年初到现在，从总行到分行，净值型理财的销售考核占比一直居高不下。但是，何老师却能顶住各方压力，秉持适当性原则，在销售净值型理财的同时，通过专业的分析研究，适当增加理财型保险和基金的销售占比，将客户保本打底资产做厚做实，用何老师优选的基金博取高收益。截止到目前，该行不仅没有让客户因净值型理财亏本，反而因做了正确的资产配置，大赚特赚的客户不在少数。

谈及这样的转变，何老师这样说："净值型理财需要在一个固定期限谋利，以90天为例，相当于让一只基金在90天内实现净值的增长，如果我是客户，那还不如投资基金，即使90天内亏本了，我还可以继续持有，以寻找机会，这才是投资的魅力。"

理财经理不以客户利益为主，不如回家卖红薯。目前，银行除了理财，还有很多可以选择的理财工具和产品，理财经理只有充分掌握并发挥其作用，才能为客户创造更多的利润，才能更好地维护和营销客户。

第二，基金成为银行客户投资"新宠"

听说这次股市行情很好，张阿姨便想投资一些资金。因为之前的教训，张阿姨在投资之前便咨询了理财经理小王。小王经理觉得，从本次行情来看，不少投资者看到股市行情好了，便想投资一只明星基金，从而分一杯羹。但是，此时选择一只三百亿的新基金，从募集到建仓，会经过一个漫长的期限，很可能错过此次短暂的上涨行情。最终，张阿姨在小王的建议下，买了几只老基金，既能享受短期行情上涨的红利，又能在长期投资中实现防守。张阿姨说，这次投资，终于不再是糊涂买了！

有的理财经理称基金为理财替代型产品，虽然不完全准确，却非常形象。值得注意的是关于投资基金的误区，新基金一定比老基金好吗？基金定投一定是对的吗？跟着明星基金经理就能赚到钱吗？阿尔法系数到底有没有用呢？等等。基金确实是不错的投资选择，但也是需要更多专业知识的投资选择，理财经理只有不断地在自我实践中探索，才能逐渐领悟其中的规律。

银行理财亏本之后，哪些产品可以冲上业绩？

净值型理财出现亏本情况之后，恰逢股市行情向好，基金成了银行理财经理和客户的香饽饽。除了基金之外，想要做大银行零售业务，还有哪些产品不能忽视呢？

第一，做大监管类资金存款规模

房屋买卖资金监管可以有效防范在交易过程中的道德风险，银行作为监管方，设立监管专户，以房屋真实交易发生与否，进行资金的交割。与房屋交易资金监管相似的，还有驾校学费资金监管，深圳市早已经试点，将考驾照的费用存入银行监管账户，防止驾校收取费用之后跑路。

市场上已经有部分银行设计了资金监管类业务，如上海某银行的保付通业务，不仅保障了房屋买方与卖方的财产安全，同时产生了大量的存款沉淀。

第二，财富不是一生的朋友，保险却是一生的财富

年金类保险产品往往具有强制储蓄的功能，而且保单现金价值和返还金额明细都体现在保单中，合同约定的固定收益一目了然，相对非保本的银行理财和信托产品，具有一定优势。

1995 年一年期的定期存款利率是 10.98%，同 20 年期限、保底利率 9.18%、5 年期缴的年金险相比，如果你是客户，当时肯定会选择一年期定期存款，不

仅有高收益而且更加灵活。但是，以现在的上帝视角来看，你会选哪种呢？毫无疑问地会选择期缴年金险，因为不仅锁定长时间高收益，而且 20 年后会有一大笔养老钱。

有句老话说得好，种一棵树最好的时候是 10 年前和现在。10 年之后你会发现保单已经产生收益，这个时候无论是保单教育备用金还是养老备用金的优势就能充分地体现出来了。除此之外，保单还具有高净值型群体财富传承等功能。因此，可以选择保险这个多元化的理财工具。

第三，真结构性存款，才能真金不怕火炼

随着银行保本理财逐渐退出市场，结构性存款成为广大投资者眼中的完美替代者。但就目前来看，除了国有银行、股份制银行外，仅有 22 家城商行和 15 家农商行有衍生产品交易资质，产品种类相对匮乏，并且市场上仍然充斥着"假结构性存款"。

小李的老婆小宋在某商业银行刚从柜员转岗做理财经理，因业绩考核压力较大，小李帮小宋顶了 100 万元结构性存款的任务，到期之后却仅达到了最低收益，利息损失惨重，小李没办法责怪刚转岗并不专业的小宋，但也很苦恼和十分不解。

于是，小李经过一番研究，终于明白了这款结构性存款之所以仅达到了最低收益，是因为这款产品以 90 天人民币挂钩英镑看涨为触发最高收益条件，但是英国脱欧在这期间一直处于反复阶段，市场情绪不稳，英镑价格出现波动，导致最终利息受损。

结构性存款设计为存款＋衍生产品，其中衍生产品一般为各类期权，而假结构性存款往往将衍生产品触及标准设计成不可能事件，或者根本无真实交易对手，最终假结构性存款要么成了高收益的刚兑产品，要么投资者看到高收益，却因产品设计者能力所限，毫无意外地为低收益产品买了单。无论怎样，这都完全不符合银行理财资管新规的要求，最终这些产品都将归于规范。研发高品质的真结构性存款，才能在今后的市场中占据重要的先机。

净值型理财亏本了？市场过渡到成熟需要时间，投资道路也不止一条。拥抱变化是投资的必修课，学好必修课才能得高分；A 股牛市真的来了？牛市也好，熊市也罢，只有韭菜才被宰割。

四步堵住存款流失的"出血点"

对于银行而言，存款是重中之重，这是毋庸置疑的。然而，银行在大力拉存款的同时，却往往忽视了存款防流失的重要性，导致存款规模增长乏力，想要解决这一问题，说到底银行还是要先堵住存款流失的"出血点"。

如果说金融资产是银行流动的血液，那么存款就是银行的骨骼。俗话说"有骨头不愁肉"，只要存款规模上来了，转化成金融资产就容易得多了；而有了金融资产，就会有种收生长的土壤。归根结底，存款是银行立足之本。然而，大家在拼命拉存款的同时，却往往忽视了存量客户的存款流失问题：刚新增了一位存款客户，转头却有两位存量客户清空了账户。虽然存款流失不可避免，但如果不堵住"出血点"，辛苦引入的行外新增资金就会不断流失。尤其是在银行产品同质化日趋严重，想要靠产品深挖护城河愈发困难的背景下，这意味着，银行必须不断精耕细作以牢牢抓住客户，让储户"不变心"。

第一步：盘活存量客户才能真正做大规模

一家营业多年的支行，不论业务发展怎样，总会积攒不少客户，其中既有忠实"粉丝"，也有匆匆"过客"，而如何把"过客"转化为"粉丝"就是银行做大规模的关键。为此，银行不仅要用心经营每一位客户，更重要的是要有正确的、能落地的方法。

方法一：精耕细作电话工程

为了盘活存量客户，财富团队应坚持高质量电话营销，不仅要要求理财经理每日电销达到一定次数，对电话质量也要严格把控，坚持过程管理，严格按照"两短一长一添加，发送三张卡"（打电话前发一条短信预热，打电话之后再发一条短信回馈；每通电话不能低于一分钟，须尽力通过电话询问并添加微信；微信发送电子名片卡、理财卡、福利卡等）的原则进行电销；同时，制定"206010"的通联标准，即每人每天打 20 个电话，每个电话时长不能低于 60 秒，每次通过电话营销加 10 个客户微信，朋友圈客户量不得低于 1000 名，理财经理只有经营好朋友圈，才能在电销之外吸引客户有限的关注；此外，理财经理不仅要熟悉客户基本情况，还要提前准备基金情况反馈和市场信息传达，这意味着，理财经理在电销后不仅要做好详尽的客户 KYC（了解你的客户）记录，还要及时添加客户微信，及时发给客户相关信息，并对客户微信进行详细的分组设置标签，以便后期群发营销信息。

方法二：私私联动个贷理财结对子

首先，深挖个贷客户群体，将支行存贷款比率低于 10% 的个贷客户导出；其次，用现金管理类优势产品吸引客户结算资金转化，从而提高个贷客户的金融资产余额。同时，对理财经理管户、有贷款需求的财富客户进行交叉营销，提高团队协作能力，增加联动业绩。

方法三：建设合理通关机制

"天下熙熙，皆为利来；天下攘攘，皆为利往。"如果以利相诱，客户最终也会被利吸引而去，唯有高度专业的财富团队，才能让客户真心留住。这意味着，理财经理要提高财富管理能力，以促进产品销售，尤其是当前权益市场错综复杂，更加考验理财经理对复杂产品的把握。为此，支行内部应建立通关机制，督促理财经理不断修炼内功，从而真正留住客户、实现业绩增长。

第二步：守住代发客群才能真正守住果实

长期代发客群一般是银行黏性较强的客户，所以很多银行把代发业务纳入了"一把手"工程，客户在哪发工资，就地存储的概率比较大，流失率也比较好控制。但并不是所有的代发客户都能配合，其中最容易流失的客户就是一次性代发客户，这种类型的代发业务，短期内虽然可以迅速提升业绩，但后期维护较难，因为没有长期的使用习惯，也很难留存，唯一的办法就是尽快培养使用习惯和加载产品，那银行究竟该怎样做呢？

方法一：迅速提升客户覆盖率

客户正常使用银行卡的情况下，往往是自己喜欢哪家银行，便常用这家银行卡进行消费和储蓄。想要占据客户的心智，除了总行在大众媒体上塑造的品牌能影响客户之外，支行端还可以通过直接接触以影响客户，无论是通过电话营销、邀约面访，还是上门拜访，都是提升客户覆盖率的必要方法。

总而言之，零售业务想要发展，就一定要提升客户对银行的关注度，从而培养其使用习惯。电销或者面访提升客户资产的优先级，可以参考如下划分：达标一定资产等级客户、临界点客户、曾经达标客户、资产等级最低的客户（联系之后可能有惊喜）。

方法二：提高基础产品加载率

一次性代发往往是客户流失的重灾区。对待此类客户，除了要勤联系之外，还要尽可能让客户加载上银行基础产品，以防止客户流失，例如信用卡、信用卡的备用金等。代发客户信用卡审核通过率、额度一般比较高，电销或者面访之后，一张简单、清楚、实时活动的福利卡，会使成功概率大幅提升。经过调查发现，当客户在某家银行有了除存款之外的基础产品之后，存款余额都在逐年上升。

第三步：如何做到厅堂真正联动？

守住存款"功在厅堂联动，利在规模扩张"。无论线上推广如何迅速，对于支行来说，厅堂才是经营的主要场地，而厅堂工作人员的活跃程度，很多时候会起到流失资金挽回的作用。有多少客户觉得隔壁银行服务好而销卡转走的？有多少客户因为对面银行等待时提供的一杯水而转走的？有多少客户因为3公里外某银行不断联系不堪其扰而转走的？有时候，利率、距离、业务办理速度对于客户而言并不是问题，但哪家银行更认真踏实、更积极，却会打动客户。那么该如何培养厅堂员工的积极性呢？

方法一：引入竞赛机制

没有竞争，就没有压力；没有压力，就没有动力。不论总分行是否有相关政策，支行自己就可以因地制宜地开展多种多样的竞赛活动，例如"厅堂信用卡竞赛""厅堂转介绍营销竞赛"，以"比"促"活"，还要"天天有通报，周周有排名，月月有兑现"，每周设置冠军奖励，充分调动厅堂所有人的营销能动性，使每一个岗位都能为营销做一些事情，当整体协作运转起来，便会形成"群狼效应"。

方法二：厅堂营销"五必做"

除了竞赛机制之外，厅堂联合还要规定具体动作，并督促员工尽量完成这些动作，形成肌肉记忆。

一是信用卡激活客户必开借记卡及关联还款并开通使用。还款资金也是银行存款沉淀的一部分。

二是厅堂人员发现营销线索必做转介绍。转介绍也要"计件"，来银行办业务的客户，大多都具有挖掘潜质。

三是厅堂人员办完业务必加客户微信。微信是客户转化产能的重要场所。

四是客户人多必做微沙龙、微讲堂。每做一个小活动，甚至讲一个笑话，都会有意外惊喜。

五是厅堂人员必做电话营销。人多力量大，全员营销不只是说说而已。

第四步：想要存款多，品宣要做好

俗话说"酒香不怕巷子深"，但是银行怕。因为"酒香"是属于嗅觉领域，靠"飘"倒也可以，但是银行宣传属于视觉领域，藏在深山里，客户都找不到，怎样去存钱呢？所以说，银行想要存款多，就不能藏头露尾。那银行该怎样做好宣传呢？

方法一：静中小展板，夜里显示屏

想要做好支行的宣传，"埋雷"很重要。所谓"埋雷"，就是给客户一定的视觉冲击，留下一定的印象，然后反复加深，最终勾起客户好奇心。说得这么玄乎，那究竟要怎样"埋雷"呢？其实很简单，就是利用好展板：一个展架及替换的画布，成本不过几十元，内容虽然要满足合规要求，但是大额存单等利率仍然可以挂出来，把利率放大到最合适的倍数，除此之外尽量简化字数，最怕把产品说明书打上。做出来后，在人来人往的支行内外摆上一排，便达到了"埋雷"的效果，不用工作人员讲，客户走过路过便能清楚地看到。

除了白天的宣传，很多银行都忽视了晚上，甚至为了节省电费，牌子都是漆黑一片。但恰恰相反的是，显示屏在晚上具有相当强的穿透力，远远就能看到，与此相比，那点电费又算什么呢？

方法二：堵车高峰中的热点广播频道

电视宣传费用太高，新媒体宣传效果没法预测，相对而言，早高峰、晚高峰的城市汽车热点广播频道更适合作为银行的媒体宣传渠道，因为汽车广播频道听众都在相同的城市，而且身为有车族，他们也都有一定的积蓄，这些都是潜藏的目标客户，只差挖掘了。为了做到最好的产品宣传，银行应通过对目前投资形势的解读，解说当下的投资难点，并给出解决策略。但在此过程中，需尽量避免提及产品，以防客户因"被营销"而产生反感的情绪。

堵住存款流失并不难，只要4步，做好这4步，存款流失不犯愁，源头还不断开流。

理财经理如何轻松成为选"基"高手

随着银行考核目标越来越注重盈利，银行对理财经理的KPI考核越来越注重基金等代销类产品，为了完成任务，有些理财经理干脆以历史业绩当成预期收益来诱导客户，这样不仅辜负了客户的信任，也是对自己职业生涯的不负责任。那么，理财经理到底该怎样看准基金，选择一只基金中的"直升机"呢？

银行基金销售异常火爆，但是面对步步紧逼的考核，很多一线的理财经理却一筹莫展。来看这样一个案例：

客户张阿姨走进某银行东海中路支行的理财贵宾室，因为张阿姨是银行的老客户，近期配置了多只基金，不过收益一般，理财经理小陈继续热情地向张阿姨讲解行内精选的混合基金："虽然现在因为新冠疫情的缘故，投资表现不尽如人意，但是长期来看，中国经济的基本面还是向好的，所以阿姨您不用太担心之前投资的基金，长期持有就行。而且医疗板块和科创板块表现强劲，医疗器械板块可能是因为短期内需求增加，会有一个上扬，长期看科技板块，随着5G等信息技术的应用，还是可以适当投资的，预测未来几年会是红利期，今天正好有只科创板的基金跌了不少，您要不要考虑抄低点入手一些？"

张阿姨用哀怨的语气对陈经理说："小陈啊，你推荐的基金还不如隔壁王阿姨选的赚钱咧，今天别让我买基金啦，我就想买点普通的银行理财！"

这是发生在网点的真实对话，虽然只是简单的几句对话，但客户的反应却反映了很多现实问题：在银行理财经理的KPI考核中，基金等代销产品的占比越来越多，银行坐拥庞大的基础客群，理财经理却仅仅靠财经资讯做基本面分析，缺乏足够的研选能力。给客户选的基金，往往大盘大涨，它小涨，大盘小跌，它大跌，几次投资下来，就让客户失去了投资基金的信心。

为客户推荐基金，不能把销售银行理财的方法生搬硬套地用在销售基金上。那么，银行理财经理怎样才能为客户挑选合适的基金呢？

看准五项"指标"精确了解基金

选择一只基金，首先要"看懂"这只基金。虽然我们无法准确预测基金的走势，却可以根据已有的数据作出有效的预判，各类基金投资网站都可以轻松获取每只基金的各项指标信息，这些指标就像医疗报告，每一项都在透露着基金本身的健康状况，下面我们来看看其中最常见和最适用的几种指标：

指标一：最大回撤率

如果将基金大盘比作一个班级（以下各项指标同比），最大回撤率就是学生曾经取得的最差成绩，最大回撤率越高，学生曾经取得的最差成绩越低。

最大回撤率是基金最高价格与最低价格的下降幅度，当一只基金从最高价格2元下降到1元，这只基金的跌幅是50%。但是，这只基金从1元升到2元，升值幅度就要达到100%，由此可见基金的"下坡"和"上坡"的坡度是不一样的。选择基金的最大回撤率不宜过高，当这个比率过高的时候，就要考虑及时止损了。注意在使用这个指标的时候，要尽量控制在一个评估期间内，投资时间越长，最大回撤指标可能越大。最大回撤在晨星基金网中也叫作"历史最差回报"，也就是基金最大的亏损比例，从这个角度讲，比率越小，投资损失的概率也就越小。

案例：

如表3-3所示，前3只基金是近1年收益率排在前几名的基金，后3只基金收益率排名较差，其中收益率超过100%的基金只有1只，其最大回撤率仅12.18%。2只广发的基金，因基金经理调整、持有人结构变动等原因，最大回撤率稍高，但收益也是排在前列。而后3只基金最大回撤率均较大，其中

006★★★最大回撤率将近40%，资产缩水近五分之二，其收益率也排在后几位，由此可见，最大回撤率是基金晴雨表的重要指标。

表3-3　混合基金近1年最大回撤率对比

基金名称代码	基金类型	最大回撤率	近1年收益率涨幅	同类平均	同类排行
006***	混合	12.18%	255.56%	16.17%	二分之一961
005***	混合	22.43%	84.43%	16.17%	2/2961
002***	混合	23.53%	83.89%	16.17%	3/2961
398***	混合	29.73%	−18.18%	16.17%	2953/2961
006***	混合	24.68%	−20.55%	16.17%	2958/2961
006***	混合	39.50%	−33.12%	16.17%	296二分之一961

指标二：波动率

波动率代表着学生的成绩是否稳定，波动率越大，学生成绩的浮动幅度就越大。

波动率是判断基金收益波动程度的指标，从计算的角度来定义，就是数学中的标准差，代表基金增长率的波动幅度，标准差越大，则表示基金波动幅度越大。波动幅度大的基金比较适合做定投，股票型基金和指数型基金比较符合这个特点。如果收益率等其他指标相差不大，当然波动越小越好。

在观察基金波动率的时候，还要注意区分波动和弹性的区别，基金有波动并不代表有弹性，有的人可能觉得波动率大的比较适合做基金定投，却忽略了即使在基金最低点的时候建仓，这只基金也很可能是波动向下的趋势，而且在表3-3中，前几只基金都比后面几只基金的波动率要大，所以，不能单独用波动率来分析基金的好坏。

指标三：夏普比率

夏普比率高的学生，往往学习能力强，和别的同学花费一样的学习时间，他能够取得更好的成绩。

夏普比率是诺贝尔经济学奖得主威廉·夏普提出的，用来衡量基金超额收益所承担风险。这个比率计算起来相对简单，用基金某一时间段内投资的超额收益，除以对应收益的标准差，得到的比值就是夏普比率。标准差代表的是波动率的大小，标准差越小则夏普比率分母越小，超额收益率是平均收益率减去平均无风险收益率，超额收益越大则夏普比率分子越大。

所以夏普比率越大，就表示这只基金收益表现越平稳，基金单位风险获得的超额收益就越多，基金历史表现就越好。当获得 1 份收益的时候，承担 1 份风险的基金，显然优于承担 2 份风险的基金。

如表 3-4 所示，选取了 8 只比较具有代表性的基金，通过对比可以得到，003*** 的同类排名较高，近 1 年的夏普比率也高于其他几只基金，在股票型基金中，夏普比率与收益率涨幅明显成正比，夏普比率越高，获取的收益率也越高。笔者统计发现，在股票型基金中，夏普比率上限也相对固定，近 1 年夏普比率少有超过 0.4 的，同时基金规模对夏普比率也有一定的影响，规模较小的基金，比如表中所列 005***、501***、006***、006***，基金规模都在 1 亿元以下，在大盘变动中，这几只基金比较容易调动仓位，但是，资金量过小，也难以通过操盘而获取超额收益，导致夏普比率较低。

表 3-4　基金近 1 年夏普比率对比

基金名称代码	基金类型	近1年夏普比率	近1年收益率涨幅	同类平均	同类排行	基金规模（亿元）	成立时间
003***	股票型	0.33	80.58%	7.58%	1/1144	24.41	2017.4.25
006***	股票型	0.31	64.57%	7.58%	6/1144	5.42	2018.7.30
161***	股票指数	0.23	42.89%	7.58%	41/1144	2.15	2016.11.11
005***	股票型	0.18	28.22%	7.58%	115/1144	0.44	2018.11.29
006***	股票型	0.13	20.79%	7.58%	201/1144	0.8	2018.11.22
501***	股票指数	−0.01	0.35%	7.58%	771/1144	0.2	2018.12.3
006***	股票指数	−0.08	−10.77%	7.58%	1068/1144	0.6	2018.11.29

指标四：贝塔系数

贝塔系数趋近于 1 的学生，越接近班级平均分，这类学生胆子较小，成绩平平，也安于平平，是班级的中等生。

贝塔系数可以看作是获取大盘平均收益的相关系数，从计算公式角度来看，是投资组合的收益和市场收益的协方差，除以投资组合收益的方差，两者都代表着离散程度，两者的比值结果可以做如下借鉴：当贝塔系数小于 0 的时候，则表示该基金的收益波动与市场走势是相反的，反之则是相同的；当贝塔系数小于 1 的时候，则说明这只基金投资组合收益的波动幅度是小于市场收益的震荡幅度的，贝塔系数大于 1 的时候则是相反的。

贝塔系数与市场收益相关，在各种类型的基金中，指数型基金整体的贝塔系数较其他类型基金更为显著，这类基金一般追求"贝塔"的收益，即承担市场风险带来的市场回报，贝塔系数趋近于 1，收益与市场走势基本一致。通俗地讲，贝塔系数也可以理解为基金对于大盘变动的敏感系数，在牛市的时候，显然贝塔系数越大越好，熊市的时候贝塔系数越小则越抗跌。

指标五：阿尔法系数

阿尔法系数高的学生，意味着在班级中有思想、有野心，这类学生比较聪明和激进，容易取得成绩，但也承担了超额的风险。

阿尔法系数是追求超额回报的指标，计算过程与贝塔系数有关，简单地讲就是超额收益减去期望收益（贝塔系数乘以市场收益），最终可以理解为超额收益矫正后的值，这个值与基金经理的操盘能力密切相关，阿尔法系数越大，表明基金经理操作后获得的超额收益越高，阿尔法收益是超出贝塔收益的部分，也就是超出市场平均回报的部分，指数基金是被动型基金，追求"贝塔"收益，股票型基金追求"阿尔法"收益，有些较激进的投资者，会选择一些阿尔法基金。基金名字当中有些就带有"阿尔法"的字样。阿尔法系数代表了基金经理通过一系列操盘后带来的收益大小，是代表着主动管理类基金经理能力的重要指标，所以一般主动性基金的管理费高于指数基金。

读懂基金的"六要素"才能选对基金

投资人在选择证券投资基金作为投资理财工具时，首先要做到 5 个了解，具体地说，就是了解基金、了解自己、了解市场、了解历史、了解基金管理公司。

作为银行理财经理，也应该具备较专业的基金知识，了解客户的投资偏好等基本情况，然后了解市场、基金历史收益情况和基金公司，这样才能做客户真正的理财顾问，帮助客户挑选出适合的优质基金。

要素一：基金规模要适中

规模小的基金劣势明显，不仅容易触发清盘条件，影响流动性，而且由于规模较小，基金经理要面对投资者赎回。当市场出现好的投资机会，基金经理手里用来建仓的资金却不足时，容易错失良机。

基金规模过大，则容易造成尾大不掉。股票型基金和偏股型基金投资股票的仓位较高。国家基金法规定：一只基金持有一家上市公司的股票不得超过这只基金资产净值的 10%；同一个基金管理人的基金合计持有上市公司股份不能超过该公司股份的 10%。基于以上两条规定，无论投资大盘蓝筹股，还是优质中小盘股，都有一定比例的限制，肯定会有部分资金流向部分潜力股，这样无疑会增加操作难度，最终影响基金收益。

要素二：成立时间不能太短

成立时间较短但业绩好的基金，可能恰逢大盘形势较好，具备一定的偶然性，上涨趋势后续不一定能维持住。而成立时间较短，业绩不好的基金，也要判断是否正处于行情下行期。

成立在熊市中的基金，更容易通过低位建仓，在未来获得超额的回报，例如某只中盘积极成长基金成立以来，经历了美股四次熔断，但是，由于建仓建在了低位，近期表现不错，距离封闭期还有一段时间，因而该基金在选股上就具有了一定优势。

成立时间较长的基金，经历过多轮牛市和熊市，在没有更换基金经理的前提下，积累了丰富的应对经验，投资者也能更清楚地了解它的历史情况，对基金的评估有着重要的借鉴意义。

要素三：历史收益供借鉴

历史虽然不能预测未来，但却可以指导现在。基金以往的表现，展现了基金的投资能力，以过去某段时间业绩表现对比，能判断出基金经理的操盘能力和稳定性。通过对比近 1 周、1 个月、3 个月、6 个月、1 年、2 年、3 年、5

年的收益率变化，得到短期和长期持有的参考。天天基金等 APP 可以实现相同类型基金的对比，可以看到基金的收益走势对比、业绩表现对比、盈利概率对比等相关对比数据。

要素四：基金评级选"星星"

基金评级是指由基金评级机构收集相关信息，通过对收益率、波动率等指标的比较和计算，对基金评定星级，帮助投资者直观判断基金。天天基金网、晨星基金网等基金网站，都可以查到相关的基金评级情况。一只基金若连续三年被评定为"五星"，则说明这只基金的发展足够稳定，有的老基民为了省心，选基金就靠数星星。但是，基金评级仅仅代表历史业绩，并不能完全预测未来收益，可以优先选择评级较高的基金，但不要当作唯一的选择标准。

要素五：基金持仓是"配方"

重仓股明细、行业配置代表该基金的投资"配方"，就像火锅底料，各家都有自己的独门配方，这也是投资者选择基金的重要依据。比如蝉联三届金牛奖的某基金公司中小盘混合，其前十重仓股多投向海尔智家、贵州茅台、五粮液等大盘股，虽然名叫中小盘，但实际上持有的却以大盘股居多，所以不能仅看基金名称，基金投资风格是否漂移，还要根据基金持仓"配方"才能判断一只基金的投资方向。另一只获金牛奖的某公司消费行业股票，重仓股票占据 76.36%，且多以白酒行业为主，那么这只基金受白酒消费行业的涨跌影响就会较大。

要素六：基金经理是"灵魂"

有人说"选基金就是选基金经理"，这种说法虽然有些绝对，但是，基金经理的投资风格和水平，往往直接决定了基金的业绩水平。通过天天基金网、晨星基金网、中国证券网等网站可以了解到每位基金经理的个人从业经历、历史业绩、重仓股，以及是否获得过某些重要的荣誉等。个人履历越丰富越好，历史业绩越高且越稳定越好，重仓股透露着基金经理行业研究和选股的方向。除此之外，还要了解基金公司的基本情况，该基金是否经常更换基金经理，在调任期间的业绩表现等。

不同风格的基金经理管理同一只基金时，也会有不同的表现。进攻型的基金经理往往会不择时机地投向创业板和中小盘，这类基金经理往往能在牛市中大显身手，取得较好的成绩；稳健型和保守型的基金经理一般在选股上也会等待较好时机，投资白马股和价值型股票，仓位一般也不会太满，这类基金经理的抗风险能力较强。

投资基金都有哪些误区

前面我们讲解了通过哪些指标分析，可以辨别一只基金的优劣，不过单方面的分析虽然可以简单明了地做出判断，但是某些要素和指标分析只是辅助，过度追求和依赖指标也会适得其反。最终如何挑选基金？面对基金涨跌如何操作？基金定投越跌越投？具体操作还要从多方面考虑，下面我们就来看一下，基金投资中都有哪些误区。

新基金一定比老基金好？

买新基金和打新股不同，新基金在发行时有一段时间的认购期，在这段时间内，投资者不能卖出，认购期之后还会有一个封闭期，这段时间就是基金经理进行建仓的过程。建仓的时间一般看行情和基金经理决定，就目前3月份以来，美股10天内4次熔断，道琼斯工业指数几天内蒸发近三分之一，虽然A股估值较低暂时表现尚可，但大部分新基金还处于观望期，因此从投资者角度看，没有新基金的历史数据和各项指标作为参考，甚至短时间内无法看到基金的持仓、重仓，而老基金经历了牛市熊市的转变，通过现有和历史持仓，可以判断出基金经理的投资风格等，因而不能草率地认为新基金一定优于老基金。

基金越跌越买，一定适用于所有情况吗？

在大盘震荡形势并不明朗的时候，珍惜子弹，小心观望，择时建仓，往往比频繁加仓更有效。基金止盈不止损是建立在未来收益曲线上扬的逻辑上，而在目前的环境下，系统风险相比较大，加仓或建仓就要慎重考量了。

所有基金都适合定投?

谈到基金定投，我们就要分析一下哪种基金适合定投。笔者曾听到有些理财经理向客户推荐混合型基金做定投，虽然每只基金情况不同，但股票型基金、混合型基金等需要客户自己盯盘、择时、选股，银行客户作为散户，往往很难判断定投频次，经常造成在波动中高位进入。投资者选择基金定投这种方式，无非是想用时间换取市场长期发展的收益，而指数基金跟着既定的指数进行相应调整，持有几十甚至上百种股票，个股风险降低，盈亏表现不会有太大的影响，同时弱化了投资者决策过程的重要性。投资者只需坚持自己的投资原则，持续定投即可，并且指数基金申购费折扣相对较多，选择指数基金也可以省去一部分费用，所以指数基金相对而言更适合做定投。

止损就是全部卖出?

当判断行情下跌时，就要适时止损。但即使这只基金一路下行，也会有拉升的空间，如果一次性全部卖出，那么则无法获得基金收益拉升带来的补偿。止损不能头脑一热就撤出，也需要制定策略，比如主动型基金损失达到15%时撤出二分之一，损失达到20%时，撤出余下的二分之一。而指数型基金的撤出策略却不同，由指数基金的投资策略决定，它的收益上涨和下跌只是时间的问题，可以选择一个相对高点撤出一部分，最后再分批撤出。

基金定投要长期持有吗?

某些投资者一定会产生这样的想法，既然想要摊平成本，不如每天都买，并长期持有，但是经过分析得出，定投不宜太过频繁，一般不要超过1个月1次，定投时间不宜过长，最好不要超过2年，否则容易造成历史定投收益波动与基金收益波动的线性相关较强，本来想用定投方式摊平成本，最后收益却因与市场波动太过相近而钝化。

理财经理选择基金，是心理与技巧的博弈;客户选择理财经理，是专业与收益的较量。投资基金的能力，需要在不断地学习和实践中积累经验以得到提升，当你成为资深老基民，做到牛也赚钱，熊也赚钱，不做猪羊被宰割的时候，客户自然就会找上你了。

不同客群的银行零售业务营销之道

银行每个零售客户都是独立的个体，有人说理财经理只有差异化服务，才可以满足个体需求，这样的观点不能算错，却不够全面。虽然个性化可以提升单个客户，但是客群营销才能达到批量获客的效果，有了"模板"之后将复杂的营销过程简化，最终实现"量产"，那么银行在实战中该怎样维护重点客群呢？

如何营销社区客群？

社区客群是银行最庞大的客户群体，银行不做公司业务会失去现在，不做零售业务却会失去未来。我国改革开放至今，经济增长速度也逐渐放缓，从少数人富起来，到现在藏富于民，老百姓的口袋越来越鼓，而这些对银行来说便是低成本存款，社区客群就是银行的"流量"。社区客户大多是叔叔阿姨，看似是理财小白，好像很好糊弄的样子，但营销起来着实不容易，其中不仅考验营销人的专业，还有品牌魔力和人格魅力。

案例：青岛某社区银行处于小区中心位置，虽然位置很好，但是周围竞争银行同样不少，这家多点利息，那家给袋大米，客户转来转去，银行规模却始终提不上去。该社区银行换了店长之后，便换了思路，从小区居民生活出发，让银行员工从帮送快递开始，到帮老人做午饭，从简单入微的小事切入，到深入影响小区居民生活，与其说这是社区银行，不如说是"社区之家"，银行中的会客厅，成了居民午后的据点，一来二往人气很快聚集了起来，小小的社区银行一共3位员工，短短一年便新增存款6亿元，金融资产13亿元。做"社区"就是做"平民的街道"。

第一，酒香更怕巷子深

在信息高曝光率的时代，强光之下盲区更大，只有加大亮度，才能在众多同业中脱颖而出。因此，营销社区客户的第一步，便是要让客户简单、清楚地知道这家银行到底在做什么，能给客户带来什么。社区所处位置的不同，决定了客户认知的不同，闹市中的小喇叭要响起来、小黑板要写起来、小广告打起来，广而告之才能有人流量。如果社区银行地处高端小区周边，便要与物业每个楼管家做好联系，甚至可以做管家的助理，只要人勤快、嘴抹蜜，几个月之后，小区的大爷大妈们一定会认可年轻、有活力、情商高的小伙子或者小姑娘，口碑是更好的宣传。

第二，"阳春白雪"不如"下里巴人"

曲高和寡是大多数老百姓对银行有误解的源泉，再高端的小区居民，回到家也是生活，接地气的银行才能做好社区客群的营销。小区周边看似不起眼的包子铺，每天早上却聚集着不少"富豪"，因为富豪也要吃饭，然而拥挤的早餐店，似乎不是谈业务的好地方，但是，满手肉腥味卖包子的大姐，却是这条街最了解周边客户的人，有时随便点拨几句，便能打开一片市场，归根结底营销也是人间烟火。

线上客群如何营销及维护？

目前，线上客户营销及维护是大多数理财经理最难解决的问题，见不到客户怎样营销？电话？微信？当然可以，但是沟通成本太高，耗费时间太多。如何高效地与客户沟通，决定了每位理财经理出单数和出单质量。每个人的时间都是有限的，所以，把你的知识输出让更多人同时知道，像用快餐一样方便、快捷，不仅树立起个人IP，而且在营销上事半功倍。

第一，如何打造个人IP

网络时代都知道捧红自己，流量就是资金流，但是银行人如何树立自己的品牌呢？其实并不难，大多数理财经理并不缺专业知识，但却缺少营销的嗅觉，觉得自己掌握的知识大家都知道，其实不然，信息壁垒比我们想象的要高得多，正所谓隔行如隔山就是这个道理。

我们都知道的短视频平台，就是理财经理最好的平台，但是，如何做出精彩的作品呢？首先，我们的短视频分为两种，一种是做知识传播短视频，把营销穿上知识的外衣，另一种是产品讲解短视频，这两种视频形式可以满足大多数的营销需求，同时客户视觉感受比较强烈。其次，自己做"网红"，并不需要花费时间去做流量，将这些作品定期发在维护的微信群中，足以吸引到撑起业绩的客户量了。

第二，专业精简是王道

对于金融营销工作来说，如果对接的是专业机构，沟通起来没有障碍，自然是越专业越好，但是作为银行零售来讲，太过专业的表述，会让客户云里雾里，而且通过网络进行沟通，每个人产生的理解力也会大打折扣。所以，说"人话"就成为线上营销的关键，适当的专业加上通俗容易理解的话术，才具有推广的基础。

代发客户如何提高留存率？

代发客户有固定的现金流，有用卡习惯，有清晰的理财通道，看似是提升金融资产的优质客户，但是，结果却经常不尽如人意。曾经某家银行的代发客户年终奖发了1.6亿元，转眼便不见踪影，仅留存下几百万元，好不容易谈下来的存款，最终仍然便宜了隔壁银行。

案例： 某网红经纪公司在某家银行发奖金，这家公司主要以造网红和短视频为主要营生，银行理财经理小王看到遍布市场的"财经号"，便想到与网红公司合作，银行出文稿，公司出拍摄及演员。因为大多数人对银行和财经并不了解，成功地为网红公司开辟出新的金融板块题材短视频号。作为该项目的主办银行，董事长自然发话让员工多用该银行的业务，不仅留存住了存款，还吸引到更多的行外资金。

第一，代发客户需要怎样的活动

各家银行都在做活动，活动形式层出不穷，效果却各有不同。针对代发企业，银行充分掌握企业工资、奖金实际金额及发放时间，代发主办银行在办活动上便有了得天独厚的条件。线下年货节换购、年终奖吸金，都是经得起实践的营销活动，不仅提高了代发客户对工资卡的重视程度，而且现场出单率也比较高。

很多银行办活动都陷入了误区，认为办活动仅仅是当场的促销，实际上一场有效的活动，即使仅是简单的促销活动，也需要前期紧锣密鼓的预热工作，现场有序的运营，以及活动过后及时跟进的售后工作。曾经在活动上拓展了一位客户，后期维护的过程中，前八次都是各种理由推脱，但是第九次成功出单。

第二，留存利器企业"团办"和"团购"

代发市场早就是一片红海，想要在这片海中占据一席之地，拼的不仅是狼性营销，还有留住客户的方法。贷款团办是某银行针对代发客户的优惠，以低利息、短期限吸引客户，够了10个人抱团便可以享受优惠利率，有了负债，卡片的使用率便提高了。除此之外，理财团购也具有同样的效果，团购理财不仅收益相对高，而且仅针对代发客户，满足了客户的优越感和获得感。

流失客群如何挽回？

银行关于新进客户和流失客户的讨论，已经不绝于耳，正常的资金流失不可避免，但是，很多客户流失的原因却是无人管护、疏于联系，最终导致客户流失。根据数据显示，银行每新进10位客户，便会流失6位老客户，新拓展客户的同时，挽回流失老客户也是同样重要。

第一，金额再小也是爱

很多网点客户有这样的遭遇，资产等级下降了，礼品便没有了，本来礼品是用来吸引客户的，但是最终却成为客户流失的"罪魁祸首"，前期送了再多的礼品，也只能打水漂了。降级客户礼品该不该再给，答案当然是要给，但是怎样给就成了一个技巧性问题，或者说是心理问题。实践中效果比较好的方案是，告知客户降级，"本来不达标客户咱们是不给配送礼品的，但是您在我们这也很长时间了，咱们的感情还是有的，礼品先给您（礼品降级），您以后能达标就可以了。"资产降级客户再来要礼品，本身心理也是寻求一种满足感，甚至怀揣着考验理财经理诚意的心理，送什么并不重要，重要的是迈过客户心里的那道坎，只要客户还有资金，一定还会维护回来的。

第二，电话营销勤联系

客户不来网点，线上沟通浪费时间太多，目前电话营销方式仍然不可替代，但是你真的会打电话吗？

普通人打电话习惯性地会说"喂，您好，请问是 × 先生吗"，这个"喂"不是正式打招呼的方式，省去这些习惯语句，"您好，请问是 ××× 先生吗？"一定要把名字说全，证明不是普通的电话营销；"耽误您一分钟可以吗？"这种开放式问题，会让客户产生一种失去感，如果答应你耽误一分钟，客户便失去了一分钟；"给您打电话是有两个福利和您说一下"，不论是要维护客户，还是要营销产品，上来表明营销目的，很容易被拒绝，使用送福利的方式，才让人更容易接受。

每个客群看似杂乱无章，实则有迹可循，归根到底是如何不刺痛客户，并满足客户的心理需求，心理得到了满足，才能对品牌忠诚。

别让营销商户成了被银行零售遗忘的角落

以往商户客群总是被银行遗忘，对公司业务来说，商户无法带来优质授信业务，而且没有大规模的长期资金沉淀，对零售业务来说，除了个体工商户法人开银行卡，能带来部分金融资产外，由于业务扩张、工资支出、货物押款等，商户自有资金使用频繁，无法对财富业务产生明显的贡献。所以，大部分银行并没有在第一时间进军商户市场，而是被大量第三方支付公司乘虚而入。如今，银行大力发展零售业务，逐渐认识到这块被瓜分殆尽的蛋糕的重要性，然而想虎口夺食，已经不容易。那么，该如何在有限的市场上继续分得一杯羹呢？

银行为什么要大力发展商户客群？

各家银行逐渐意识到，不发展公司业务，会失去现在，不发展零售业务，就会失去未来。而在不断发展零售业务的同时，个人客户与商户才是零售业务的两个重要组成部分。10年前，激增的线上商户，已经被某宝先发制人，因此创造了万亿市值的商业帝国。后知后觉的传统商业银行，虽然仍然掌握着个人客户经营的主动权，但在争夺线下商户的战斗中，已经失去先机，如果再认识不到商户对银行的重要战略地位，那么便已失去零售业务的半壁江山。

商户群体行业分布广泛，涵盖整个批发零售业，而且业务交叉错综复杂，作为社会和商品经济不可或缺的重要组成部分，商户必将成为商业银行重点服务的客户群体。商户通常以朋友、亲戚等熟人圈子为依托，同时上下游商户联系比较紧密，连锁分店独立经营的形式较多，通过"朋友圈"交叉营销概率较高，银行的优质服务和产品往往会形成联动效应。

商户经营特点以规模小、交易往来较频繁、承接下游及顾客消费资金汇货款，又需要向上游供货商支付货款，资金收付、归集和管理的需求旺盛，结算账户时常留有部分短期流动资金，低成本存款占比高。沉淀商户活期结算资金是银行降低负债成本的重要方向，目前市场上三方支付机构，对已经占据的市场优惠力度已经没有拓展市场时那么大，银行只需针对存量贷款、POS、扫码支付商户为重点营销对象，对使用POS、扫码支付频率高，中间业务收入贡献大的客户提供商户返点，用于POS、扫码付商户的附加品营销，从而争取商户使用银行产品的积极性。

商户对银行来说，本身就具有个人客户和公司客户的双重属性，这一特征对商业银行来说，是十分难得的，因为只有银行能够全面满足商户的生意和财富管理上的需求，因此，这是天然的银行客群，其他机构虽然占得先机，但深挖此类客户群体，银行仍然大有可为。

如何解决商户客群资金结算痛点？

每个行业的商户客群资金结算痛点与需求大体要求相似，普遍以到账快、手续费低、有优惠政策等为主，具体行业又有所不同。以房地产交易为例，尤其是二手房交易，未成交房产的房款交易除了以上的要求外，更重要的便是资金的监管。那么，该如何满足这方面的要求呢？下面以青岛市某总行先进支行为例。

例如，在二手房交易的过程中，买卖双方的资金交割应该以房产过户为标准，但房产过户往往并不能与资金交割同时进行，要么是先交钱后过户，要么是先过户后交钱，总之会有一方承担一定的道德风险。在支付领域，这并不是一个新问题，众所周知的某宝就是靠解决这个痛点而获得资金流量的。青岛某银行与某家全国连锁房产中介重点合作，买卖双方在该银行开通银行卡，并开立独立的监管账户，虽然房款只能沉淀半个月左右，但是当交易量形成规模之后，这家支行的存款规模暴涨，增量全国排名前三。

随着业务的开展，客户都办一家银行卡，业务开展比较受限，于是，银行引入第三方支付机构，房产中介公司在银行开立一个对公账户，该账户只能向第三方支付公司在人民银行设立的备付金账户进行转账，最终由第三方支付公司进行资金的结算。如此一来，银行获得了存款，企业获得了银行账户的利息，第三方支付公司获得了企业的流量，可谓一举三得。

大多数人都认为，资金支付结算不过就是转账，哪里有什么痛点，实则不然。我国的支付结算系统大体分为4个板块：中央银行支付清算系统、银行业金融机构支付清算系统、金融市场支付清算系统、第三方服务组织支付清算系统，每个板块还各有3到6个系统交错使用。

那么有人会发现个有趣的现象，我们在周末转账时，需要等到下周一才能到账，刷POS却没有关系，而且ATM机和POS机并不受央行系统升级的影响。这是因为这些交易只涉及信息流，可以通过银联CUPS实时转接，即便央行大额和小额支付系统关闭，也不会影响到POS机的使用，涉及实际的资金流转，资金划拨过程是可以延迟进行的，这也是众多商户最终选择使用POS机的原因。

智慧服务系统如何解决群体性服务问题？

除了解决支付结算方面的需求，很多企业还存在着财务管理方面的需求，如果能在财务方面为企业节省大量成本，拿下商户的概率一定大大增加，那么现在银行有哪些令人眼前一亮的解决方案呢？

传统校园收费一般是以下的场景：家长排队填表格，等待缴费，刷POS机，或直接向学校对公账户转账，但仍需备注学生信息、学费等信息，手工开具发票。某家银行为解决传统收费模式的低效，开发了智慧校园收费系统，免费给学校及教育机构使用，家长可以通过登陆公众号，线上填写学生信息，线上完成学费缴纳，并申请线上发票，会计可批量直接导出所有数据信息。除了解决收费问题，这套系统还提供更多增值服务，全功能无缝植入校园公众号；家长实时接收微信、短信缴费通知，确保收费及时；提供线下缴费通道，并与线上通道缴费进行账务合并；登记信息与缴费信息隔离，确保数据安全；手续费优惠减免。以上功能完全实现了家长自助在线缴费、学校账务自动化的管理功能。

目前市场上大多数客户在微信和淘宝上缴纳取暖费，可是问题是，这两个渠道只能缴费，不能开发票，不给企业账务数据，只能依靠户号缴纳。与上面智慧校园相似，智慧收费系统同样支持公众号缴费，精准催费，线上电子回单和发票，并支持小区、楼号、单元号等自定义筛选功能，记不住户号仍然可以顺利缴费，支持批量开启、批量关停、用户自助报停、缴费单锁定、单个用户锁定等功能。

该银行智慧系统不仅可以满足上述两种场景，还可以满足物业管理等场景，不仅节省了管理成本，还节省了人力成本。对银行来说，一旦形成合作，自然而然地便获得客户资金留存，商户对银行的黏性也会大大提高，从配套服务入手，比直接营销商户更有效。

联合收单如何解决银行团队扩充问题？

早在 8 年前，第三方支付公司便开始跑马圈地了。5 年前，中国银行后知后觉，开展了全民收单，如今又一批银行开始争夺本就所剩无几的收单商户，然而，想要虎口夺食，并非易事。于是，有些思想比较活的银行，便开始了联合收单，虽然损失了一部分利润，但却以更低的成本开拓市场，并容易获取后发优势，借鉴同行的先进经验，实现弯道超车。

某股份制银行地处南方某发达省份省会城市，银行业竞争激烈，收单市场抢夺更加凶狠，在自己做系统、拓市场的战斗中完败。于是决定与市场占有量比较大的某盒子第三方支付公司合作。某盒子公司利用自己团队拓展市场速度快的优势，迅速联系商户，商户在银行开账户，并不提供手续费减免优惠政策，但是商户仍然络绎不绝。原来，银行虽然不给商户优惠政策，却为商户资金提供 7×24 小时到账的现金管理类产品，提高商户理财收益，最终算下来，商户收益远超过手续费返点，商户自然愿意将收单账户放在这家银行。

在联合收单的模式下，银行一定会让出一部分利润。第三方支付机构愿意与银行合作，无非是想要借助银行创富的功能，为商户谋取更多的优惠，商户才更愿意合作。但是，很多第三方支付机构并不了解银行业务，一味想让银行直接返点，把利润吐出来。对银行来说，这样的模式基本上等于花钱买商户，宁可不做这笔业务，也不会白费功夫。所以，联合收单还应在业务框架内合作，7×24 小时到账的现金管理类产品需要银行垫资，有些银行可能并不能实现，但是工作日全额赎回大部分银行都可以做到，以现有的产品和资源进行整合，再搭配相应的优惠政策，才能实现真正的长期合作。

目前有些银行都接受联合收单的模式，但仍然有很多银行并不接受这种方式，尤其是一些规模比较大的银行，资金充足，团队建制比较全，试图自己创造场景，建立自己的商业帝国。然而，理想很丰满，现实却很骨感。现在的商业模式决定了各家企业无法单独生存，术业有专攻，合作才是出路。每家企业都有自己的生态圈，同时自己也是别人生态圈的一分子。以国内某联支付为例，是除银联外的第二大支付机构，市场占有量高居不下，靠的是精耕支付领域 20 年的积累，而银行想要复制其发展轨迹，单打独斗付出必然超过 20 年，在这个过程中，差距又会逐渐拉大，所以，谁能牢牢抓住联合收单的深度合作，谁就有更大的机会抓住商户。

未来银行间的争夺市场，就是争夺零售业务的市场，商户是零售业务的重要构成，个人客户靠的是单个客户的积累，而商户却自带消费场景，背后带动更多的个人客户，商户争夺战就是生死战。

某支行睡眠客户激活与新客导入活动范例

当我们冲出银行，到处寻找客户而不得的时候；

当我们在网点唉声叹气，苦于没有客户来行的时候；

当我们辛辛苦苦地组织了沙龙，但却没有成果的时候；

当我们天天围着那几十个高端客户转，得不到新的业绩增长的时候……

您是否想过，我们还有数以万计的存量客户躺在系统里睡大觉！如果我们能够把这些客户激活1%，那将是一笔巨大的财富！存量客户盘活，是银行营销的第二次革命！

经中国金融营销研究院调研多家国内银行发现：

AUM值5万元以上的客户低于客户总数量的5%；

AUM值1万元以上客户低于客户总数量的10%；

AUM值低于1万元客户占比高达90%，其中1000元以内客户占比最高！

低端账户≠低端客户！

我行客户≠我行用户！

存量客户盘活的意义

市场大，基础好，提高员工营销工作饱和度，成本小，影响面大，全部为新增……

人数众多，通常一个网点就是数万甚至十几万人；

这些客户曾与我们银行有业务往来，容易建立信任，相对好营销；

可以成功地填补厅堂日渐稀少的客户，提高厅堂营销的产能；

利用电话、微信、短信、上门走访等方式进行盘活：效率高，成本低，影响面广；

可以实现行外吸金：所有的存款、理财等都是从其他银行转入。

睡眠客户激活及升级活动的奖励措施

第一，新增有效客户数

本活动开始后，新开客户号的客户当月存款月日均大于等于1万元或理财资产大于等于5万元及以上的客户为新增有效客户。活动期内每新增1个有效客户奖励20元。按照谁营销谁录入的原则，若经营单位有效客户数存量整体较上月出现负增长情况，则员工新增绩效奖励折半。

第二，升级有效客户

零售业务部提供专属名单（客户资产去年四季度日均小于1000元，本年度存款时点曾经触发过5万元的客户），升级至1万元以上的每户奖励10元，升级至5万元以上的每户奖励30元，5万升级至10万元以上的每户奖励20元。若经营单位整体较上月出现负增长情况，则下降当月的员工新增绩效奖励折半。

第三，新增优质客户（含升级）

活动期内每新增1个50万元客户奖励40元，每新增1个100万元客户奖80元，每新增1个300万元客户奖200元，每新增1个600万元客户奖500元。按照谁营销谁录入的原则，由个人录入"开门红"考核系统，按月通报奖励兑现到员工工资卡上。若经营单位整体较上月出现负增长情况，则下降当月的员工新增绩效奖励折半。

第四，批量导入客户

一是一次性代发（30人以上）。除按以上单户奖励外，按代发金额的万分

之二给予支行费用支持，单笔一万元封顶。

二是首次签约，代发人数 10 人以上，连续 3 个月代发金额 1 万元以上，每新增一户给予员工绩效奖励 300 元。

消费金融场景化获客的诀窍

本文的主题是"场景获客获金"，意为通过构建、借助特定的可施展营销的环境或具体情势营销客户、导入资金。

金融消费者尤其是中青年客群，可能没有理财的需求、存钱的需要，但多半会有借钱的可能。消费金融是场景获客的重要抓手之一，有数据显示，2020年中国居民的总负债规模达到200万亿元，相当于人均负债14万元。

传统印象中，我们是"储蓄大国"，怎么忽然之间就变成"负债大国"了呢？

购房、子女教育、通货膨胀、超前消费……年轻人家底薄，不借钱又能怎样去应对生活中的这些问题。汇丰银行公布的数据显示，90%以上的"90后"都是负债的，人均负债12万，是其群体月均收入的18倍之多。

借出去的钱怎样增存款

第一，场景落地离不开产品

"产品需要场景展开想象力，场景也需要产品落地想象力。"这就是场景产品和场景之间的关系，也是构建场景的意义。

在营销中，空谈场景而不立足于产品，是行不通的。

消费金融也是这样，构建消费金融的场景也要立足于产品。

具体剖析"消费金融"，可分为"消费"即怎么便利用户花钱，"金融"即怎样便利用户借钱。

再确切一些，可分为两个命题，即"怎样通过便利用户花钱增存款"和"怎样通过便利用户借钱增存款"，二者的核心都是通过增存款，带动利润增长。

我们先看看后者增存款。

信用业务增存款是指针对有信用业务的客户，包括个人贷款、信用卡等产品持有的客户，通过细分定位，开展有针对性的营销活动，增加其除日常还款资金外的其他资金的导入，提高存款和结算资金留存。

通常情况下，银行能掌握的信用业务客户信息更为真实和全面，客户对银行的信任和依赖程度更高，更便于开展增存营销。

第二，怎样既把钱借出去，还能拉存款进来

一是个贷联动增存款。这包括两个方面，一个方面是，针对一手房按揭贷款和经营性物业等贷款，通过为客户提供综合金融服务方案，以及新增存款产品配置给予贷款利率和优先放款等优惠，助力 AUM 和存款新增。另一个方面是，针对二手房贷款客户，贷款额度优先满足卖方，然后再是我行开户的买方，同时以支行班子成员、个贷经理、公司客户经理、零售经理等结对子方式，加强卖方资金留存工作。

A 银行某支行客户赵先生在 2018 年申请了一笔住房公积金组合贷款，商业贷款部分贷款金额 100 万元，执行利率 4.165%，还款方式为等额本息，每月需归还贷款本息 4875 元，公积金贷款部分贷款金额 37 万元，执行利率 3.25%，还款方式为等额本息，每月需归还贷款本息 1674 元。支行在日常电话通联过程中了解到赵先生在他行有 150 万元定期存款即将到期准备续存，但他行存款利率明显低于 A 银行三年期大额存单的收益，理财经理在了解上述信息后立即向客户推荐了大额存单。特别突出大额存单可用于归还贷款本息。由于利率高于他行，在全额覆盖贷款本息的前提下还有盈余，非常划算。客户当然十分认可，在他行存款到期后立即将资金转入 A 银行购买按月付息款大额存单。

二是信用卡联动增存款。这也包括两个方面，一个方面是，存量信用卡客户增存款。以阶梯性活动方案对信用卡存量客户开展交叉营销，为达到相应存款资金量的客户配备专属信用卡优惠权益，深挖存量客户。另一个方面是，新增信用卡客户增存款。配置活动资源营销沙盘客户，帮助支行再次触达零售存量客户，对互联网客户到店面签进行交叉营销借记卡储蓄业务，新增办卡客户要求至少开立二类账户等。

事实上，卖理财产品、存定期，是引着钱进来，满足投资理财需求；发信用卡、放贷款，是推着钱流，流到需要钱的人手里，满足资金需求。一进一出之间，银行的利润就来了。

现在对于很多新成立、亟须提高营收的社区银行来说，信用卡是可以作为社区银行的支柱业务大力发展的，大量办卡不仅可以拉动社区银行中收增长、利润提高，反过来还可以聚集人气、扩大客户规模和资产规模。

以下分享来自C银行某社区银行行长小吴的营销笔记，经她本人同意，摘录如下——

去年房市火爆，所以在社区银行，我们的员工经常会遇到想办理个人贷款的潜在客户，或是理财客户有购房的资金需求，但他们要么不符合银行贷款政策——贷的太少、贷的太短、年龄太大、挣得不够还；要么大部分资金都买成理财产品了，一时取不出，又等着用钱，急得直跺脚。对于这类客户如果贷款行不通，就可转战信用卡营销。

客户老王，在社区银行资产逾300万元。最近看好了某新建小区一套住宅，要交首付40万元，手头却一时没有流动资金，找到社区客户经理寻求帮助，但由于提供不出合规的用途材料，理财质押渠道就无法成行。

老王一筹莫展之际，客户经理通过沙盘白名单系统查询到老王符合白金信用卡发卡条件且预审额度34万元，交流中还得知他的爱人名下有一处房产，可通过房产渠道申领白金卡，如附推荐函，额度也在10万元左右。

这样，老王的资金缺口终于补上，燃眉之急终于化解。

两张信用卡，虽然额度不及一笔经营性贷款大、用款区间不如住房按揭贷款长，只要鼓励客户多刷、多用、多分期，多给客户灌输"使用信用卡就是坚持现金为王"的观念。细水长流，同样可以有得赚。

这里还要插一句的是，大额信用卡多是有年费的，在营销时客户可能因此望而却步，选择办普卡。综合我们客户经理实战中的经验，有几个话术是蛮有杀伤力的，列举如下：

一是小成本，撬动大资金。

客户：年费太高，我不办……

客户经理：一分钱一分货，您掏的钱不会白掏。一来呢，十几万额度的信用卡只要1000元的年费，而且，这个额度滚动使用，交一次费用，咱每个月就多了10万元左右的资金储备，成本低、受惠大，非常划算。

二是礼品攻势，增值服务策略。

客户：这个卡年费有些高啊。

客户经理：先生，这张卡是我行VIP客户专属信用卡，现在拨打客服电话您就会发现，专属的贵宾客户服务通道已经在24小时待命为您服务。此外，机场贵宾候机室、高尔夫俱乐部会员、高档商务连锁酒店会员、××大型超市会员……都集合在这一张卡上，更重要的是，您作为商务人士，这张卡在满足您的资金需求外，还满足您的生意应酬需要，可以说是量身打造，用得上、用得着。

客户：真不错，可是我现在真的不太需要这些服务……

客户经理：没关系，如果不需要我可以申请为您免去增值服务，这样，年费也就少了一大半！用卡成本减半，信用卡额度不变，现在，可以办卡了吗？

关于借力信用卡增存款，这里再讲一个D银行个贷客户经理小马营销笔记里记载的案例——

老刘，小微企业的法人，名下有一套价值300多万元的房产，按照D银行房抵快速贷款的相关政策，他最多可贷房屋价值的70%，即200万元。

但就在那段时间，老刘公司资金周转，出现了40万元的资金缺口亟待补充。详细翻阅查看了老刘提供的相关资料，我发现老刘的公司正常经营超过两年、纳税正常且经营状况良好，符合税银卡（一种大额分期信用卡，属银行与税务部门合作为中小企业提供资金便利而创新的卡种）发卡政策，赶紧到国税官网查询其可授信额度，太棒了40万元！另外，我们银行贷款客户同样纳入沙盘白名单系统，贷款客户可根据其所贷金额的一定比例为额度申请信用卡，审批简单、柜台发卡，这样客户又获得一张20万元额度的白金卡。资金需求迎刃而解，老刘很高兴，这时恰巧临近半年存款考核，我们寻求他的帮助，老刘也很痛快，"6.30"当天，将200万元流动资金存入，笑称是对我们的回报。

第三，消费金融，风险管控大于产品营销

近年来消费金融市场发展快速，产品种类繁多，额度获取便捷，却也隐含着很大的运营风险。

结合之前营销银保小额贷款的亲身经历和当前监管逻辑，笔者认为在消费金融场景构建上应当特别强调产品设计和营销思路的合规性，尽可能规避风险。

前几年，银行出资、保险公司承担实质风险的信用贷款凭借额度大、放款快、利率高等特点，颇得银行、保险公司及借款人的青睐。

不太了解业务的读者可能纳闷，信用贷款怎么把保险公司也拉进来了？这与保险公司有什么关系？

小额信用贷款的利率非常高，通常在年化7%以上，除非急用钱、很缺钱者而又借不到钱者，往往不会选择；银行虽然垂涎其中利润，却又担心风险，也望而却步；这时候，保险公司登场，一方面广撒渠道寻找目标客户，另一方面主动承当小额贷款违约后向银行赔偿、向客户催收的角色，这就盘活了整个业务。

如果借款人本身资质比较优质，负债情况良好，那么完全可以直接获得贷款，这时候硬性要求投保个人信用保证保险，大概率就属于搭售。如果借款人资质一般，无法满足放款方授信标准，通过购买信用保证保险的方式对自身增信，这就比较合规了。

银行赚息差解馋，保险公司揽保费挣佣金，客户得资金解渴。似乎是一举三得。

需要注意的是，客户在偿还银行贷款本息的同时，还要每月缴存不菲的信用保证保险的保费。某银行与某保险公司的信保业务就因费用过高频遭借款人投诉，有借款人表示先买保险公司旗下的个人贷款保障保险产品，才能办理银行贷款，借款12万元分36期，仅保险费费用就高达8万余元。

尽管一些现金贷平台在合同中明确了保险收费明细，但产品逻辑依然是不买保险就无法下款。

也就是在实际运作中，本来是帮助有借贷需求、征信存在缺陷的客群提供增信的个人贷款信用保证险，现在变成了凡贷必保，从选择成了标配。由于被增信对象风险较高，加之一些保险公司风控能力跟不上，导致保险公司赔付率上升，最终资产压力落在催收上。

而保险公司一旦查明并不具备从事发放贷款、受让债权等从事金融业务活动的资质，即经营活动已超出其经营范围，就属于从事非法金融业务活动。

消费金融，风险识别与管控一定是大于、甚至远大于产品营销的。

银行人对于所有的消费金融产品，都应持此基本观点。

客户贷款，我们就能增存款？

公积金网络信用消费贷款是目前许多银行为个人住房公积金缴存客户设计开发的一款在网上办理的信用消费信贷产品，具有全线上操作、自动审批、即时放款、随借随还的特点。笔者采访了T分行互联网金融部同事小马，请他从场景搭建的角度说说，做好公积金网络信用消费贷款业务营销推广，特别是如何获客并留存资金。

第一，强化业务培训

前期分行组织开展了员工体验活动，并对该业务进行了专题培训。各机构要在此基础上组织本单位员工，特别是个贷经理、理财经理、对公客户经理学习公积金网络信用消费贷款业务，做到应知应会，熟练掌握产品要素、产品优势及业务办理流程，为营销推广奠定基础。

第二，加大宣传力度

一是分行统一印制了宣传海报及产品折页，配合支行线下推广。各机构需抓住节日主题营销时机，通过"双十二""圣诞节""元旦""春节"等时间节点或节日场景开展集中宣传，做好持续营销宣传推广。

二是深度发掘优质存量客户，如九资 30 万元以上客户、高端信用卡客户、白领易贷客户、按揭房贷客户……对其进行电话、短信精准营销宣传。

三是突出场景获客。一是制定重点营销客户名单及营销计划。针对优质的单位客户（机关事业单位、国企、公立学校、医院、银行、保险公司、上市公司、我行 A 级及其以对公授信户等），从支行层面要制定本单位重点营销客户名单及上门营销计划（每周至少到 1 家名单企业，上门组织开展营销推广活动）。二是集中营销重点客户。应营销重点优质单位客户，走访时做到"二到"，即到单位办公场所或餐厅摆放宣传物料，产品微信转发到单位内部微信群，到单位工会或人力部门联合开展营销活动。

小马还特别提示笔者，消费金融获客容易，提营收、涨利润也比较快。从实际申请消费贷款的人群看，以中青年为主，而且越是公积金缴存基数高的行业和岗位，包括公务员、教师和银行员工等，消费贷款需求越旺盛。要利用消费金融产品获客，小马建议我一方面做好厅堂营销，多印刷一些印有二维码可测授信额度并自主提款的传单，见到年轻人就发；另外，多去青年联谊会、相亲大会和摇滚音乐会、运动会跑一跑，收获一定很大。

至于存款的导入，小马结合贷款人综合数据分析认为，指望消费金融产品导入存款，并不现实。一季度通过审核并放款的那 270 位客户共贡献储蓄存款不足 1 万元。消费贷款肯定是要使用的，放在活期上就是浪费。消费贷款的用途目前也有着非常严格的限制，贷出款来买理财、买基金，那是严重的违规，也为监管所不容。

要求留存部分资金作为保证金呢？既不可行，也无必要。消费贷款本来金额就小，现在又强制规定单次授信不超过 20 万元，又是纯信用贷款，何来的保证金？

所以，消费金融对于银行获客来说是很好的手段，想借此拉存款（据了解，贷款放款后的平均留存时间不到 24 小时，想冲时点都难，更别说拉日均）好比与虎谋皮。

至于搭售的情况，前面也谈到了保险公司与银行合作的"银保小额贷"，利润不少，声誉风险很大，可能得不偿失。

我提出银行可以根据客户的资产状况、消费状况，匹配贷款额度。小马则表示这是先有鸡还是先有蛋的问题，客户有很多钱存在银行，贷款额度自然可以匹配很高，可既然有钱为什么要贷款呢？逻辑上理不顺。

这也是信用卡在消费金融领域远比消费贷款受欢迎的一个原因，很多人宁可办信用卡做现金分期也不愿做个人消费贷款，因为贷款会在征信上清晰地体现出来，而现在很多国有企业、政府机关都要求员工定期上交个人征信报告，这些正是公积金信用贷款的核心目标客群。

有贷款，多多少少暴露经济状况，暴露隐私。

第三，消费者花钱放心，商家拿钱安心

这里举一个驾校的案例。

为避免出现驾校不负责任和相互压价等市场乱象，交管部门试点新的培训费缴费模式。Q 分行从中捕捉到了商机，积极与市运输管理处沟通达成合作意向，指定 Q 银行作为全市驾驶培训费托管银行，根据驾驶培训合同约定的价格和学员实际完成的培训时长，分阶段将学员培训资金拨付给驾校。

具体操作上，由驾校学员通过驾驶培训主管部门的学时管理系统向 Q 银行网上资金托管系统发送指令为学员开立托管账户，Q 银行对该托管账户内的交易资金进行托管。当驾校和学员交易双方成功履行交易合同或双方因故不能达成交易，银行则按照约定，协助对托管资金进行支付、提现、扣划等交割事宜。

学员通过网银、手机银行转账或 POS 机刷卡等方式将培训费转入 Q 银行账户，驾校根据学员的培训进度发起支取申请，有效保障了驾校学员权益，得到了当地交通运输处的认可。

截至 2021 年 1 季度末，Q 银行借助该业务已引入零售客户 5 万户，累计托管资金 3 亿元，对私活期存款时点余额 6000 万元。增存效果明显。

第四，场景构建的基础逻辑

当下，"互联网 + 消费"模式的不断完善，让基于衣、食、住、行的各类消费场景被创造出来。这种"场景化"趋势使金融和生活的边界日渐模糊，金融服务开始渗透入各类消费场景之中。

聚焦特色高频场景遴选头部企业开展合作。

一是场景选择应结合本地生态，以出行、商圈、区域特色场景为目标，要有行业互补性，优先选择金融交易高频场景，结合区域特色与核心业务展开搭建。

二是合作企业首选用户丰富、转化入口流量稳定的行业头部，充分利用数字化金融工具打造泛生态金融。

比方说，积极开展市场营销活动，对特约商户有针对性地采取补贴活动，对补贴商户及合作较好商户开展对公户、代发等业务营销，以活动带动存款业务发展；与第三方市场收单机构联合开展活动，积极引入商户结算存款。

这都是将场景构建转化为实在业务渠道的简单逻辑。

在各类场景拓展营销和项目孵化落地中，银行各业务部门、各经营机构都要加强公私联动、渠道联动机制，从而为营销创造更多的合作点。

如何打造私人银行的"理财季"

相对于"开门红",有些银行推出了"理财季",与"开门红"相比形式相似,也有不同,相同的是为投资者打造重点理财产品,并通过开设趣味活动等,吸引居民理财和储蓄,培养和提高个人财技水平;不同的是"理财季"时间一般是四季度,从银行考核角度来讲,四季度如果冲刺太猛,那么明年必然背负更多基数,所以银行在年底一般会适当"收力"。那么在这样的情况下,"理财季"的作用又在哪呢?

从实际来看,我国居民在财富管理方面确实存在巨大投资需求,但在财商教育知识获得方面一直难以匹配资本市场的发展速度。在私人银行领域,也普遍存在投资者苦于缺乏投资知识,不了解金融资产配置策略,对更具长远投资价值的权益类、结构性等理财类产品配置不足,既不利于家庭资产配置的优化,也不利于社会资本的有效运转,因此大多只能选择认知范围内的固定储蓄和房产性投资。

那么,在年底所有银行因为考核而"收力"的时候,"理财季"的推出,对于维护和争取私人银行领域客户的意义,自然不言而喻了。

借鉴建设银行"理财季"的经验:以知识输出为主线,结合抽奖、打卡、礼遇等活动,推出包括理财、基金、保险、贵金属等在内的数十余款产品,不仅有科创板和创业板的"双创"系列,还包括众多申购或定投费率1折优惠的基金产品等。在私人银行领域,"理财季"更要相应升级,不仅要丰富投资者"理财篮子",还要想办法提升私行客户。

绕不开的私行权益——权益季

私人银行并不是面对大众的，如果把银行所有客户，以业务除以资金量排列成金字塔，金字塔最顶尖上的是非常小的一小撮私人或者公司客户，他们仅一个户头里放的存款、投资、贷款额，可能就是普通一万个客户加起来的总和。私人银行客户也是分等级的，例如目前比较普遍的私人银行标准是 800 万元，能聊权益的私行客户，一般在资产 3000 万元以下，超过这个资产规模的客户，并不是靠权益多、活动好来维护的。

各家银行比较普遍的私行权益，例如，高尔夫、橄榄球、棒球、网球等的练习季卡，画廊、艺术展的首秀，收藏鉴定名画、定制珠宝手表、机场贵宾服务，甚至有时候只是客户提到自己或家人健康有问题，都能立马联系到此项最权威的医生。然而，这些比较同质化的权益并不能真正拉开银行间私人银行的差距，家庭资产在 1000 万元左右的客户，其实可以借鉴贵宾客户活动的升级版来做，保证流程舒适舒畅远高于活动的创新。

案例：青岛某支行私行客户 32 位，其中资产规模 1000 万元到 2000 万元的客户 25 位，占据了大多数，其余几位私行客户则是见首不见尾，对于资产量并不多平时又有时间的私行客户，该支行举办了这样的活动，每位私行客户携带 2 位朋友黄山 5 日游，8 月份的黄山风景宜人，在私行理财经理的陪同之下，原本只能在银行或者活动场所见面的客户，也放下了客户包袱，平时难以聊的话题，在放松的游山玩水的环节得以释放，5 天游玩下来总费用 2 万元左右，行外新进资金提升私行客户 5 位，销售私募 3 笔、信托6 笔。

这场活动并没有太新颖创新，每位理财经理只服务一位私行客户及陪同的朋友，5 天全程下来，从最开始的微妙，经过理财经理们细致入微地照顾，很快转入后面的深入交流，使得理财经理与客户成为更好的朋友，脱离了业务，才更容易促成业务。

神奇的股票资金——股票季

2021 年 6 月 21 日银行自律协会统一就 3 年期大额存单作出定价后，3 年定期存款全行业最高 3.55%，四大行一般在 3.3% 左右，7 月份以来，央行全面降准，释放 1 万亿元长期流动性，随着银行存款利息不断下调，未来稳定投资标的越来越少，房地产调控只紧不松，基金、股市逐渐吸引更多的资金流入。

而银行理财经理对炒股的大客户往往维护不到位或者不及时，造成股票资金回流不到位，私行客户的股票资金回流金额一般比较大，某银行在全行投入 1000 万元成本，大量做第三方账户开户，当然大部分是日常薅羊毛似的开户，但是仅仅靠小部分使用的私行客户和普通客户，一年下来股票回流沉淀的日均金融资产就超过了 800 亿元。

在数千家上市公司中，只有几百家没有进行股票质押融资，在这些股票质押业务中，公司较大的股东占比最多，而对股票质押资金监管则落入到券商和商业银行手中，这部分客户妥妥达标私人银行，然而现实是，当某位股东怀揣 20 亿元股票质押做监管时，柜台工作人员却两眼一黑，不会做！等流失之后，才知道真的错过了几十亿元，但也为时已晚。

所谓股票质押业务，具体是指个人或企业将持有的证券作为质押品，向券商、银行等公司借钱，到期之后归还借款，解除冻结质押品的交易。股票质押进一步分为场内与场外，事实上，无论是场内还是场外，究其本质，股票质押业务的本质均是质押贷款业务。从质押贷款业务的资金来源来看，既有自有资金，也有理财资金等，如果某家分行或者支行，将股票质押资金监管做成专业行，青岛有上市公司 51 家法人机构，还有众多等着排队上市的公司，大股东不计其数，这个私行市场还处于蓝海尚待开发。

因为涉及银行与非银金融机构之间的通道业务，股票质押贷款业务不仅受市场随机因素影响，还受到监管政策的影响。2013 年 8 月，国务院办公厅发布《关于金融支持小微企业发展的实施意见》提出，大力发展产业链融资、商业圈融资和企业群融资，从商业银行参与股票质押业务的模式来看，以场外为主，但也可以借助通道参与场内股票质押业务。但是在资管新规和理财新规的约束下，通道业务模式大幅受限，特别是场外三方模式，明显突破了"一层嵌套"的限制。从这个角度来看，目前能够符合监管要求的作业模式也就是直接股票质押贷款和借助券商参与的一层嵌套。由于商业银行在从事信托投资和股票市场等方面的限制，因此对于场内业务模式而言，商业银行往往只能委托券商盯市和在交易所处置质押股票。

而股票质押的融入资金和拟归还资金需要在银行开立专户进行监管，并不能作为他用，但是双方可以通过企业网银查询版，查询账户内信息。这个专户对于银行来说就是规模了，很容易产生私人银行客户，虽然不能产生相同规模创造的利润，但是可以快速提升私行客户。

新形势下的私行产品——产品季

很多私人银行客户只买信托，这类客户很多都在非银行渠道购买，虽然可以拿到更高的价格，但是在资管新规之下，信托公司即将完成改革开放之后的使命，转向盘活城市优质资产。银行理财经理则需要为私行客户做好风险规划。

银保监会发布的《信托公司资金信托管理暂行办法》规定，信托公司应当做到资金信托单独设立、单独管理、单独建账、单独核算、单独清算，不得开展或参与具有滚动发行、集合运作、分离定价特性的资金池业务，不得将本公司管理的不同资金、信托财产进行交易，这是迄今为止最严格的信托产品之间的交易限制，规定基本把非标资金池产品全部"一刀切"。

真实的信托资金池规模到底有多大？一直以来都有各种猜测，甚至还有传言，因为资金池基数太大，管理层多给两年的期限。那么现在还能投资信托产品吗，怎样给私人银行客户选择目前市场上的信托产品呢？

首先对信托公司的选择上，并不是对于民营企业的歧视，而是相对于其他行业，金融行业民营企业具有天生的缺陷。因为资本太有魅力，太有魔力了。民营企业往往是"一言堂"，一般大股东说了算，他们往往会利用信托这个无所不能的牌照，将信托公司转变成自己的融资渠道。比如原来做地产的公司，在他们看来还不如把钱投向自己的地产项目，至少他们自己觉得可控。大多数"爆雷"的民营信托都是这样的剧本，要么把钱融了，资金投向关联公司的地产，要么投向自己在资本市场的投资，主要想通过资本市场赚快钱，然后反哺债务利息。第一个是资金池，第二个是大股东权力过大。他们往往是控制不住自己去动客户奶酪的这个冲动。

其次是房地产三条红线，这是监管层收紧房产企业融资较为清晰的三条标准，要求控制房地产行业的有息债务增长。红线一是剔除预收款的资产负债率不得大于70%，红线二是净负债率不得大于100%，红线三是现金短债比率不得小于1。三条红线主要是为了剔除资本金因素，基建投资中包含预算内资金，地产投资中包括公司自有资金和预收款，在这三条红线规则之下，房企在以后的经营中便不能再靠新债还旧债了，因此，即便踩中一条红线，也轻易不要再投资。

最后，信托公司在我国改革开放以来，一直具有中国特色，实则是国家发展过程中，弥补银行融资的缺口。房地产在高速发展的10年里，并没有形成真正的信托发展的土壤，而是一直以房地产信托存在，主要使命是为房企融资。在三道红线之下，房地产信托的抵押物又成了不得不提的重要部分，以往由于存在"城投信仰"，很少有人关注信托抵押物，那么在如今的情形下，该怎样分辨呢？

信托抵押物是委托人将自己的票据、股票、债券和其他动产或不动产抵押给信托机构，以求得信托机构的贷款、信用担保等。如信托抵押贷款、附担保公司债信托及其他以抵押为条件而获得信托机构担保的信托业务，均属抵押信托。在委托人没有偿清债务之前，抵押财产的产权归信托机构所有，若不能按时偿清债务，信托机构有权处理抵押财产，代其偿清。

而房地产抵押，首先看抵押率，即优先融资总额除以抵押资产的评估价值比值通常为30%~40%；其次，看项目本身的情况，即地理位置、周边楼盘销售价格、房型、目前开发进度等；然后看融资方实力，比如开发商资质、资产规模、银行资信、是否为上市公司方面等，优先选择房企排名靠前的公司，排除负债过多的公司；接着，了解信托公司对项目公司的管理权限和管理经验；最后，押土地未必比押项目公司股权更安全，因为股权变现手续比土地简单得多，所以并不能因为抵押土地优劣而完全判定产品优劣。

国内私人银行业务起步晚、发展快，在快速发展的阶段中，掩盖了很多缺陷，国内私行更多是重权益轻产品，实则是本末倒置，"开门红"也好，"理财季"也罢，私人银行领域的发展还需要更多探究。

第四章

零售宣传与外拓——
不这样做就落伍了

做宣传就是外拓发单页？做活动就是插花包粽子？如果哪家银行还在这样做传统营销的话，那么可能就落伍了。营销该怎样从线下到线上？活动怎样更有吸引力，让客户口口相传？网点该怎样用新型方式外拓？这在银行零售业绩的提升中，是非常关键的环节，请看本章关于宣传与外拓的新理念和新技巧。

银行营销活动怎么办才能效果好

插花沙龙、财富讲座、风水讲坛等大家能想到的"招式"，相信各家银行都不陌生，很多银行营销人员却觉得，办这些活动简直是"鸡肋"，付出精力不少，收到效果甚微，还不如把有限的经费用在无限的提升维护客户礼品上。但事实却是，有的银行不仅把活动办出特色，让人流连忘返，而且做成了人口传颂的"活招牌"，甚至有客户主动要求理财经理下次活动务必要告诉他，如果你体验过他们的活动，其中差距自然一目了然。

银行办活动并不是毫无意义地浪费精力，每一场都是在为成功营销做铺垫，而活动形式有很多种，线下活动能够创造与老客户近距离接触的机会，前期准备与现场运行却非常烦琐，线上活动更加方便运行，想要取得良好的活动效果却并不容易。

老客户晋升迟迟无法突破瓶颈？下面我们就来看看，怎样的活动才能打动老客户呢？

成功举办线下营销活动的"三个窍门"

嘉兴图书馆员工 100 余人，一年举办的活动多达 5000 场，平均每天 10 余场，养生、保健、艺术鉴赏、旅游知识等活动数不胜数，作为银行员工，肯定想象不到如此多的活动，在完成本职工作的情况下是如何举办的。办过营销活动的理财经理都知道，无论多大规模的活动，无外乎人、物、事，银行活动中所涉及的也就是客户、物料与流程，只要做好这三件事，活动才能水到渠成！

第一，活动选择有窍门

地处社区旁的银行，很喜欢举办一些以社区老人为对象的活动，某支行为了推销年金保险，举办了一场财富管理讲座，邀约七八个退休老阿姨，主持人暖场之后，保险公司的讲师便上前侃侃而谈，讲的都是保险行业的"话术干货"，虽是话术，却也是干货。但是一个多小时的活动下来，几位白发客户目光中明显透露着不感兴趣的信号，结束后，小礼物送了一箱，经费花了两千元，保险却没出一单，保险公司心里埋怨邀约客户质量不行，银行理财经理则认为，保险公司讲师专业有余，但是不够通俗易懂，容易让客户产生厌烦情绪。殊不知双方都错了。退休的老阿姨衣食无忧、储蓄充足、家庭美满，对枯燥的保险讲座自然难以接受，活动对象邀约错了，过程再好，结果也终究是错的。

银行是接地气的行业，客户更是五花八门，卖煎饼的阿姨、房地产的总经理、大学的教授等都可能是我们的客户。想要成功举办一场线下活动，第一步就是邀约客户的分类选择。有人说以行业区分客户，不同行业的客户，经营特点差别便是天壤之别，需求点也不尽相同，如果仅以行业来区分客户群体，未免会失掉零售行业以人为本的本质，毕竟银行理财经理最终维护的还是"人"。所以，客户分类不能以单纯的标签划分，复杂性是人最明显的属性，以需求划分才是根本。

有"钱"又"闲"年龄偏大的中老年客户，一般是参加银行日常小型活动的主体，适合放松娱乐以及养生保健的活动，案例中的财富讲座显然无法匹配中老年客户的需求，针对周边熟悉的社区客户，名医义诊、养生讲座一定会吸引众多叔叔阿姨。除此之外，这类客户的需求具有明显的生活气息，与社区物业合作，进小区免费磨菜刀；与肉铺合作，存款送肉票等活动都可以增进与叔叔阿姨之间的感情，只有有了感情基础，叔叔阿姨们才会对你的理财计划产生兴趣。

高净值客户一般只是小部分群体，但是却是银行最重要的客户群体，通常来说，这类客户以中年为主，放在银行事务上的精力有限、时间宝贵，简单生活化的活动只会让客户产生浪费时间的感觉，税务、法律、风水等是他们普遍关注的方面。以税务为例，大部分高净值人群对 2019 年 4 月税改既"不懂"又"想懂"，于是便有银行组织了由某税务相关教授主讲讲座，现场座无虚席，有了正确的引导，客户才会对银行更加信任，客户的信任是银行最大的财富。

第二，物料准备要讲究

精彩纷呈的活动，足以让新客户选择这家银行，让老客户更加牢靠，而想要达到这个目的，物料是活动的重中之重。俗话说巧妇难为无米之炊，如果在活动中发现有物料遗漏，通常为时已晚，轻则遭受领导责难，重则因为这些小失误而自毁前程，很多精彩纷呈的活动，最终却败在物料准备不足的问题上。

不同类型和规模的活动，所需要的物料也不尽相同，银行营销活动目的通常有两个，一个是销售，另一个是宣传。明确这两个目标之后，物料的准备也就简单了，以物料功能为准绳，大体可以分为如下几类：宣传物料包括海报、带有 LOGO 的手提袋、路牌、折页、条幅、堆头等；现场区域物料包括音响设备、话筒、地摊、椅子、桌牌等；现场环境物料包括活动主题装饰品等；礼品物料包括桌子、堆头设计、抽奖设施等；游戏物料如气球、环保袋等。

以上物料以物品名称、数量、单价等为统计单位，并按照类别不同相应摆放，专人负责清点，专人负责保管，物料准备务必双人负责，相互督促才能保证物料质量，有质量保证的物料准备，才能为成功举办活动打下牢固的基础。

第三，促单与否讲"机缘"

提到"缘分"很多人觉得更像是玄学，其实生活中每一段关系的开始都是在毫无防备的情景下发生的，爱情、朋友如此，买与卖之间的关系也是如此。客户对银行办活动的目的基本了然于心，如果一味追求靠办活动来促单，理财经理可能只能失望而归。相反，不以营销为目的的活动，有的时候效果可能会更好。

　　青岛是一个海滨城市，依山傍海的地理优势，造就了很多青岛人喜欢垂钓的爱好，无论是垂钓园还是海钓，都无比受欢迎。某支行行长虽然不懂钓鱼，但是凭借着敏锐的眼光，让他比其他银行更快地想到了这个"金点子"：联系好垂钓园，场地免费使用，垂钓园内还有果菜园，客户可以携带家人朋友参加，奖品由银行在园内购买，餐食由垂钓园提供，果菜园与钓上来的鱼由客户自费，每两周定期举办一次垂钓比赛活动，垂钓园利益得以实现，也更愿意长期合作。以这样的频率，每个月的成本不过两千元，却深得广大客户喜爱，不仅资产得以稳步提升，而且行内理财经理、行长与客户的关系越来越近，很多变成了无话不说的好朋友。由此可见，投其所好的活动才是提升老客户的"金砖"。

　　除此之外，银保合作大家都很熟悉，经常有保险公司工作人员来到银行网点进行产品宣讲，从中可以看到，很多保险人在银行宣讲之后，普遍急于出单，似乎现场不出单，就意味着活动失败。恰恰相反的是，活动现场不出单是再正常不过的事情，如果执着现场推销，最终可能演变成买卖双方的抬杠，反而不利于促单。促单与处对象一样，缘分到了自然就成了，但是何为"缘分"呢？每一段缘分都来源于一方巧妙的心思，在活动中投其所好，针对不同客户采用不同的促单技巧，才能捕获到其中的"缘分"！

　　活动中夫妻共同前来的，或者双方都是本行客户，通过观察可以发现，夫妻双方在理财过程中是不同的，面对这类客户，最重要的是分清谁是能够做决定的一方，通常男士参加活动的时候，主讲人和理财经理要理性分析技术层面，而如果是女性主导型客户，利用个人情感、产品优惠等感性的东西效果会更好。

　　如果是带着孩子或者闺蜜等其他人前来参加活动的，说明这些人对客户来说较为重要，如果能够成功说服他们，获得这些"旁人"的认可，则尤为重要。

线上活动如何让营销事半功倍?

线上是各行业都热衷的营销方式,从直播带货到网红经济,银行对这种方式也是分外眼红,各家银行纷纷举办各种形式的小视频大赛,但是,小视频拍摄看似简单,但却并不容易获得客户关注,办这种"赶鸭子上架"的活动,对于提升客户意义并不大,那么该如何做线上,才能有效提升客户呢?

第一,铸造个人品牌巧营销

银行柜员小厉并不是理财经理,个人理财、信托、保险的业绩却比大多数理财经理还好,曾经创造了一天成交 11 笔信托的记录,单日成交量至今无人超越。究其原因,并不是小厉本人有多少资源,而是她平时重于积累客户,并把客户拉在了自己建立的微信群中,平时发一些自己精心整理的理财知识,以课堂讲课的方式发布在群里,有产品销售时,她便将产品做成通俗易懂的电子文档发在群里,群里不仅有客户,还有她本人的"小号",如果有冷场或者需要加强互动,"小号"便派上用场了。时间长了,小厉在当地理财投资圈子里便小有名气了,一个银行柜员的理财投资专业程度应该比不上大多数的理财经理,但是,小厉却通过不断的努力,将自己变成客户心中的理财"大神",成功铸造了"个人品牌"。

"个人品牌"简单的四个字,打造起来对于银行理财经理来说却至关重要,没有理财专业的标签,线上做得再好,客户也只会把你当作网红,而不是专业的理财经理。如果客户频繁看到银行理财经理在网络上"不务正业"的视频,时间久了难免会心生疑虑,怀疑你的专业性。

目前,除了微信群授课式营销,传播效果较好的还有小视频系列授课式营销和音频授课式营销。这三种模式各有利弊,微信群内客户群体固定,最多五百名成员的限制,理财经理与客户会有更加深入的了解,对拓展新客户效果甚微;小视频与音频的方式,有周边固定的客户群体,却胜在易于传播,如果你的客户在网络上刷到你的授课视频,效果也会更胜一筹。授课的方式不仅能塑造个人专业形象，而且更能够取得客户信任，从而成功拥有个人"粉丝"，"粉丝"多了业绩自然也就提升了。

第二，针对老客户如何引流

淘宝大家都很熟悉，但是，大多数人用过却没有仔细研究过，那么淘宝是如何做线上客户引流的呢？从产品结构出发，当你搜索炒锅的时候，商家不会直接推送店内爆款产品，而是先推送引流产品，当客户看到一款标价十万元的炒锅时，必定会激起客户的好奇心点进去，这便是成功的引流，随后才是爆款产品、利润款产品及明星款产品。

那么以微信群内客户为例，该如何引流呢？小厉刚开始建客户群的时候，并没有急于推销行内中收高的产品，而是首先推销行内货币基金型产品、新课理财、低保费医疗险等易于获客产品，其中有些客户起初只是购买了一款可以多次赔付保全家的医疗险，那么对于买与不买的客户有什么区别呢？

买这类产品的客户至少可以说明三点：一是客户不排斥保险，具有保险风控意识；二是客户对于健康类保险有需求；三是客户具有较重的家庭责任感。基于这样的判断，小厉通过这个简单的产品与客户建立了联系，并不间断地微信"追踪"客户，三个月时间内，成功促成十八单每年保费八千八百元的重疾险。从理论上讲，小厉的营销行为极其符合电商销售的 SKU 理论，可见行业虽然不同，但是营销本质却是相同的。

第三，活跃气氛方法很重要

以微信群经营为例，很多理财经理都曾经建立过自己的客户微信群，大部分的群都销声匿迹了，群内成了理财经理发布消息的场地，有反馈的客户却寥寥无几，最终只能将其弃用。

前面我们提到，群内要有"小号"，也就是"托"，此托非彼托，应该是"烘托"，对于银行客户来讲，大多是具有金融需求，却缺少金融素养，所以，不时在群内利用"小号"来引出话题，理财经理再出场解答，在这个过程中，便会激活很多客户的需求，当这些客户参与到讨论当中，群内气氛便搞活了。

一般银行会有很多促销活动，如果单纯在群内转发链接，客户还需要自已解读，效果并不会太好，无论活动怎样设计，理财经理传达到客户耳朵里眼睛里的，一定是最通俗易懂的，文字不如图片，图片不如视频，如何参加优惠活动，以短视频的方式转到群内，客户会更容易接受。

适当频率地发放红包不能少，"养活"一个微信群，自然不能缺少经费，节假日、群内特殊事情、某位客户生日等，在群内发份红包，时不时炸一炸群，保持群内客户的活跃度。

活动搞得好，三分靠宣传，七分靠人气。一场人气爆满的活动，是撬动更高资产的杠杆，客户资产提升，是客户经营长期正向积累的成果。指望办一场活动便能提升多少业绩并不现实，但是，每一场活动都办好，业绩、规模也就指日可待了。

"地摊经济"，你的银行零售跟着转型了吗

地摊，大家并不陌生，但是，"地摊经济"这一名词，却是第一次为人知晓，李克强总理称之为"人间烟火"。有人说地摊经济市场份额近万亿元，具体规模尚且不论，但是，在竞争日趋激烈的银行业来说，这不仅是一场热潮，更是一线生机。

多地政府曾经出台多项扶持地摊经济的政策。有些地方银行反应迅速，隔天便设计出针对地摊主的一系列产品和活动，分得了这场热潮中的第一杯羹，但是，大部分银行却后知后觉，无所适从。

地摊经济是实体零售行业的补充，银行零售业务的开展，也与其有着相通之处。所谓的地摊经济对银行而言，不仅仅是摆摊的问题，更是一种理念的更新和行动的落地，在行动之前，先来看看，银行该怎样"摆摊"！

理财类产品的"地摊经济"

从"地摊经济"的运营模式来看，明显具有轻资产、轻运营，投入人员少、设备少、摊位租金低等特征，但是，并不是所有类型的地摊，都是赚钱的。

经统计发现，具有及时现做的小吃摊，在所有摊位中最赚钱且经久不衰。小吃的产品不仅有视觉的吸引、嗅觉的刺激，而且价格低廉；其运营要么依托每个城市都有的几条小吃街，要么依托某些景点架设摊位，这样的好处是，消

费场景固定，客流量大，获客成本低，从这两个角度来看，银行的摊位同样需要抓住产品和获客这两个关键节点。

第一，引流产品很重要

与小吃摊位不同，银行大多产品都具有虚拟属性，看不见也摸不着，而且根据监管要求，不允许将产品收益进行宣传。所以，不论是摆摊、外拓还是发传单，银行都要拿出一款引流产品来，这款产品要具有"小吃"的特点：起点低，人人都消费得起，结构简单，买起来不用过脑子、不心疼。

举个例子，譬如一款 1 年仅需 50 元就有 100 万元保额的百万医疗险，人人都可以买，现场出保单，当天就生效，或者加微信送 1 年 100 万元新冠疫情医疗保单。推广这样低门槛、高杠杆的保险产品可实现迅速引流。对于银行而言，一是可以高效地筛选客户——对保险产品感兴趣，具有一定的风险防范意识并且具有理财观念的客户；二是可以低成本获取客户，根据百万医疗险赔付概率，获客成本应该说非常低，获取客户微信等联系方式后，便可以展开新一轮的营销。

第二，爆款产品留下客户

引流之后，有合适的产品才能留下客户，"地摊主"理财同样市场广阔，货币基金类产品完美匹配地摊主的资金管理需求。目前地摊的支付大多依靠微信和支付宝，微信零钱通收益率已经跌破 1.5%，银行货币基金类产品，稳定在 3% 以上，以某银行的 ×× 现金 A 货基理财为例，7×24 小时随时赎回，无金额限制，起点金额 1000 元，单日个人赎回金额 1 亿元，7 日年化收益率在 3.2% 左右，产品属性完爆零钱通，具有较大的竞争优势。对地摊主来说，该货基产品最为合适，但是，即便如此，这款货基理财产品的全国规模仅比零钱通多 700 亿元，可见市场推广力度还有待提高。

贷款类产品的"地摊经济"

地摊经济火爆的背后，透露出国家政策越来越"接地气"，平凡人的价值越来越高。在这些经营者中，大多数摊主所处的商业范围以年轻人为主，旅游、休闲、娱乐、夜经济都与地摊经济相关，综合以上特点，不难得出地摊经济具有频次高、金额小的融资需求。不少银行在日常业务拓展中，积累了丰富的服务个体工商户的经验，可以将之借鉴到推广地摊经济贷款当中。

第一，地摊主贷款

国家提出倡导地摊经济的第二天，淄博周村农商行便在门口摆出摊位，推出了地摊贷，两分钟申请，系统自动批额，最高限额 10 万元。在这场汹涌的地摊经济潮中，许多中小银行，比如各地法人银行、城商行、农商行，便可以充分发挥熟悉商圈的优势，快速决策，迭代产品，迅速占领市场。而各大商业银行产品齐全，众多贷款产品中，有替代地摊主贷款的产品，例如，公积金贷、信用卡备用金贷等产品同样具备相当的优势。

第二，宣传要到位

现在是"酒香也怕巷子深"的时代，再好的产品也怕藏得太深。

结算类产品的"地摊经济"

众所周知，中小商户收单业务，微信与支付宝占有 90% 的份额，每条小吃街、农贸市场都被聚合支付码牢牢占据。但是，支付结算行业从银联 POS 到二维码收单，每一次的变革，都是从一点一点地地推开始。微信支付依靠于微信社交功能，拥有稳定而庞大的用户群体，从收益端来看，微信支付提现手续费与零钱通收益率下跌，早已不具备高收益的优势，地摊经济来了，银行更需要牢牢把握收单市场。

第一，存款沉淀要想好，商户收单要趁早

2013 年微信开始推广二维码收单业务，将银联 NFC 支付扼杀在摇篮里。2017 年中国银行大力布局线下收单业务，但是因手续费等问题，被使用者诟病，以致大量客户重返微信支付的怀抱。为什么当微信支付也开始收取高额手续费时，商户们仍然青睐，但是银行收取手续费就被"嫌弃"了呢？原因在于，微信钱包的钱只要不提现，便没有手续费，提现也可以用积分抵扣，而银行收取的是通道费用，需要直接扣除，这样本质上与传统POS别无二致。有的银行人会说，不收手续费难道做赔本生意吗？须知存款是银行之本，而地摊主的收单业务会带来存款沉淀，有了存款规模，银行便有了低廉的资金成本。

第二，要想收单变刷街，关键人物是窍门

先给大家分享一个真实案例：

某支行曾经有这样一段外拓经历，青岛市城阳区有两条小街，街上有众多小商铺、地摊。客户经理小张平常喜欢交朋友，偶然的机会认识了这个片区派出所的片警小孙，小张在拿到收单任务后，独自来到城阳区街道外拓，结果屡屡碰壁。后来小张灵机一动，找到小孙，希望能够利用他帮忙营销宣传，谁知小孙出马，一天便拿下80个商户的收单，一下子完成了小张半年的销售额。

小商户、摊主的收单，与营销上门客户不同，需要银行人走出去，但是没有提前安排就陌拜商户的，经常会遭到拒绝。拒绝的理由五花八门，但是，其中的本质原因，是对银行收单业务流程还不够熟悉！做过小商户收单业务的都会有一个感受，这个群体大多数文化水平不高，信赖"熟人经济"，一张熟悉的脸，便是最有效的通行证！

银行人与地摊主的江湖之道

地摊主烟火气较重，银行人学院风较浓，曾经与一位做粮食生意的客户攀谈，她提到身边有很多银行的中高层，但交流起来比较困难，总有一种距离感，相较之下，她更喜欢与农民打交道。地摊主则更是"接地气"的代表，因此想要接近他们，银行人也需要变得"接地气"。

第一，菜市场也是"大市场"

吉林省有一家阳光村镇银行，这天行长看着厅堂里的客户寥寥，便心生一计。他让一半的理财经理，排班早上6点去菜市场蹲点，下午再来上班，再挑两个理财经理下午早点下班，去广场蹲点。很快，理财经理们与摊主打成一片，帮忙卖货、与大妈们一起跳广场舞等技能样样通，9点回家休息，这样做了不到半年，成效显著，该银行每个季度的存款增量比各大行都多。放下身段的银行，才能真正做地摊经济受益者，很快这家银行的业务模式，便成了全国推广业务的典范，引得多家银行纷纷效仿。

第二，让互利变成习惯

银行外拓营销客户，总有理财经理颗粒无收，也有理财经理盆满钵满，究竟是何缘故？请看这个案例：

有个理财经理叫小于，是个热心肠的东北姑娘，周边客户、外拓的商户对她都十分熟悉，不论多难缠的客户，提起小于都赞不绝口，小于究竟有什么魅力呢？

接触时间长了才知道，小于自己组建了很多个周边群，各个群里有行里不同层级的客户，也有商户、摊主，小于从不在群里发理财产品，但是，每周会选择3个商铺，帮助做周边活动，这样不仅让群里客户都享受到了不一样的福利，商户和摊主也收益颇丰。基于这种互利共赢，小于的影响力越来越大，营销产品也更加得心应手。银行人习惯于单向地营销，却往往没有抓住客户的核心需求，商家都希望生意兴隆，如果银行能满足这个愿望，相互合作，相互介绍客户，便能大大增加与客户之间的黏合度。

银行"摆摊"的四大误区

银行摆摊并不是新鲜事，但是怎么摆却大有门道。所以，在行动之前，需要仔细分析，提防摆摊误区，否则就只能是，浩浩荡荡出门去，凄凄惨惨空手归。

第一，摆摊会拉低银行形象吗

如今竞争日益激烈，银行既要将客户"请进来"，也要学会"走出去"。某银行行长要求每位新入职或者新轮岗的理财经理积极外拓，凡到岗第一件事均是出去外拓，发传单也好，刷楼也好，陌拜也罢，总之就是要让自己迅速适应环境，让周边商户迅速认识自己，建立印象。摆摊会拉低银行形象吗？不会，业绩不好才会！

第二，银行的地摊与商户的地摊一样吗

银行摆摊一定要有个摊吗？不一定，银行的地摊仅是概念上的地摊。近日，九台农商行柜员小姐姐跳舞视频火遍网络，抖音粉丝达240万，并引起诸多同行效仿。但是，大家没有注意到的是，她的第一条视频，拍摄于2年前，2年的坚持不懈，才换来如今的红火。火了之后，小姐姐便走出了柜台，业务拓展也更加方便了。可见，银行摆摊卖的不一定是产品，也可以是才艺、积极的工作态度和彩虹般的人生。

第三，银行摆摊一定要进社区吗

各家银行都有过进社区的经历，深知进社区并不容易，除了社区的阻拦，还有业主的反感。通过不断总结经验，我们发现银行摆摊不一定要进社区，如果支行前有比较适合摆摊的空地，比进社区更加能够吸引客户，因为有银行门头标识做背景墙，这样的"地摊"，不仅醒目、可信度高，而且成单率也会提高不少。由此可见，走出去摆地摊，不见得要舍"近"求"远"，利用好自有地，同样可以成效显著。

第四，摆摊声势越大效果越好吗

这个问题的答案同样是否定的。举一个例子，有一天早上，突然听到楼下有人在喊口号，一队身穿健身馆服装的"教练"，手里拿着小旗边走边喊，引起周边很多居民围观，但是真正能拉到的客户却寥寥无几。这样简单粗暴的宣传方式，往往是白费精力，甚至会起到反作用。营销应该是润物细无声的渗透，而不是漫天惊雷的浩大声势。

银行人永远是经济生活中流动的血液，地摊经济来了，你的银行零售业务转型了吗？

银行人怎样写出人人爱看的微信文案

微信已经成为银行人不可或缺的营销阵地，但是什么样的动态客户才喜欢？恐怕大部分银行人都答错了！对于银行人来说，好的文案不需要太多的"炫技"，需要更多的是"用心"和"创意"。一个人人都喜欢看的微信朋友圈，就如同筑巢引凤一样，"巢"筑好了，那么你和客户的故事，也就开始了。

某商业银行零售部要求理财经理晚上 8 点统一转发产品海报；网络金融部要求零售人员晚上 8 点统一转发二维码收单优惠政策；信贷部要求个贷人员晚上 8 点统一转发关于该银行贷款利率 LPR 的相关政策，公司业务部要求……

客户张大叔的微信朋友圈里有该银行的三位理财经理、两位柜员、一位个贷经理，可以想象这天 8 点，张大叔看到微信朋友圈被同一广告刷屏会是怎样的感觉？生硬的产品信息、单调的政策宣导、霸道的强制刷屏，种种行为，都会让客户产生屏蔽的冲动！

尤其是这次新冠疫情期间，银行营销人员无法见到客户，纷纷将工作搬到线上，微信朋友圈更是被轮番轰炸，通过观察银行人的微信朋友圈，如果把微信朋友圈比作是一个"舞台"，银行人的微信动态就是"参赛作品"，每一位客户都是"评委"，千篇一律的"作品"如何才能打动"评委"呢？

银行人发微信营销动态并不是一发了之，与其成为朋友圈的"轰炸机"，不如还朋友圈一片宁静。那么，银行人如何才能写出人人都喜欢的微信营销文案呢？

千篇一律的文案，银行人成了朋友圈的"硬广轰炸机"

银行的工作永远离不开"严谨"两个字，银行人的微信朋友圈似乎也被束缚住了一样，原本朋友圈应该是释放个性的地方，但大部分银行营销人员只会机械地转发行内产品信息，缺乏自主思考和创新意识，导致营销文案千篇一律，毫无新意。客户朋友圈肯定有多家银行的营销人员，有时甚至分不清楚看到的到底是哪家银行的产品。

先来看下面几个案例：

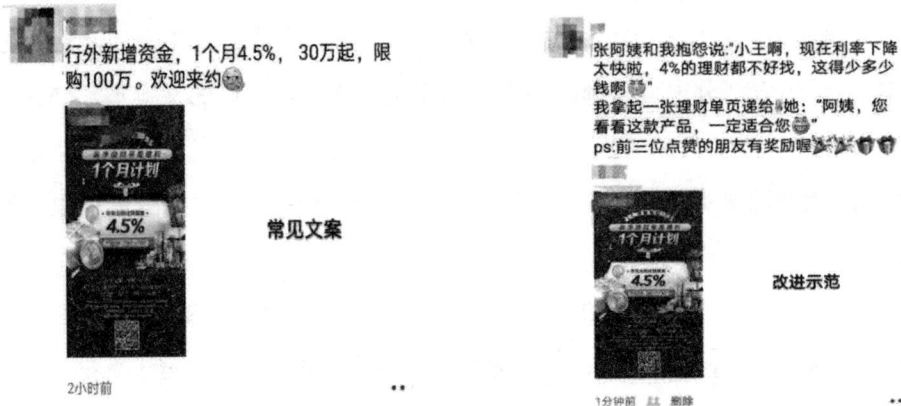

行外新增资金，1个月4.5%，30万起，限购100万。欢迎来约😊

1个月计划
4.5%

常见文案

2小时前

张阿姨和我抱怨说:"小王啊，现在利率下降太快啦，4%的理财都不好找，这得少多少钱啊"
我拿起一张理财单页递给她:"阿姨，您看看这款产品，一定适合您😊"
ps:前三位点赞的朋友有奖励喔😊

1个月计划
4.5%

改进示范

1分钟前 删除

案例一：卖理财不是卖白菜。如图 4-1 所示。

图 4-1　常见文案与改进示范 1

图中第一个常见文案，"某某产品，利息多少，欢迎来购"，典型的银行人微信朋友圈营销风格，犹如在菜市场吆喝："新鲜的大白菜，5 元一颗，快来买啊"。吆喝式营销文案不可要，银行卖的不是几块钱的白菜，而是动辄上百万元的理财，所以，文案要用心编辑，不能随众、随意发送，最重要的还要考虑客户是否容易理解和接受你的文字。

在图 4-2 中，第一个常见文案只是简单罗列产品功能，而提起结构性存款，重点是保证本金，但该文案却没有优先突出这个卖点，反而让这个优势淹没在了文案后段。宣传的产品重点要明确，否则会让客户产生对比和顾虑，图片设计要突出产品特色，利率如果有优势的话，也要将字体调整到醒目的位置。

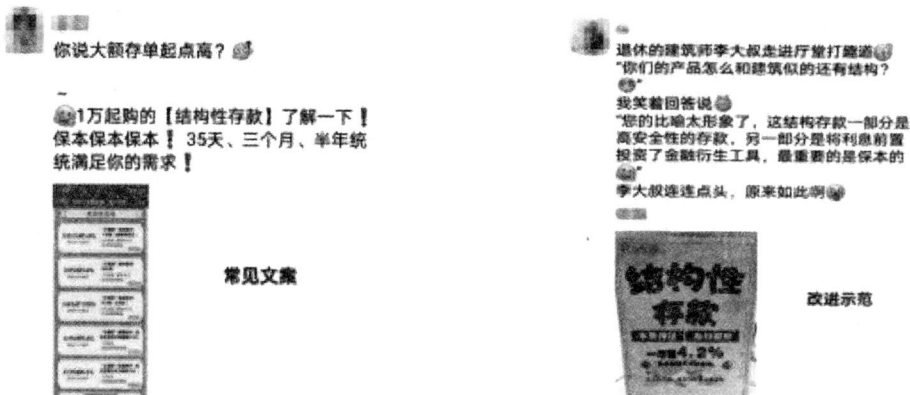

图 4-2 常见文案与改进示范 2

案例二：卖产品要刺激客户痛点。如图 4-3 所示。

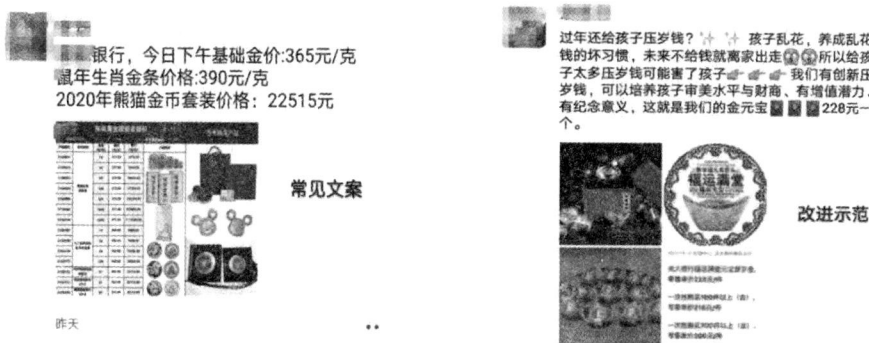

图 4-3 常见文案与改进示范 3

在图 4-3 中，第一个文案将基础金价和银行生肖金条金价放在一条朋友圈，不了解的客户会觉得，银行的金条价格怎么还高呢？反而给人一种银行金条价格并不合适的感觉。所以，银行人卖贵金属不能将客户往价格上引导，而应该瞄准客户痛点，例如每年长辈给的压岁钱，可能会让孩子过于"重利"，而金箔钱币不仅设计美观，还有重要的纪念意义，就很完美地解决了客户担心的问题。

宣传实物产品的时候要注意：没有明确产品能解决客户的某项问题，就不要提价格，通过事物之间的联系，给某件产品赋予某种特殊的意义，那么我们卖的便不是一个简简单单的贵金属产品了。

案例三：朋友圈不是只索取，而是多做服务。如图 4-4 所示。

图 4-4　常见文案与改进示范 4

看到左边的朋友圈，客户会产生种厌烦的情绪，不仅打扰客户，而且不明链接也不一定安全，所以，朋友圈要尽量避免发拉票类的链接。另外，作为银行营销人员，要树立服务客户的意识，只有将服务前置到促单之前，才能最终与客户建立良好的关系。例如，一项解决时需的特殊服务，一份免费新冠肺炎保险，即使客户不需要这项服务，也会觉得这是一家有温度的银行，以后一旦客户有理财的需求，首先想到的便是这家银行。

第一，怎样发朋友圈更吸引客户

微信朋友圈文案排版和内容相当重要，文字排列宽松，可以增强识别度。在信息爆炸的时代，在浏览你的朋友圈之前，客户的大脑应该已经储存了大量的网络信息，对文字的敏感性已经降到了低点。因此，这条朋友圈如果 3~5 秒内，无法让客户理解或者产生兴趣，那么这条朋友圈就会被无视，所以，要用简单容易理解的文字，在最短时间内勾起客户的好奇心和注意力。

比如：

某银行 LPR 推出了，该怎样选择利率模式？

这样的标题如何改进呢？

某银行 LPR 推出了，这样选择利率模式可以省 10 多万元！

我们可以对比这两种文字表达方式，哪一种更吸引人呢？显然是后者，因为，相比于怎样选择利率模式，选择哪种利率模式能省 10 多万元钱，更能引起客户的好奇心，我们把最终省钱的结果展示出来，这样便能立刻抓住客户的眼球。

接下来同大家分享几种常见的文案类型：

一是互动型营销文案。通常营销类的微信朋友圈动态是一种单向的信息传递，由发送动态的人传递给看朋友圈的人，客户一般不会进行主动反应，需要客户经理设计一些小游戏或者"红包雨"的形式，与客户进行互动，这是"活客"的有效手段。优点是能够参与的客户，通常是对该产品感兴趣的客户。比如，偶尔在朋友圈的最后加上第20个、50个、70个点赞的朋友赠送一个小礼物，或者答对某题的前三位可以获赠红包等。

二是讲故事型文案。在人与人的交流中，如果简单地抛出一个观点，听者不一定会立马认可这个观点。用讲故事的方式，使听众置身其中，可以让人迅速产生代入感。另外，故事要以第一人称"我"为视角，这样客户在读故事时，自然而然就把自己带入进去了，故事中情节的展开要引入简短的对话，引出文案的宣传方向，最后将需要营销的产品、服务或者理念抛出，有了上面的铺垫，客户对抛出的东西就比较容易接受了。

三是"蹭热点"型文案。热点事件往往影响较大，受众较多，比如美联储宣布降息，世界范围内各家央行何时采取行动？央妈能否紧跟脚步？因为新冠疫情，全球经济增速放缓，A股市场浮动较大，美股也呈下行趋势，美国"韭菜"也是叫苦不迭。针对以上种种现象，我们就可以设计文案：世界经济增速放缓，利息下行压力加大，××银行三年期大额存单，有效提前锁定收益，××银行，为您的钱包保驾护航。

四是提问式文案。问题范围不仅局限于客户的理财需求，客户的理财需求只是生活需求的一部分，当生活需求被满足后，客户产生理财需要时，自然就想到了你所在的银行。所谓的问题，就是满足客户的生活需要。例如，新冠疫情期间抖音中比较多的内容是：家长为了给孩子写出作业习题，不得不使出各种技能，感觉比上班还心累。银行营销人员可以此为切入点，方案如：新冠疫情期间，打印店关门，您有为孩子抄习题到深夜的烦恼吗？××银行免费为您打印作业，联系方式××××。

编辑微信朋友圈要熟悉技巧，因为微信鼓励原创文字，所以复制粘贴的文字就会被折叠，全篇文字超过七行也会被折叠，客户需要点开"全文"才能看到朋友圈的全部内容，如果呈现的信息不完整，大部分客户是不会点开全部来看你的动态的，正式发表前一定要试发，看看文字设计和图片搭配是否合适。

朋友圈是工作和生活的缩影，不可千篇一律只有工作，还要有生活，在合适的时间发表不同的动态。和工作有关的文章或者产品营销文案，尽量发在周一到周五晚上的 7~10 点，周六周日可以发一些与生活相关的动态，早上发励志的文字和图片效果会好一些，慵懒的早上每个人都需要一针"鸡血"。

第二，情感共鸣有时比产品营销更重要

银行的营销工作，除了产品有吸引力外，营销人员与客户间，归根结底是人与人之间的交往，人是有感情的动物，如果客户在情感上对银行营销人员认可，那么自然比较容易展开接下来的营销工作。因此除了产品的引流之外，情感的引流也同样重要，以营销人员与客户的日常接触为切入点，附加温情的个人感触，一个小的细节，也可以引起广泛的共鸣。

特殊时间节点，比如春节，对于一些相对重要的客户，总是要单独发祝福的话语，这时可以采用私人订制版的"致客户的一封信"，写一写与客户发生的点滴小事，以及你的感受等，以这样的形式，客户会更加感受到营销人员温暖的心意。

日常与客户接触发生的事情，是最能展现我们作为银行人温情的时刻。

2015 年，还是银行"小白"的我，成功地为一位客户配置了重疾保险，今天，这位客户在成功理赔后给我打了电话，说"谢谢你，幸亏有这份保单，不然我真的没钱治病"，我回答说："这是我应该做的，为客户规避风险，是作为银行人的职责，能为您解决问题，我也觉得非常开心"。

巧用微信文案编辑四类工具

提起"文案编辑"四个字，很多人都会有一种高大上的感觉，文案编辑的过程可谓让每一个文字工作者煞费苦心。当我们看到别人好的文案时，会羡慕对方神奇的脑洞和深厚的文字功底。其实对于银行人来说，编辑出好的文案并不难，我们发现大部分好的文案，都不一定需要有多么高的文化素养，但一定具备通俗易懂的特质，能够挂在嘴上的文案，才具有广泛传播的能力。所以说，编辑微信文案不是写在纸上的，而是挂在嘴上的。微信文案编辑更不能闭门造车，除了掌握技巧之外，还要多学习和积累广告素材，灵活使用文案和图片编辑工具，只有这样才能越来越轻松地写出好的微信营销文案。

对于银行人来说，好的文案不需要太多的"炫技"，更多需要的是"用心"和"创意"。让人容易理解的简单文字是基础，具体的数字和案例可以增加可信度，惊喜而有趣的表现方式可吸引客户的注意，生活化的故事可以获得客户的情感认同。一个人人都喜欢看的微信朋友圈，就如同筑巢引凤一样，"巢"筑好了，那么你和客户的故事，也就开始了。

一个理财经理的十年定投之约

尊敬的各位客户：

小栗诚挚邀请您，与我们一起开启一段基金定投十年之约！

让我们共同开启一段投资增值之旅，让我们一起经历风雨，度过艰难，收获财富！

定投十年是什么感受？

坚持基金定投十年，资产能不能翻一倍？

真实数据告诉您，不要惊讶不要怀疑，坚持的力量超乎您的想象！

我们选择了 2 只长期管理业绩优异的基金（不选爆款，不选冠军，不选明星），做了真实数据测算，假设从 2011 年 1 月 10 日开始定投，至 2021 年 1 月 7 日截止，每月定投 1 万元，连续 120 个月，本金 120 万元，坚持十年后，您的回报是：

没错，就是 400 万元 +！1 万元和 400 万元之间，只差 10 年的不离不弃。

无须择时，不用操心，只需开始和坚持，奇迹自此发生！

所以我们在此建议：

我们一起，开启这段基金定投之旅，相互监督，相互鼓励，共赴收获季节！

十年之后，我们不只是朋友。

过去十年间，股票市场经历了差不多 2 轮较大级别的盈利行情，但更多时候，是各种的腥风血雨和喋喋不休，在这种折磨人的行情里，唯有基金定投，是保持持续盈利的利器。

坚持定投一定胜利，但坚持并没有那么容易。

首先，也是最重要的，就是不要中断！

人性总是容易被市场利用，所以定投过程中，我们也可能被一时的亏损折磨，甚至选择放弃。定投就是人生，最想要放弃的时候再坚持一下，下一秒就是光明的开始。

其次，是要禁得住诱惑！

在到达 200% 的路上，您会经历无数次 10%、20% 甚至 50%，每一个收益率都足够让您看上去很满意，或者在这个收益因为后续市场波动而缩水的时候您也一定会有短暂的遗憾，不经历这些收益的诱惑，您也不会到达 10 年后的 200% 奇迹，经得住诱惑，才能到达真正的终点。

定投如人生，如果在短暂的美好之前逡巡不前，就必将错过真正的绚烂。

最后，一定要选好基金标的。

上涨的市场里没有坏基金，下跌的市场里没有好产品。但是，吹尽黄沙始见金，一时的辉煌并不一定是长久的幸福，只有稳妥而不慕虚名的基金经理，才能带给您持续稳定的盈利！定投不要投哪个行业，也不要选哪个爆款，更不要迷信身边谁的短期收益。恐龙再强悍，也活不过白垩纪，蜥蜴很卑微，却坚强存活了几亿年。所以，我们最好还是选择那些，追求长期价值投资的老基金经理的老基金。

定投建议标的（以下仅为个人建议，收益归己，风险自担）：

某某价值精选（代码）：这只基金就是这样，人家涨他也涨但不如人家涨的多，人家跌他好像也没少跌，但时间久了，就是别的基金好一点，像极了环法赛场的阿姆斯特朗，很少拿赛段冠军，但比着比着就穿上黄色领骑衫了，稳定和均衡，是很难得的优秀。有些人说不出哪里好，但就是谁都替代不了。

某某中小盘（代码）：这只不用多说了吧，一个把茅台从 80 块钱拿到现在的人，最懂得什么是坚持。

某某成长混合（代码）：借用一句渠道朋友的话："只要这个基金经理还在，我就不卖出，职业生涯平均年化投资回报 20%，我不把钱给他管给谁？"

某某行业成长混合（代码）：坚持很重要，坚定很重要，产品也很重要，但这些都重要也都不重要，因为"开始"永远最重要，毕竟，出来打球最重要的事情，永远是"出来"。

开启一段十年定投之旅，只需要您一次决定，和 120 次的坚持。无畏风雨，一起走到，让我们伴您一起，定下希望，投出未来！

关于定投您需要知道的五件事情：第一件事，开始的点位不重要，重要的是开始；第二件事，回撤不可怕，可怕的是撤回；第三件事，结束不重要，重要的是结束的点位；第四件事，及时止盈，但不要离场；第五件事，定投很好，优选标的更佳。

以上投资基金不构成投资建议，基金有风险，投资需谨慎，仅供参考。

（某国有银行理财经理 小栗）

银行旺季营销该怎样搞活动、做裂变

一年一度的"开门红"是各家银行的例行"盛宴"，然而，营销费用花了不少，业绩能够真正"红"起来的银行，却没有几家，对于大部分银行来说，开门没"红"不说，投入见不到产出，反而变"黑"了。

当业绩不飘红，银行"开门红"也逐渐失去了原本的意义，更多的银行把"开门红"形式化，于是，市场上大多数银行"开门红"，便充斥着"买理财送色拉油"式的促销活动，每每听到银行理财经理电话里说："先生，我们新进 5 万元存款，送 10 元立减金呦"，都会让人感到十分无奈。

营销活动是"开门红"提升业绩的载体，活动搞不好，业绩当然红不了。随着银行客户不断的"进化"，促销活动不仅无法抓住客户，而且现在的客户会觉得"这是银行应该送我的"。促销活动虽然是所有销售行业的基础活动，但是，银行想要取得业绩开门红，就要把活动搞"活"，与以往不同的是，现在线上线下活动方式五花八门，那么，银行该怎样结合自身客户情况，举办相应的活动来取得"开门红"呢?

线上"开门红"活动客户如何裂变?

从互联网到移动互联网，线上活动形式丰富多彩，春节扫福字、抢红包，是互联网的"开门红"；银行线上"开门红"活动也是层出不穷，但是，毕竟银行办活动目的并不是卖米面油，取得骄人业绩的同时，也暴露出线上活动看似热闹，却始终无法摆脱数据报喜、业绩报忧的尴尬局面。

银行是否需要赶上社群营销末班车？

微信群营销的最高点应该是 2017 年的时候，在这一年，出现了很多主要基于微信群营销模式的优秀运营模式，例如，"薄荷阅读"（在微信群里读书打卡）、"宝宝玩英语"（宝妈在微信群里教宝宝学英语打卡）。当年微信群的火热，催生出很多销售性质的微信群，例如，"英语流利说"的低价付费微信群转化高价付费课程，在引流方面有海报裂变，通过一个带二维码的手机海报，扫二维码加入微信群，才能继续获取相应权益。

通过借鉴其他行业微信群营销的方式，我们可以看出，与手机银行及搭建在其他 APP 上的银行活动相比，社群是掌握在支行手里实打实的客户，当这些客户聚集在一个群内的时候，微信群便成了线下与线上的结点，银行可以利用自己掌握更多信息的优势来储存客户。

把营销客户变成养客户。有很多案例表明，银行一季度"开门红"取得不错业绩的，往往是去年四季度把储存客户做大的，比如，目前利用保险课程储存客户的"蜗牛保险医院""小帮规划""多保鱼"等，他们就是用免费的群课吸引对保险感兴趣的人，加到微信群里给他们免费上课，在这个微信群里上完课之后，这个群也不会解散，保险是具有多功能价值的金融产品，客户今天不需要，不代表明天不需要，等客户需要的时候，便会主动来找你了。银行的社群营销也是同样道理。

银行如何利用"团购"实现客户裂变？

社区团购群是近两年比较火的营销形式，电视剧《三十而已》也出现了相似的情节。社群团购营销以团长为核心，一个社区团购群是否活跃，跟团长密切相关，有的团长能搞好邻里关系，在群里不仅是一个卖货的角色，更是一个知心邻居的角色。银行在社群经营中应该充当"团长"角色，年末便可以为"开门红"蓄力。

江浙地区某城商行发挥本地客户信赖、产品设计及决策时间短的优势，为实现"开门红"建立了多个微信团购群，发行新产品时，给老带新的客户双重优惠利率。"拼团理财"并不是几个客户资金放在一起共同买理财，而是分别以个人资金账户购买，例如客户自己投资该产品，年化利率是 3.8%，当以老带新两个人买这个产品时，两人便可以在自己的投资账户内享受 3.82% 的利率，看似银行付出了更多的利息，实则 0.02% 的年化利息比大多数银行获客成本低很多。该城商行成立时间较长，遭遇发展瓶颈期，但是以如此"团购"的方式迅速打开了市场，微信社群短时间内得以实现"裂变"，零售存款也实现了翻番，实现了真正意义上的"开门红"。

借鉴"拼多多"团购的形式，银行理财的"拼团"活动，不仅能够获客，而且以"让利客户"的方式，更容易获得客户的认可，把客户变成"理财经理助理"，也更好地规避了"买理财送鸡蛋"这种既违规又不实用的方式。"拼团理财"的根本是以裂变的方式获客，也是目前银行社群裂变营销最有效的拓展渠道。相对于以往为了建群而建群，即在建群的时候就没有想清楚对应策略，往往是一群客户被拉到群里，整个群没有核心节点，最终只会沦为"答疑群"和"僵尸群"。

线下活动如何活客助力开门红？

大多数银行"开门红"活动的通病是，线上活动内容薄弱，线下活动形式单一，除了插花茶艺、果蔬采摘、财富讲座，看似别无他选，实则门道很多。以上活动并非不好，不过多是维护和营销客户的手段，没有能够获取新客户的渠道，银行"开门红"症结并不在维护老客户，而是拓展新客户。老客户维护贯穿银行营销工作始终，但是，拓展新客户才能更快实现"开门红"。

第一，户外活动有妙招

银行员工外出发传单、扫楼，早已屡见不鲜，人力、财力没少浪费，效果却是微乎其微，产品没有达到宣传效果，客户也无法获取联系方式，如此"外拓"自然成了"鸡肋"。然而，青岛市某银行一位理财经理独特的外拓方法，不仅能够获取客户联系方式，而且客户为了加他微信，即使排起了长龙也十分开心，其中有什么秘密呢？

案例：

青岛市某银行理财经理小王，每次外出发传单，要么被城管狂撵，要么被太阳暴晒，累到腿断，也跑不出业绩。这天晚上，他坐在五四广场长椅上，为了业绩而苦闷发呆，这时，远处阵阵笑声打断了他沉闷的思绪，走近一看，原来是有人摆摊"套圈"，套圈人、围观人欢呼雀跃的场景让他茅塞顿开，与其给路人强行塞传单，不如来场"加微信可以免费套圈"的摆摊，既省力气，效果又好。从此之后，小王经理像小商贩一样，在广场上采取加微信免费玩套圈游戏，在幼儿园前家长加微信免费领气球，在小区周边加微信可以免费领棉花糖。很快，小王成本没花多少钱，但是微信好友暴增，微信群也成立无数，小王再也不担心业绩了。

银行活动"高端"，低、中、高端礼品库存无数，谁曾想棉花糖、气球、玩具却成了获客的抢手货！客户微信要到了，业绩自然也就来了。

第二，厅堂活动不能少

厅堂微沙龙早已不是某家银行的专利，但是，你的银行坚持做了多久？大多数银行的答案应该是"没几天"吧！厅堂活动看似简单，想要取得客的户好感却十分困难，想要利用厅堂活动来促进开门红更是难上加难。

传统厅堂营销以微沙龙、送礼品、产品宣传为主，不仅客户早已麻木，银行员工也是应付了事，厅堂作为银行物理网点的核心，做好厅堂活动是实现"开门红"最直接的方法。

银行"开门红"期间正是我国传统春节时期，春节前后都是厅堂客户流量最多的季节，如果能够营造出你争我抢购买银行理财的场景，便会吸引到更多客户关注，比如设计一款春节特别款理财，募集期前3天购买利率4.5%，第4到8天购买利率4.3%，以此类推，逐日递减，配合厅堂人员的紧张宣传，通过限时抢购，无论是邀约来的还是自然前来的客户，都会产生一种类似"焦虑"的情绪，如此"开门红"便抢占先机了。

"开门红"不是硬邦邦、冷冰冰的业绩匡算，让客户感受到情感共鸣，才会取得共同的"开门红"。日常与客户接触发生的事情，是最能展现我们作为银行人温情的时刻，也是让客户距离我们最近的时刻。

银行"开门红"，取一年之计在于春之意，以期耕耘一季，全年丰收，传统活动也好，创新活动也罢，以活动为种子，收获全年红！

如何破解客户营销的"三大难题"

网点没有人注意？客户对礼品不满意？营销话术效果不尽如人意？针对这些营销过程中碰到的常见问题，我们该如何解决？本文作者列举大量实际案例，帮你逐一解答。

大部分银行理财经理都觉得现在营销工作越来越难做，新客户进门的越来越少，流失的客户却越来越多；客户要求越来越多，带来的效益却越来越少。大部分银行的内控，更多注重的是对各项指标的考核，分流率、产品加载率等各项指标层出不穷。但是，客户反馈的信息，似乎并没有因为指标的增多而变好，当下银行人对这样的局面普遍感到头疼不已。

那么针对这些问题，理财经理该如何应对呢？本文从银行网点宣传、礼品维护、营销话术三个方面来进行解答。

银行网点宣传如何才能吸引客户？

先来看一个案例：

奥帆中心是青岛市有名的景点，不论旅游旺季还是淡季，游客总是络绎不绝，附近的燕儿岛路上，并排开着多家银行，因为按照城管和银保监会的要求，一律不准外挂电子屏做宣传，所以，每当夜晚降临，这一条街的银行网点灯光昏暗，与白天客户来往和周边灯光绚烂的景象形成强烈反差。

在这种情况下，某银行行长想出了办法："监管不允许外挂电子广告屏，却没有说不让在屋内播放啊。"于是，每晚这家支行便利用行内的电视大屏幕以及荧光广告板，在屋内循环播放行内产品，晚上来奥帆中心遛弯的市民，发现一排乌黑的银行网点中这家支行屋内的电子板清晰可见，不少客户第二天便走进了银行的大门。如此已经半年过去，来网点的客户数明显增加。谁曾想这样一个"小"改变，便有如此"大"效果，从夜晚降临到午夜来临，其他银行漆黑的店面，均成了这家支行的陪衬。正所谓，只要思想不滑坡，办法总比困难多。

第一，点亮你的支行，LED 屏你用对了吗

青岛某股份制银行 LED 屏幕上，整晚滚动播出如下一行大字：反洗钱、反假币、反金融诈骗。行内电视屏幕上整天播放炒外汇骗局，然后每天还在加班讨论网点宣传该如何搞上去。对企业文化的宣传和公益宣传当然不能少，但是，作为股份制银行，盈利目的也同样不能忘。当我们每天寄希望于新颖的宣传手段的时候，却把行内配置的资源浪费了，大部分银行对 LED 屏的利用，要么是荒废了，要么是不会用。

从某家银行门口路过时，看到屏幕上赫然的大红字："要理财，找 ××，高收益理财等着您，目前在售理财产品有……"，看到这已经过去了 5 分钟，可是从门口走过，仅需要不到 10 秒，可想而知客户怎能有耐心看下去呢？当然，有的慢如乌龟，也有的快似开跑车，某些自助设备亭的屏幕短，但是播放速度快，一行字一闪而过，不是近视眼也一样看不清，更别提老年人了。除了 LED 屏幕上字的大小与速度之外，内容也要勤更新，多少银行网点仍然挂着已经下架的产品，客户若是问，会是怎样的体验呢？

第二，想要洗脑？小喇叭效果好

青岛台东步行街是一条繁华的商业街，各种大小的商店、小吃店、服装店、网红店林立，街上人来人往，叫卖声此起彼伏，某银行也在这条街上开了一家社区支行，网点面积只有不到三十平方米，刚开业的时候，处在喧闹的街市，根本没有人注意到这家银行，因为店面门头太小，甚至一度被认为只是间自助提款机。

很快，这家社区支行的员工便想出一个办法，学习对面的 2 元店，支起了小喇叭，专门录制音频后，便每天在门口循环播放，每天"某某银行社区支行，您身边的理财银行，全市一流理财团队为您……""某某社区支行回馈新老客户，开展 ×× 活动……"，没多久，来来往往的行人和周边商户，就都知道这家社区支行了，对他们的产品与活动都烂熟于心。

在寸土寸金的商业街，这家社区支行充分地发挥了商业街热闹的优势，以最接地气的方式融入闹市当中，也就自然地取得了人们的注意与认可。

用礼品维护客户的正确方式，你做对了吗？

如果遇到了只为礼品的客户，应该怎样应对？在日常营销工作中，我们会不时碰到这样的客户，开卡时便问你有没有礼物？买产品时问你有什么礼物？送了礼物问你还有没有其他礼物？然而，拿了礼物没多久，却因为其他银行的礼物，而将资金转到了隔壁，这样的客户黏性低，资金量却不小，这种情况我们需要怎样应对呢？

第一，"小礼物"撬动"大客户"

李阿姨是住在支行附近的老客户，因为不经常来银行，支行理财经理对她并不熟悉。这天，李阿姨来到银行取钱，看到大厅里堆积的礼品眼里发光，抓住来往的工作人员便问要怎样才能得到这些礼品，起初大堂经理并没有注意这位阿姨，理财经理小王送别的客户回来时看见李阿姨，虽然不是他的客户，但是小王还是留了李阿姨的联系方式，并和她说，如果能把认识的朋友介绍过来，她和她的朋友都可以得到礼物。李阿姨没说什么便走了，小王没有在意。

谁也没料到，李阿姨当天下午便介绍了几位客户过来，几天下来，便新增了 3000 万元的拆迁款，李阿姨的事情在小区周围不胫而走，之后，杨阿姨、李大叔便都成了支行的客户。

只要礼品的客户，才是比较容易维护的客户。

第二，客户总是对礼品不满意

经常看到这样的情景，给客户送生日礼品，礼品摆了一地，让客户随便挑，可是客户挑来挑去，都不是很满意，挑剔再三后，才勉强做了决定，礼物送了，但谈不上满意，最终想要增强客户黏度，结果却是差强人意。

为什么会出现这样的情况呢？原因很简单，给客户的选择太多了，而且银行礼品本身精致，每次送下来，便提高了客户的预期。于是，有心的理财经理小王便将客户领取礼品的明细列出来，并明文给客户看，什么样的等级就领什么礼品，但是，每一级别的礼品都降了一级的标准，有的客户看了不满意，理财经理小王假装慷慨，"那就给您升一级，您是老客户，给您更好的礼品，您先拿着，等过后我给您做个申请，应该没问题！"三言两语，成功俘获了客户的心。

没有最好的礼品，只有更好的礼品，才能满足客户的预期。客户拿到的礼物可能并没有区别，但是却满意而归，除此之外，也更好地解决了客户选择礼品时的纠结。

营销话术你真的会说吗？

每个人都是一扇由内向外开启的大门，什么意思呢？就是人与人沟通，只能从里边往外开，无法从外边往里推。而我们现在与客户沟通和交流，大多数是鸡同鸭讲，客户怎么想没关系，我都要把知道的表达给他。

在与客户的沟通过程中，我们的目的是什么？当然是挖掘并满足客户的需求。然而在现实的营销过程中，有很多人把营销过程变成了辩论，希望说服对方，往往在这时，客户无法认同理财经理的讲述和理念，而与客户争长短时，也正在失去客户。营销不是强烈的硬碰硬，而是用专业和技巧让客户认同。每个人都会拒绝别人，这是人的一种本能，但是，每个人都无法拒绝自己，这便是人性。所以在销售的过程当中，最佳沟通方式是引导客户，让对方基于自我的思考来认可你的观点。

第一，有道理不等于有吸引力

大多数理财经理的销售方式属于讲道理告知型，但是，告知不等于销售，讲的有道理不等于客户感兴趣，当理财经理采用这种方式时，可能存在如下风险：

首先，客户是这方面的高手，理财经理不如客户专业；其次，客户不能听得懂理财经理讲的事情，大部分客户并不懂专业术语，因此理解起来可能存在一定的偏差；再次，即使客户能听懂但难以接受，这种方式会让客户觉得自己像小学生一样被别人教育了。因此这种方式并不可取。

第二，客户顾虑巧应对

有一类客户，对某产品很感兴趣，但是在购买产品的时候却又十分犹豫，这类客户的想法可能是要充分利用每一分钱。因此，他们会对比很多家银行的产品之后再做决定，并且往往需要很长一段时间才能下定决心购买某种产品。在这种情况下，理财经理如果说产品怎样好，收益多么高，客户大概率仍然不会买，根本原因是他对于这件事情没有把握和信心。

客户张阿姨已经快 60 岁了，对于保险不懂，但就是觉得保险产品不吉利，认为保险是招来灾祸的根源，乍一听虽然有些可笑，但是，生活中这一类客户确实不少。

理财经理小王是这样对张阿姨说的："您的心情我非常理解，同时假如您乘坐汽车，您觉得是有安全带的车吉利，还是没有安全带的车吉利呢？"为了避免聪明的客户觉得陷入了圈套里，小王没等张阿姨回答，便继续讲道："我觉得有安全带的车更吉利，因为多了一层保护，便多了一分安全，您说是吧。"张阿姨点了点头。在与客户沟通中，有些话不必让客户亲自说出口，能让客户点头，便是积极的信号。随后小王继续说："之前您说过，您信佛常去湛山寺上香，客户在我这买的保险，我都是到湛山寺开过光的，所以我卖的保险不仅是'安全带'，也是'护身符'啊，佛祖保佑您的家人，保险公司负责出钱，这样才是吉利，您说对吧？"

至此，张阿姨的心结打开了，接下来促单便水到渠成。如果小王经理在这单保险销售的过程中，硬要与张阿姨辩论，保险与吉利不吉利没有关系，那是封建迷信，便没有后面的成单了。

第三，会提问题，善于掌握主导权

在营销中，会提问的人，才能掌握对话的主动权。好的问题往往能直接命中客户的要害，抛给客户问题，便是给接下来的营销奠定基础。

李女士今年 50 岁，离异再婚，与前夫育有一女，24 岁在澳洲留学。现任丈夫是做生意的，与李女士育有一子，今年 8 岁。李女士自有资产千万元，有一亲哥哥残疾，李女士每月给嫂子 6000 月元生活费，李女士母亲尚在，但身体不好，一直靠嫂子照顾。

基于上面的案例，理财经理一定有很多产品等着向李女士介绍，但是如果上来便介绍产品，不免会落到告知不等于销售的误区中去，此时，客户需要的不是产品，而是对于自身风险的认知，理财经理需要的不是营销产品，而是对营销的铺垫。向客户柔和地提出如下问题，并写在白纸上：

第一个问题：女儿嫁人之后，您希望给女儿多少财富，归属她一人，还是属于他们夫妻共同所有？

第二个问题：儿子 24 岁的时候，您的年龄多大？您赚的钱越来越少，不足以支撑儿子未来的生活怎么办？

第三个问题：您现在供养母亲和大哥，能坚持多久？

经过这 3 个问题的铺垫，李女士对于自己的现状有了新的认识，李女士对这 3 个问题可能有答案，也可没能没有答案，没有关系，走的时候把问题纸留给她，让她过后再做思考，铺垫的效果可能会更好。

网点营销说难也难，选址、装修、人员培训等，无一不是难题；说简单也简单，天道酬勤，无非勤劳的四肢，勤奋的头脑。营销中的每个难题都如同大山，看似难以逾越，其实翻过去就在一念之间。

银行怎样走出线上营销的四个误区

多数银行人在新冠疫情期间的日常是，除了防范之外，更多的是客户因为新冠疫情原因不能出门了，厅堂营销和外拓营销都无法开展，增存任务怎样完成？理财到期客户是否会被别的银行挖转？新冠疫情加快了线上业务的发展，那么，银行怎样开展线上营销和客户维护才能避免走入误区，才能立竿见影，尽快见效呢？

误区一：线上业务就是通过网银卖理财吗？

为了布局线上，各家银行纷纷在网银等线上销售上下功夫，几乎所有的银行都通过公众号、网上银行、手机银行等途径推出了理财快捷购买方式，但是，最终效果真的有想象的那样好吗？

客户王大爷的理财产品在大年初十到期了，从微信上看了理财经理在朋友圈分享的理财购买链接后，结果摆弄好长时间，又打了三个电话才弄懂怎样进入购买页面，可是当要选择产品的时候，面对如天书般复杂的产品说明书，王大爷看完吓得不敢买了。

面对这种情况该怎么办呢？归根结底，客户购买理财产品并不是买萝卜，对于少则几万元多则上百万元的投资，很多客户对线上购买模式本身不太放心，而仅仅想要靠一纸产品说明书，让客户立马购买是很困难的。因此，这次新冠疫情不单单是考验各家银行的线上产品的方便性和丰富性，更多的还是要考验理财经理针对客户线上产品的延伸服务。卖产品不是一推了之，而是要求理财经理根据每个客户的情况，推荐适合的产品。

网上银行只是一个线上购买产品的介质，而不是营销的全部。

线上理财销售小技巧：

一是因人而异巧施策。新冠疫情发生之后，受影响的客户多数是对手机操作不太在行的老年人，因此银行应当对本行未开通网上银行等线上渠道的客户做出梳理，包括客户的基本信息、教育背景、购买产品的到期情况等，有针对性地制定出本行产品的线上销售和承接方案。

二是微信沟通是关键。从目前银行情况来看，基于电脑的网上银行业务逐渐在向以手机为主的移动客户端转变，而微信又成为银行移动终端促成和交易的主要媒介，所以应当让银行员工责任到人，主动对尚未添加微信的中老年客户添加微信，以微信带动和促进线上产品的销售。

三是操作流程要简单。线上营销虽然不能实现手把手，但一定要将手机银行、网上银行的操作流程以具象化的方式发给客户，能用流程图片别用文字表述，能用短视频方式别用流程图片。通过目前比较流行的抖音、快手等软件把线上操作流程录成简单、有趣的小短片，客户可以用最短的时间学会并掌握线上操作技巧。

四是"售后"服务要做好。新冠疫情期间，客户通过线上购买的产品，理财人员要做好记录，将收集到的具体信息纳入客户画像表格中。等新冠疫情过去后，要通知客户到网点打印产品合同和产品说明书。完备的售后服务不仅可以赢得客户信任，还可以为下一次营销开一个好头。

误区二：线上业务做得越多，客户黏性会越高吗？

各家银行对线上业务的重视程度可谓空前，不断在研发产品、优化流程、加大宣传力度，大有取代线下之势。线下业务向线上转移一定是银行业务发展的趋势，但也有专家预言：当所有的客户都通过线上办理各种日常业务的时候，银行营销人员也就没有存在的必要了。人是一切核心竞争力的奠基石，依靠人的线下营销模式永远也不会被取代。

开展线上业务的同时，一定不要忽视线下工作的开展，人性化的服务体验依然是大多数客户的首选。电子化、智能化只是提高服务效率的工具，如果一味地去大量发展线上业务，而忽视了线下维护，那么客户的忠诚度就会降低，最终导致客户不断流失。

尽管线上业务渠道不断开发，但线下物理网点带给客户的安全感、人性化服务仍然是不可替代的。所以，线上和线下相结合，才能增加客户的黏性。

线上理财销售小技巧：

一是线上服务并非人人都适合。目前线上比较活跃的客户群体年龄普遍在 60 岁以下，对于习惯互联网营销的青年人和中年人，可以根据其职业等属性展开线上营销和维护，而针对年龄偏大、比较保守的客户，新冠疫情期间还是应当在确保人身安全的前提下，建议客户到网点现场办理或提供上门服务。

二是不同的产品适合不同的渠道。根据产品的不同，比如保险销售、纯净值产品、信托等容易引起争议的产品，在无法全面揭示产品风险的前提下，为了确保客户和银行的自身权益，还是建议到线下购买，不要为了一时方便，而忽视了产品争议带来的投诉等舆情影响。

三是线上做引流，线下做成交。线上营销和维护客户，本质目的是为客户提供方便，但是如果单纯做线上，忽视了通过线上与线下的互动，则必然是线上引流容易，线上被别人引流也容易，因此新冠疫情之后，银行依然要持续做好线下的客户交流，相互融合，相得益彰。

误区三：线上营销天天微信刷屏就一定有效果吗?

客户不来网点办理业务，为了做好营销和客户维护，某商业银行规定，所有人员每天晚上 8 点，必须全部准时转发部门统一制作的微信产品信息：今天是电子银行部要求转发的"手机银行购买理财的操作流程"，明天是零售部要求转发的"春节特别款理财的电子宣传单"，后天是信用卡部要求转发的"10元洗车大优惠"等，从以前的短信"地毯式"轰炸，到现在的微信朋友圈轮番轰炸。但是，很多银行人恰恰忘了一个简单的道理：谁会抽出宝贵的时间看你应接不暇的广告呢？

朋友圈也是公共场所，在朋友圈转发营销推送，就和在公共场所发"传单"一样，是要被城管驱逐的。那么，如何才能做到优雅地将"传单"递到客户的手里呢？

线上理财销售小技巧：

一是朋友圈广告一天发几条合适。一般情况下，广告类的朋友圈信息每天不能超过一条，否则很多人就会启用朋友圈的一个功能"不看他的朋友圈"。

二是朋友圈要学会分类。微信作为营销人员的线上名片，除了干净清爽、带有一定职业气息的头像等要素之外，首先，要根据掌握的客户资产信息，将客户进行标签分类，分为潜力客户、优质客户、财富客户、私行客户等几种类型，这样既可以分类营销维护，又能做到精准触达；其次，要针对每个客户类别投资偏好不同，分别推送对应的产品类型，尽量提高客户感兴趣的概率。

三是发产品的时间要选好。在推送时间上的选择也很重要。惬意的周末、万恶的星期一、慵懒的星期五最好不要打扰；清晨刚刚睁开睡意蒙眬的双眼，客户一定不希望看到营销的信息；星期二、三、四的午休时间是刷朋友圈的高峰期，下午下班到睡觉之前也是摄入互联网信息的高峰期。

四是文案的编辑要新颖有趣，或者富有积极的正能量，适度地蹭热点也是一个不错的选择。日常的积累很重要，具体的可以参考杜蕾斯的借势营销，以及各大车企的营销文案逻辑，甚至可以在网上搜索相关的段子进行改编。

五是学会维护自己的朋友圈。如果朋友圈中只有千篇一律的营销推送，单调的朋友圈动态也会黯然失色。要让客户看到银行的营销人员也是血肉鲜明的"人"，这样才不会让客户对你有距离感，只有与客户相互融入生活、成为朋友，才能够赢得客户的充分信任。例如发一些生活照、做一些脑筋急转弯、第几个点赞的送小礼品、点多少赞做一些游戏等。

六是打造个人品牌。人品永远是产品的灵魂，会思考的人才会创造价值。在自媒体时代，网络轻资产是人人可以触摸到的，例如建立一个自己的公众号，当客户通过各种渠道看到你的文字时，长此以往就会对你产生信任，自然而然地就会认为你所推荐的产品是有温度的。

误区四：线上营销真的满足了客户的需求吗？

新冠疫情来了，虽然各行业都有所限制，但是丝毫没有影响客户小张的线上购物体验，他在某东上与客服交流了之后，订购了一本书，第二天就送到了。

"我不要你觉得，我要我觉得"，这应该是某年央视春晚比较火的梗了，也在广大网友中产生了共鸣，但是，反观银行业，可能并没有关注到"客户觉得"的重要性。各家银行线上布局的主要武器就是手机银行和网上银行，那么同样是一款移动客户端，除了功能以外，手机银行与淘宝等 APP 有着怎样的差别，为什么淘宝可以完全实现线上营销呢？其中一个重要的区别就在于，点开淘宝的任何一款产品，都会自动弹出一个对话框，不论是机器人客服还是人工客户，都会解答客户对于产品的所有疑问。那么手机银行呢？恐怕没有一家银行开发出了这项功能。只是靠着单纯的功能和产品的罗列，是无法满足线上营销和维护客户需求的，缺少至关重要的双方交互，却还要一味推行线上营销，是无法达到预期效果的。

这次新冠疫情之后，银行客户的需求日益增多，手机银行的线上功能无法满足其日益增长的个性化需求。那么，通过怎样的改变，才能让"客户觉得"这家银行的线上服务真的好呢？

线上理财小技巧：

一是银行营销人员要做好"在线客服"工作。虽然银行有运营部门作为支撑，但是营销人员作为银行在客户心目中的代表，其专业化程度直接影响着客户的评分。因此，银行营销人员不仅要了解产品的全貌和根源，还要熟悉整个银行体系及系统的操作流程，能够及时做到客户有问必答，有疑必解。

二是增加线上客户端的交互。新冠疫情期间，手机银行之所以无法像淘宝一样有效促单，是因为手机银行缺失了营销人员与客户必要的交互，使得手机银行只能作为工具，无法成为双向交流的载体，其推广只是停留在线下地推阶段，而少有客户主动去下载使用。营销人员与客户也只是把手机银行当作支付结算和购买产品的工具。而手机银行的功能设置，完全可以不止于此，增加客户与营销人员交流功能，可以使手机银行在营销人员与客户中间搭建一座沟通的桥梁，及时解决客户的疑问，使得线上促单成为极大的可能。

三是"评论区"功能助营销。手机银行作为一款移动客户端，必然要追求客户流量，像淘宝一样开发"评论区"功能，可以有效增加客户间的交流。对此可能有的人会说，如果有"差评"甚至是恶意"差评"怎么办？投诉必然是少数，对于任何一个投诉，银行都会尽力去解释和解决，妥善地处理，及时地回复，有助于银行及时发现客户体验中的问题，展示银行专业与负责的形象。

四是线上增值服务提升客户体验。客户虽然因为新冠疫情禁足在家，面对外面未知的感染风险，很多业务需求却仍然要去解决。对于日常业务，社保、增值税发票等业务的线上电子化是迫在眉睫。同时，对于理财客户，越来越多的客户不仅仅有财产保值增值的需求，对于税法、继承法、婚姻法等方面的需求都有所增加，与此相关的线上化专家服务也成为银行提高竞争力，打造个性化营销品牌的方向。

客户李女士，私营企业主，55岁未婚，无子女。青岛某银行理财经理小孙通过偶然的机会结识了李女士，并添加了微信。最初，李女士在这家银行的资金并不多，不过平常也会有二三十万元放在活期，小孙便开始留意李女士了。通过业务上不断接触，李女士知道了该行提供法律咨询业务，便与小孙联系，希望可以多了解些遗产继承方面的事情。遗憾的是行内提供法律咨询的同事专业能力不足，无法满足客户需求，李女士的不满情绪难以抑制。面对行内资源匮乏，小孙没有放弃，他积极委托身边从事法律的朋友，并辗转找到了公证处的工作人员，几人见面后，很快做完了遗嘱公证，其中房产遗嘱公证费用近5万元，每套房子费用2千元。这件事情之后，李女士不仅与小孙成了忘年交，还在小孙这里做了每年缴200万元的5年期交养老年金险，除了自己的家庭理财，李女士将自己的生意伙伴也介绍给了小孙，同事们都羡慕不已。有时，功力在营销之外。

没有不好的时代，只有不好的心态。春天的脚步越来越近，新冠疫情终究会过去，银行业务终究会归于平静。从某种意义上说，这次新冠疫情或许会促进银行线上业务的发展和升级，但是线上与线下相结合才是银行未来的发展之路，我们期待银行业迎来更加美好的明天！

银行理财经理如何做直播带货

近几年，直播行业开始呈现火山式爆发，在很长一段时间内，游戏直播、带货直播、教育直播等领域发展迅速，金融行业直播相比以上领域，发展相对迟缓，但是，随着互联网影响不断深入，流量红利引起各家银行高度重视，同时因为新冠疫情，各行各业不得不加速数字化进程，因此金融行业的相关直播倍受热捧。

根据某音数据分析平台上统计，"财经类"相关的账号已经超过了 200 万个，"银行"相关账号超过了 400 万个，"理财"相关账号超 600 万个。金融平台开始批量涌入短视频和直播领域，它们不断探索如何在线上获客，直播为每一位理财经理提供着相同的平台，那么，当理财经理遇到直播时，应该怎样做呢？

目前银行直播玩法有哪几种？

短视频金融直播的时代已经到来，谁又将成为这波浪潮的弄潮儿？通过短视频和直播，可以卖口红、衣服，甚至卖汽车，金融行业大部分是虚拟化产品，那直播都能卖什么呢？

第一类目前最吃香的是关于美女小姐姐的内容，比如招商银行就曾发布短视频"银行小姐姐的一天"，拍摄银行小姐姐从起床到工作结束的一天，极大满足了观众的好奇心，原来银行小姐姐一天是这样度过的。

　　第二类是对金融知识进行普及和教育的内容，比如，银行经常发布一些有关理财骗局和理财常识的视频。

　　第三类算是银行的创新尝试，一般会拍摄个小故事，再植入自己的产品。比如，女朋友生日就要到了，男朋友想为其准备惊喜，但囊中羞涩，又不想开口借钱，于是一款信用卡备用金产品出现，解了他的燃眉之急。金融平台已经扭转了原来给人的刻板印象，变得活泼可亲了。

　　除了短视频，银行挺进直播领域的进程也进一步加快，已有多家金融机构开始了支付宝直播。工商银行曾经直播讲解中老年理财防骗知识，1小时就吸引了60多万粉丝观看。而在抖音上，各种金融平台也开始纷纷上线自己的直播。"美女小姐姐讲理财知识，像推荐一件漂亮衣服一样推荐金融产品，语言很活泼。"效果最好的，还是美女小姐姐的套路，直播的转化效率最高。平安集团首席保险业务执行官陆敏也曾经做过保险直播，号称"直播1小时，预计未来3个月可转化保费1.6亿元"。这样亮眼的数据，着实让行业人士大吃一惊。金融直播，已成为一股潮流。

　　短视频和直播刚刚爆发，后劲十足，但这个模式还需要解决三大核心难题。第一大问题是用户的匹配度。实际上，早在2016年前后，市场上就兴起过一波直播热。当时看直播的用户都是年轻的"90后"，尚未形成自己的积蓄，和P2P的用户重叠度极低。因此，时下兴起的金融直播，转化效果也是因产品而异的。统计数据发现，理财产品的转化率，大概是5%左右。贷款产品的转化率比理财产品的高一些，这就涉及直播模式的第二个难点——内容监管。带货服装、化妆品，内容可以娱乐化，但金融产品比较严肃，很难"玩出花样来"。银行在宣传金融产品时，会受到一些限制，宣传资料没有经过报批，可能就会被监管部门处罚，如果以银行名义进行直播，还要层层审批，因此，理财经理无论拍短视频还是直播，最好弱化银行标签。第三个难题是安全感。抖音等短视频毕竟是一个娱乐工具，在一个娱乐工具上购买金融产品，还是会让人产生不安全感。因为存在上述三大难题，所以大多数金融机构布局短视频和直播，主要不是想转化，而是想推广品牌，增强用户对自己的信任感，但金融流量线上化、娱乐化，已是大势所趋，不可逆转。

金融直播怎么玩？总结一下，窍门有三：匹配用户、符合监管、内容有趣。

第一，理财知识直播

国内中产阶层的增长与传统教育中理财培训的缺失所造成的错位，让理财教育、财商培训成为近几年火热的商业模式。在新冠疫情让直播再次成为风口的推动下，强强结合的理财教育、财商培训＋直播模式发展迅速。

在支付宝理财直播节上，某基金公司和某理财大 V 合作，为消费者讲解基金投资方式、资产配置组合、理财规划等各方面的理财入门知识，吸引了33 万人观看。

一是理财＋吃播，创新直播互动形式。在直播形式上，浦银安盛结合"吃播"，即在直播现场摆上红酒、牛排等，一边吃，一边聊基金投资策略，主持人光顾着讲解忘了吃，有的用户刷屏："别说了，快吃饭吧。"有互动有交流才是一场好的直播。

二是定点互动，提高直播间留存和曝光。直播期间，主持人会在 14 时 55分、15 时 10 分、15 时 25 分等不同时间点对粉丝进行提问，成功回答的粉丝能够获得答题红包，同时，主持人引导粉丝点赞发红包，比如点赞达到一定数目，就会放出 5 个 888 元的红包。

这样的方法，能够延长用户在直播间的停留时间，既让互动更高效，又能让直播间获得平台的更多曝光，一举两得。

第二，金融政策解读

金融政策是投资决策的风向标，想做出正确的判断，专家解读则不可或缺。某券商做过"新三板精选层转板上市政策解读"，邀请内部投资顾问梳理新三板投资逻辑。

一是嵌入开户页面，用户无须跳转一键直达。

二是 APP 私域内直播，转化率变得更高。

第三，股市实时解盘

熊市、牛市在一夜之间就可能转换，有人匆忙入市，成了历史高点的守卫者，有人趁热打铁，一遇调整就被打趴下。在争分夺秒的股市中，只有掌握大盘的实时涨跌，才能做出正确的判断，即把资产用在刀刃上，提高收益率。

一是直播解盘＋长线精品课，内容互补。

二是直播间嵌入 APP 私域，轻松触达忠诚用户。

三是超前监播和直播私有部署，构筑安全盾。

在股市实时解盘场景下，银行直播的用户一般多为专业投资者或者投资学习者，传统的模式是单向传播，讲师与用户的互动性低。作为金融直播里发展势头强劲的细分场景，在传统真人视频讲盘的方式上，有直播互动工具的加持，能够营造更好的沟通氛围，提升对讲师的依赖和信任感，由此对银行理财经理的专业能力也提出更高的要求。

"玩法"是外功，"内容"则是心法，内外结合，效果更佳。而在金融直播领域，能够让金融机构释放内容潜力，通过直播让多种业务"遍地开花"。直播对金融企业来说，不仅仅是一种潮流的玩法，还是一种划时代的生产力，它直接参与到金融企业获客、留存、增长的链条之中，实现降本增效。

怎样营销才能让客户自己找上门

谈到针对社区开展的银行零售外拓营销，近几年可以说深受各家银行的重视，一方面是因为"守土有责"——网点周边的社区居民是近水楼台的营销资源，被人抢占去多尴尬——自己的领地，哪有不管的道理？另一方面，社区本身有超强的营销资源积聚力，既积聚了密集的居民，又聚集了商业和物流，遍地是黄金。

笔者近期考察了包括支行、社区银行及金融便利店在内的十余家网点后发现，有的银行地处于繁华商街，客流量巨大，动线设置得当、门面显眼，但AUM却长期增长低迷，业绩上不去；有的银行处于老城区腹地，周边人流、客流看上去都不太密集，动线设置一般，门面也不大，内部面积也很窄，客户数量却很惊人，AUM规模巨大，简直不可思议。

某农商行有两家支行同属一家管辖行，相隔300米不到，位置、门口客流几乎完全一致，但是一家门庭若市，一家却是门可罗雀。

有的支行同事非常努力，早上提前一小时到岗扫楼，下了班还要加班打电话，接了客户满脸堆笑，嘘寒问暖胜似亲人，但客户和AUM增长却踟踟不前，进一步退三步。有的支行同事比较懒散，一不做宣传，二不勤营销，三不搞维护，四不做升级，却客户照增、AUM照涨。

有的银行前年去看还生意冷清，似乎难以为继，但如今再去看却生意兴隆、换了人间；也有的银行之前去的时候客户摩肩接踵、你推我搡，为了抢购理财产品几乎要打破头，如今再去看时，已是夕阳西下，灯箱暗淡，没了往日

荣光。

之所以出现这些不同的情形，其中当然有网点选址合理与否的因素，更重要的是社区外拓要因地制宜、对居民和商户的营销也要"因材施教"。

社区外拓营销——他在哪，他是谁，他有什么，他要什么

这就首先要对社区分类。按照社区所在地是城是乡可以分为城市社区和乡居村镇，甚至可以细分为大城市社区、县域社区、城中村社区、乡村社区，城乡居民的金融需求及对金融产品的理解度、接受度就大不相同，营销时需要特别注意；城市社区又可细分成老社区和新社区，建成时间距今二十年左右的都为老社区，建成不到十年的为新社区，新老社区的区别不只在建成时间，更在社区居民——新社区居民往往以新市民、年轻人为主，老社区居民则以中老年人为主，相关的配套设施及商业物流也往往于老社区更加成熟和繁盛，年轻人和中老年人的财力水准、对银行产品的需求又大不一样，针对新老社区开展外拓时面临的商业物流资源也大不相同。

具体来说，在对社区开展外拓营销前，先要分析社区居民的财富水平、消费能力、消费需求、投资需求，老社区的财富水平、消费能力、投资需求远超新社区。老社区住的多是中老年职工，他们的孩子已经成家，不需要再买房，他们有稳定的退休金、有不菲的积蓄；有的正当壮年，孩子还没到成家的年纪，暂时不需要给孩子买房，他们是社会中坚、单位的砥柱，财富积累如日中天。这两类居民积聚的社区，我们的外拓营销抓手就是存款、理财产品，营销方向就是做大网点 AUM。

价格适中的新楼盘往往很多是外地人，在一二线城市每年都涌进很多新市民——"要融入一个城市，最好的办法就是拥有一套住宅"——买了房子要还贷，每月小两口的一点点工资，基本上贡献给银行了，还怎么帮我们做大AUM？但新楼盘往往是银行贷款的"盛宴"，所以贷款类产品就是我们针对新社区的外拓营销重点。

新家庭更多的是消费需求，营销外拓时主打的产品应该是信用卡、消费贷款，考察中我们看到不少银行网点针对新社区居民大力营销存款及理财产品，现场来的都是带小孩的年轻人，而投资需求恰恰在他们的父母那一辈人当中，"先生，您要是能带着您的爸爸妈妈来存钱就好了，您看我们银行的理财收益很高、存款收益不俗，您带着爸爸妈妈来吧，还能积分兑换礼品！"逻辑不通，场面尴尬，原因是营销错了对象。我们银行做零售、做规模，关键是做客户，如果说客户是源头活水，我们的营销外拓就应当"逐水草而居"。

但大多数情况下，我们开展零售外拓营销并没有足够时间去调查了解社区居民的基本情况。那么，如何有效识别目标客群，使用适当的产品，采取恰当营销方式打开局面呢？适合商业零售的规律放在银行零售上，多数时候也同样适用。

举个例子。咱们的零售同行——那些人气爆棚的百货商场、人满为患的购物超市、摩肩接踵商业步行街上的各色商家可以作为参照，他们的位置在城市什么区域呢？往往是在老城区、成熟社区附近的居多，在新区、新社区附近的居少，在城乡接合部、城市远郊、村镇的，少之又少，这既有交通的因素，又取决于不同人群的不同消费能力，老城区、成熟社区的居民消费能力比城市新区、新社区要高，而消费能力往往和投资需求是成正比的，消费能力越强，意味着储蓄越充足，人们敢花钱，才不惧风险敢投资。

适合商业零售的规律放在银行零售上，多数时候也同样适用。

社区外拓营销——看到你，想到你，听到你，找到你

社区外拓营销的方式，多种多样，归纳起来分成两类——要见面的和不需要见面的。

第一，传单这样发

现在，不少银行网点已经把发传单这种营销手段常态化了，但同样是发传单，银行区位不同，侧重点也各异。大家可能有这种感受，在一个街区，尤

其是人流量多的商业区，发他个两年传单，街上的人，不是你看他面熟，就是他看你面善。如果在创业之初传单就是生产力，那么越往后发展，都是邻里邻居的，口碑就是生产力，脸熟就是生产力——你在社区银行门口的大街上发传单，楼上的老张每天上下班都要经过你门前，第一次路过时，他对你爱搭不理；隔了几个月，他虽然不接传单，但开始对你微笑了；又过几个月，他经过，驻足，开始关注你的理财展板了；再过几个月，他开始向你要传单了；现在，他买了几百万元理财，是你的客户了。

这样看来，到社区营销外拓还有一个重要作用就是刷熟悉度，要把邻居变成熟人，把熟人变成朋友。

当然，传单设计应突出亮点——高收益、大优惠、好礼品要加粗加大——让人能一眼就发现有利可图、有便宜可占，牢牢地吸引他。最忌像做财务报表一样平铺直叙、字号一致、通篇是字、没有重点，短暂的接触中一定是用最亮眼的内容抓住对方，一旦对方看到传单就觉得疲劳，那么营销八成就会失败。

营销外拓好比捕鱼，找准了水浅鱼多的河段，算准了鱼活动的规律，把网眼织得小一些，稍微卖卖力，就能事半功倍。

第二，朋友这样加

现在各大银行，甚至是支行网点都赶时髦创建了自己的微信公众号，但在实践中我们发现大家一直用心经营的微信公众号，事实上收效甚微，观者寥寥，不是味同嚼蜡就是形同鸡肋。为什么呢？在公众号泛滥的今天，我们每个人微信上关注的公众号都在几十个以上，银行的公众号淹没在其中，很难得到关注。很多时候我们精心准备的宣传材料，阅读量仍旧少得可怜。

而往常我们建立的微信理财咨询群，有部分高端客户或者机关政府单位客户由于十分在意自己的隐私，根本不愿意进群或是进了群也不愿意说话，大家都不说话或是发一些其他的广告甚至是道听途说的消息，群里常常是冷冷清清，没有了意义。

有的网点做了这样的尝试，注册一个新的微信个人账号，作为银行"客户信息大数据"的分析应用平台，比如"某某支行专属理财师"来替代公众号，银行所有存量的客户信息，都通过该微信号进行好友添加，在添加的同时，对该客户的信息等进行备注，并添加标签如年龄段、投资倾向、风险偏好、财富层级、职业行业，甚至在他行主要业务等，以此实现基本的客户画像及分级。

同时要着力于微信号的推广，放在扫楼及客户活动等地推的重点推广环节，通过"加微信有好礼""扫码有礼"等活动，逐步扩大该账号的影响力，建立专属于支行网点的客户管理及营销信息推送平台。

在具备一定客户基础之后，再根据已经逐步完善的客户画像和分组标签，每日更新朋友圈，保证每一位客户在每一天，都可能在不经意间接收到来自我行的动态，微信在当前的使用率是远远高于短信的，这不再是单向的联系而是双向的社交互动。由于是理财经理或客户经理亲自操作，对于客户的回复和提问，也可以做到全覆盖式的回应，更为严谨，更为贴心。无论新老客户，都可以享受到专属的贴心服务。

通过这种简单实用的线上获客方式，网点可以把最主要的营销工作，渗透到客户的生活中，客户经理日常工作中主要的职责，也从简单的对上门客户营销、出行外拓营销，转变为对于海量线上获客渠道客户信息的处理和分析，极大地提高了客户经理的营销效率，进而提升了整个网点的综合效能。

第三，包装这样扮

当然，针对社区的营销外拓过程中很容易忽视对本网点"大本营"的包装。外拓的目的是把客户引进来，社区获客"四必做"——门必敞开、喇叭务必响起来、海报必竖起来、展板必摆出来。

银行零售业务红不红，全看人气旺不旺。办业务的客户络绎不绝，围观产品的路人连绵不断，会产生很强的广告、示范效应，加上对转介绍的鼓励，会带动越来越多的资金转进我行。

而实践一次次证明了，真正吸引人们眼球的，是闪烁银行产品信息的 LED大屏、是画着我行高收益理财的展板、是不绝于耳播放"理财高收益、办卡享优惠"的小喇叭。外拓获客，把客户引进来，不能"灯下黑"忘记用网点自身的包装和客户动线吸引客户注意力。

第四，活动这样做

考察中我们来到某省会城市陈家岛支行，支行周边社区特点非常明显，既有旧城改造上楼的"城中村"社区，又有发工资户集中住宅区，支行零售团队认为小区的影响力中心是物业，网点与社区物业公司初次建立联系时恰逢物业组织小区居民棋牌赛，于是以赞助为条件在现场进行了宣传，首次合作中为了给物业留下好印象，他们准备的随手礼非常精致，并将易拉宝、展架放在进入棋牌室的必经之路上，比赛用的扑克也是带有银行LOGO的扑克，同时还准备了色彩亮眼、匠心独具的宣传页，基本客户抬眼可见的地方都有咱行的标识，当时我们确实也取得了比较好的宣传效果，现场收集了30余份客户信息。

通过活动与社区物业良性互动，后续又联合物业开展了乒乓球比赛、协同58到家进社区等一系列活动，均起到了不错的宣传效果。现在物业还在自己的微信公众号平台上加挂了支行信息，只要社区居民在微信平台搜索周边的银行，首先跳出来的就是陈家岛支行，提升了支行在周边社区的知名度。因为居住在小区的居民关心最多的是生活，所以我们目前也在盘点周边资源，签约特惠商户提供给周边客户享用，达到获客、维护客户等目的。

新冠疫情之后，零售营销需做的转变

这次新冠疫情，给银行业带来了一个重新洗牌的机会。有的银行因时而变，通过线上软硬件升级，营销模式创新等措施，坏事变好事，业绩反而得到了大幅增长。而也有的银行因为本身客户基础不牢，加上新冠疫情之后线上营销流于形式，结果客户纷纷转存他行，员工也疲于应付，怨声载道，存款、AUM、客户数等指标滞涨，甚至连去年同期的一半都达不到。

那么，这次新冠疫情之后，客户、银行到底发生了哪些变化，银行该怎样有的放矢地实现营销和管理工作的快速转变呢？

新冠疫情给客户带来的行为改变

新冠疫情给客户带来哪些行为改变？如表 4-1 所示。

表 4-1　疫情给客户带来的行为改变

序号	给客户带来的改变	现象举例
1	线上业务被快速认可	招行个人客户 APP 月活突破 1 亿户
2	客户熟悉网络后，理财产品会货比三家	疫情发生后，银行间网银转账、理财 POS 金额逐月大幅增加
3	各行理财、个贷等客户的体验形成较大反差	线上小微、个贷业务受到追捧，各家银行存贷款增量分化加剧

面对以上客户变化，银行需做以下 3 个转变：

第一，线上硬件要完善

一是大力推广和完善以 APP 为主的移动金融产品，有了 MAU 就会有

AUM，得 APP 者得零售客户。

二是积极推行微信连接类、抖音导流类的产品销售方式。

三是开发和升级客户经理线上营销系统。

四是在支行积极推行新的线上获客工具。

第二，客户通联要转变

一是从面对面变为见屏如面，做好线上维护。

二是日常和客户通联多注重业务以外的沟通，增加体验感。

三是积极做好传统线下沟通方式的优化与升级，改变过去传统的客户活动方式，从过去的听讲座领礼品走人，变成真正挖掘客户的需求，让其离不开银行的线下服务。

四是积极利用大数据，通过定位对联通、移动客户进行短信营销。短信不是落伍了，而是应当拒绝千篇一律，是需要个性化的短信。

五是弱化营销，强化服务——强化知识营销短信的应用。

第三，客户体验增好感

一是增强线上产品的便捷性和丰富性，除了理财之外，增加生活类的线上服务模式，以增强客户的体验感。

二是通过增值服务增强客户黏性。日常回馈机制建设要不断完善，增值服务应当根据客户的需求有针对性地开展。

三是行内联动营销及行外 MGM。行内需要一切从客户新需求角度出发；同时，完善客户转介的机制建设，让客户愿意主动转介。

四是积极举办线上沙龙与线上活动。

新冠疫情给理财经理营销带来了哪些改变，怎样应对？

新冠疫情给理财经理营销带来的改变，一是对线上营销的依赖度过高，忽视了客户感受；二是见面机会减少，黏性下降，考验理财经理维护能力；三是银行人体会到了有个单位的好处。

面对新冠疫情后客户变化，理财经理需要做好的 3 个转变：

第一，做好自己的人设是成功的关键

一是用好"两微一抖"打造人设。微信、微博和抖音是目前营销的新渠道，因此理财经理要利用好这些渠道，打造自己的品牌，最终达到吸引新客，增加老客户信赖的目的。

二是快速增加朋友圈数量，利用厅堂、电销、外拓等时机，不断增加朋友圈的数量。

三是拒绝千篇一律，写出客户爱看，同业艳羡的微信文案。其中原创是最重要的，要写自己的经历和感受，往往更能吸引人。

第二，理财经理行不行没有客户等于零

一是加大朋友圈。流量是生意的本质，理财经理业绩提升的前提是流量，因此理财经理要扩展自己的朋友圈，平时多和客户交流，流量多了，客户自己就会得到转化。

二是专业。理财经理要提高专业能力，做客户的家庭管家，各种专业证书一定要考出，同时，关系营销的时代慢慢会落幕，专业营销才是理财经理终生能用的撒手锏。

三是做好外拓。理财经理也要做好外拓，客户不来，我们就主动追出去，多进小区，多做活动，融入社区，银行零售才会有未来。

第三，珍爱工作，提升自我

一是销售人员如果靠底薪，说明你还不够努力。

二是零售营销人员要不断提升自己，努力奔跑，才能保证你能够停留在原地。

三是设计好自己的职业生涯规划。

四是柜台人员要从交易型员工向营销转型。

新冠疫情给支行管理者带来哪些转变？怎样应对？

新冠疫情给支行管理者带来的改变，一是业绩督导越来越严厉；二是突出个人营销，集体意识下降，带队伍的难度增大；三是产品多员工新，线上培训铺天盖地，但效果差强人意。

面对新冠疫情后的变化，支行管理者需要做 3 个转变：

第一，业绩督导切忌简单粗暴

一是方法＋配资源＋督导。银行的业绩督导要先教方法，配资源，然后再督导。

二是提高通关技巧。通关不是目的，更关键的是要提高通关的技巧，防止把通关当成劳民伤财的无用功。

三是管理和督导能力。支行间业绩的差距是支行行长管理和督导能力的差距。

第二，打造团队文化，提高工作效率

一是文化管人。管理的最高境界就是用文化管人，平时支行要多做团队文化建设的活动，亲情化、人性化管理是提高团队战斗力的关键。

二是掌握方法。加班加点不是完成业绩的主要手段，更重要的是要掌握方法。

三是帮助员工做好职业生涯规划，防止离职率的提高。

第三，科学有效地实施混合式培训

一是运用好线上与线下相结合的混合式培训。

二是线上课程多让员工参与，内容多以实战为主。

三是有业绩支撑的培训课程才是王道，培训一定要与辅导相结合。

四是完善培训积分机制，从我要你学变为员工主动爱学。

写给客户的新年祝福——《2019 年的一封情书》

编者注：每到过年，我们很多理财经理往往喜欢给客户群发微信祝福，过年之后，给客户几乎留不下任何印象，而有这样一位理财经理小仝，则采用了给客户写一封情书的方式，把一年来的酸甜苦辣跃然纸间，既给客户留下了深刻印象，又加深了客户对你的了解，增加了和客户的感情。

半夜醒来，想起来 2019 年即将过去，我的有固定喜好的"小可爱们"，我有没有落下为他们准备东西。

想起来了我的一位李爷爷，从 2012 年干柜员起就与李爷爷和高阿姨结识，在生活中他们是和蔼可亲、素养超高的两位老人，在业务上特别支持我们，但是却基本什么回馈礼物都不"感冒"，就是喜欢每到这个时候让我准备五份挂历、四份台历，连挂历的长、宽、字体大小、材质，都要符合李爷爷的要求。

于是，每到这个时候我就会出现在各个市场里寻找李爷爷的那份"要求"。挂历也一年一年越来越符合他的规定，去年他们老两口去了外地养老，我依然通过快递，感受到了李爷爷的欣喜："今年的挂历很好，现在不用我交代，你就知道我的要求啦！"今年当我已经习惯了去准备的时候，李爷爷却重病离开了这个世界。

从业七年，当有一天，我发现我的欢笑、泪水都因你们而动的时候，我想我已经爱上了你们。

作为银行人，我庆幸我除了专业尽职，我也拥有感恩与感性。在大大小小指标之下，在眼巴巴地想尽一切办法拉拢你们之间，在这客户经理与客户的职业关系外，我们在每天的相处中已经成了一家人。

我习惯了你们从不管工作日还是周末，想找我就给我打电话的这份任意随性，习惯了中午休息，你们从门缝看，知道我休息后，乖乖地等着我的内心窃喜，习惯了我已经累到翻白眼，你们还因为一桶花生油，跟我墨迹半天的崩溃，习惯了就因为一个短信通知来晚了，就半夜给我打电话，问钱是不是没了，这份"气死人不偿命"的执着，习惯了我脚伤后，你们争先恐后地竟送来了50多瓶各式各样的"江湖灵药"，习惯了多少个"你们、我们"由不认识、不熟悉、彼此看不惯对方到互相吸引，互相帮助，互相铁粉。

路过人间，这烟火气的"你们""我们"，真希望，陪你们走过每一个春夏秋冬，每一个欢声笑语，在这熙熙攘攘的人群中，我希望年老的你们一切都好，能每次在理财到期的时候都如约等到你们，夸赞你们真棒；年轻的你们，希望你们都生活美好，豁达乐观，我会陪着你们从贫穷到富有，从富有到淡定。

2020，愿我们携手一起走过！

（理财经理 小仝）

第五章

拿来就能用的网点辅导真实案例

　　银行培训非常重要，但是比培训更好的方式是网点辅导，由老师现场对网点的位置、厅堂、周边潜力、业绩指标等内容进行分析，然后一对一提出业绩提升建议，如果说培训是病人自己到药店买药，而网点辅导就是请大夫一对一给诊断。本章 30 个网点案例，涵盖新网点、个贷特色网点、商圈网点、社区型网点等类型，我们可以按图索骥，找到适合网点的类型，然后参考建议，相信会更有针对性地对网点业绩提升带来一定帮助。

　　做培训：线上不如线下，培训不如辅导；

　　抓管理：细则不如表单，督导不如洗脑；

　　做营销：人力不如工具，外拓不如盘活；

　　打电话：经验不如话术，督导不如引导。

新开业二级分行怎样依靠宣传打市场

某股份制银行新州分行开业两年半，作为最晚成立的三家全国性股份制银行之一，该行遇到的最大的问题是，当地老百姓认可度低，基本没有品牌效应，存款主要靠员工的关系揽存和附近客户。在当地居民的眼中，这家开业不久的股份制银行还不如农商银行，甚至不如村镇银行，因此，很多股份制银行的二级分行零售业绩要想得到发展，可能最需要做的就是先让百姓了解和认知。

新州分行业绩状况：AUM 余额 6 亿元，较去年增加 1 亿元，其中零售存款余额 5 亿元，较年初增长 9000 万元。全行有理财经理 3 人、个贷 6 人，由于是新开业仅仅两年的异地二级分行，所以，新员工较多，业绩在全行排名中下游。

位置及周边情况：支行建在新城区，除了周边有一个 1000 人的小区外，没有其他人流量，同时支行距离马路较远，中间有较大的绿化带，门口获客难，支行叫号量每天 10 个左右。

对新州分行网点的六个辅导建议：

第一，专业需要提升。新州分行团队有活力，能吃苦，但由于新员工较多，在产品的把握和营销技巧方面有提升的空间。建议每天利用晨夕会，做好练兵，加强落地性的培训，提高全员综合能力。

第二，大力做个贷和信用卡。二级分行开业晚，形成品牌和口碑需要一定的时间，但个贷业务则相对容易打开市场，只要把本行具有优势的利率、额度和放款快等优势宣传出去，个贷就会发展起来。另外，新州民间资本活跃，建议加大信用贷款和信用卡的营销力度，最终带动财富类新客户的导入。

第三，加大拆迁款留存。新州分行营销了拆迁款业务，建议利用大家总结的话术，提前对拆迁客户进行预热，配置产品包、礼品包、服务包，增强留存率。同时，把在其他行拆迁代发的名单要过来，主动进行挖转，以弥补我行被他行挖转的窟窿。

第四，大力卖理财。新州分行的理财与零售存款之比，远远低于全国的平均水平，零售要想做大做强，必须走理财拉动存款的发展之路，加大宣传力度，调整考核导向，实现财富规模快速扩大。

第五，加强品牌宣传。建议新州分行制定客户活动计划，以活动带动形象，以产品带动形象，在所有宣传中加入"全国性股份制银行"字样，切实改变"某某银行是小银行，私营银行"的百姓印象。

第六，加强隔壁小区渗透。建议借鉴兄弟行的经验，与隔壁小区加强业务合作，在楼道、停车杆、小区宣传栏等广告区域，加强产品宣传，同时与业主开展丰富多彩的活动。加大宣传费和客户活动费用投入，尽快实现业务上量。

叫号量不足 10 个的偏僻网点怎样咸鱼翻身

该自贸区是全国最早获批的自贸区之一，但由于城市发展规划等原因，该自贸区经济渐渐衰退，人口大量流入到主城区，当地以造船厂退休职工和本地老年人为主。可以说这家股份制银行的支行"生不逢时"，6 年前开业的时候，自贸区经济一片欣欣向荣，但是由于老百姓对这个股份制银行不太了解，所以一般很少有人到该行办业务。随着支行历任领导不断重视零售，不断强化零售业务营销和品牌渗透，居民慢慢开始接受，但是，此时地域经济形势发生了很大变化，近两年，支行周边的企业破产的破产，搬走的搬走，支行的零售业绩又陷入了困境。

自贸区支行业绩状况：AUM 余额 4 亿元，较去年增加 4000 万元，其中零售存款余额 3 亿元，较年初增长 3000 万元。全行有理财经理 2 人、大堂经理 1 人、个贷 3 人，业绩在全行排名靠后。

位置及周边情况：支行当年的选址是非常好的，但随着城市的发展，该区域的人流量越来越少，支行每天上门客户不足 10 个。但是距离该支行 300 米左右有个菜市场，距离 600 米左右有个当地相对高端的小区，并且该支行和该小区有良好的合作基础，但过去只是限于到小区发传单、搞讲座等传统活动，以致实际到网点开户和办理业务的非常少。

对自贸区支行的六点辅导建议：

第一，门口获客坚持经常。自贸区支行平时门口流量比较少，建议抓住早晚上下班期间在门口多做宣传，喇叭天天响，展板天天摆，营销天天有，逐步增强对过路人员的影响力。

第二，自贸区支行附近有个中型市场一条街，建议把这里当成营销的主阵地，从商户塑料袋换成优势活期产品"某某钱包"的塑料袋开始，天天外拓半个小时，把周边商户和居民营销到我行。同时，自贸区支行和周边小区建立了良好的关系，应坚持每周一次在小区宣传，但是不要在小区内，在小区沿街门口外拓效果最好，特别是改变传统发单页模式，一定要让客户得到实惠，积极添加客户微信。

第三，要进一步养成电话习惯。从几天来的情况看，同事们在打电话的时候带有很强的固化思维，需要逐步改成以福利为主的新型电话营销，要相信话术，加强考核，不断分享。

第四，活动要多做。自贸区支行要经常在支行内做活动，周一磨刀，周二水果蔬菜特价日，周三免费理发，周四新年春联现场写现场送，周五老年人健康讲座，周六免费查体（建议买个查体机），增加活动的新客导入。

第五，财经晨会要养成习惯，不断以老带新，提高大家的营销技能，增强产品自信，提升综合技能。

第六，挖掘对面同业。要不断研究对手，以高收益理财和存款吸引他行客户，亮存单送礼品等，别人的存量就是我行的增量。

营业面积过大，随着该网点对公业务的萎缩，以及根据零售客流量情况，现在网点1200多平方米远远超标，这几年多数股份制银行在进行网点轻型化的改造时，比如社区银行一般不超过80平方米，支行不超过500平方米，并且超过这一标准要上报总行领导审批，所以建议自贸区要根据当前的实际情况，用部分退租转租的方式压缩面积，降低财务成本。

100 米 6 家银行，同业竞争下如何一枝独秀

"一个网点是否优秀，关键不在自己，而是在您隔壁的对手在干啥"。如今银行扎堆已经成为一种普遍现象，这种竞争是把双刃剑，在优秀的人眼里，周边都是其他银行，这就是最大的资源和金矿。但在有些人的眼中，网点多则是困难重重，加上没有得力的竞争招数，结果就会在激烈的竞争中败下阵来。

晋平业绩状况：AUM 余额 6 亿元，较去年增加 2000 万元，其中零售存款余额 4 亿元，较年初增长 1000 万元。全行有理财经理 2 人、大堂经理 2 人、个贷 2 人，每年零售业绩在周边 6 家银行中，排名倒数第一，在本分行内零售平衡计分卡得分倒数第二。

位置及周边情况：晋平支行紧靠万达商业体，但由于距离商业体的正门有一定距离，所以支行路过的行人相对较少，但周边银行较多，而本行产品和同业相比，又具备较大的优势，只是宣传少，门口没有营销氛围，大屏幕天天播放口号型的内容，导致了好产品"待在深闺无人问"。

对晋平支行的六点辅导建议：

第一，推广结算产品。晋平支行周边商户较多，建议多进行结算产品的推广：收单业绩，聚合码，嘉联支付，三方支付收单等，要人人懂产品，不断用收单＋优势活期理财进行渗透，导入客户。

第二，现场办卡。信用卡要做出特色，晋平支行靠近地铁口，出入的年轻人较多，建议在高峰期间，摆出拉杆箱、电烤箱等礼品，实现现场办卡，最终提高信用卡发卡量，同时绑定借记卡还款，进而带动财富类产品的增长。

第三，建立服务特色支行，建议多借鉴同业，对大堂服务、柜台联动营销进行不断改进，提高服务技巧，加强过程管控。

第四，不断增强客户黏性的培养。天天有活动，周周有主题，月月有客户生日会。

第五，进一步强化团队的"狼性文化"。减少高柜，增加低柜，增加客户体验，增加营销力量，加强考核的传导，实现团队制胜。

第六，抓好同业挖转。晋平支行周边 200 米之内有 6 家银行，多数是国有大行。建议首先做一个周边银行的调查，了解其股东背景、人员、人均管理资产、产品特点、理财到期、代发工资日等信息，知己知彼，找到对手的软肋，有针对性地营销，进行挖转。

当地经济下滑，银行网点如何险中求胜

S 省的 GH 市曾经是全省经济的一面旗帜，但是由于近年企业大量倒闭破产，逃废银行债务屡见不鲜，其中受影响最多的是银行。该股份制银行开业 7 年，两家支行 AUM 余额分别只有 4 亿元和 3.7 亿元，叫号量少，客户基础薄弱，此次民营经济屡出问题，更是让该行雪上加霜，对零售的未来普遍担忧。因此我们专题对该行进行分析诊断，并提出几点建议。

先来看看制约 GH 分行零售业务发展的外部和内部因素

外部因素方面，其一，GH 市 GDP 较高，人均财富总量在省内居于前列，但 GH 市贫富差距较为明显，财富主要集中在私营业主手中，大部分客户资质一般；其二，某股份制银行 GH 分行开业以来，虽然经过 7 年的耕耘，但是品牌知名度相较于传统四大行及招商等头部股份制商业银行还是有一定的差距，GH 发展依赖于石油产业，当地家庭财富总量较高的小区还是石油小区，而由于中石油和中石化系统的企业代发均被大行垄断，所以这些小区的居民往往对四大行非常认可；其三，近年来，GH 地区区域经济发展质量较差，大量企业破产倒闭，很多家庭收入出现下滑，家庭财富总量缩水严重；其四，近两年来，GH 房地产行业发展迅速，大量储户将资金转移到房地产市场加之前些年小额信贷公司的快速发展，导致银行资金流失严重。

内部因素方面，其一，人员配置不足，大堂经理和理财经理承担多重任务，外拓宣传的质量一般；其二，厅堂人员的专业素养有待提升，对净值型产品及信托等产品的销售能力不足；其三，个别员工工作积极性有待提升，特别是积分考核没有完全渗透到每个员工心中；其四，个别员工服务不到位，损害了银行的品牌和形象。

对给 GH 分行的几点辅导建议：

第一，提升银行品牌知名度。前期 GH 分行通过与广播电台合作，投放了一批广告，效果显著，对有理财经验的油田小区居民效果尤其明显。建议继续加大对广告的投放力度。

第二，组织员工进行有针对性、效果显著的外拓活动，对员工的营销技巧进行培训和指导，提升员工对业务的营销热情。

第三，不断组织客户活动，坚持周周有活动、月月有主题，通过一系列主题活动，有效提升客户总量。

第四，GH 地区大客户较多，针对这部分客户群体有针对性地举行相关活动，加强私人银行产品或增值服务的宣传和营销。GH 地区出国留学的较多，特别是到加拿大留学的最多，建议积极与出国中介机构联系，组织出国金融的主题营销活动。通过优势产品，例如留学贷款、西联汇款等吸引这部分优质客户。

第五，持续强化内部管理力度，要不断加大对零售条线政策倾斜，激励员工，提升员工战斗力，同时对于工作状态下滑的员工也会及时警告，积极引入能上能下、能进能出的淘汰机制。

第六，二级分行零售业务部持续加大对基层的指导、培训力度。二级分行零售部每月对下辖网点进行指导和培训。

第七，不断加大地推力度，通过与客户的直接接触能够有效增加潜在客户对我行的认可，宣传效果要远远强于媒体的宣传，但是由于地推涉及的范围较小，所以要加大地推的频率，强化地推的效果，考核地推获取潜在客户的数量，以此来衡量地推效果。通过晨夕会介绍优秀员工的先进经验，形成你追我赶的工作氛围。

第八，一把手重视。一把手通过绩效考核、评先评优等手段加大对基层员工的考核力度。

第九，提升服务水平和客户体验。积极创建"千佳"网点，服务有温度，服务有特色，服务上水平，带动产能的提升。

第十，加大客户转介力度，通过培养一批忠实的老客户来不断转介新客户。对于到店的每一位理财客户，客户经理都要向其介绍我行最新的转介政策，一方面我们的产品质量有保证，一方面客户获得了实惠，久而久之就会增加到店的新客户，我们口碑也会越来越好。

第十一，建立微信粉丝群，扩大微信粉丝群，通过与群内客户互动，增加客户黏性，提升与客户之间的感情，最终实现客户的裂变和增长。

该分行的具体规定动作如表 5-1 所示：

表 5-1　GH 分行零售业务规定动作表

		事项	规定动作
班前班后	内整	摆展板、换折页、更新电视广告	大堂经理
		按照服务要求整理着装、工作台	全体员工
	外拓	利用早晚人流量大的时间宣传，外拓导入客户；分管领导组织每周安排轮值表报零售部，零售部及分管行长随机抽查	分管领导
晨夕会	内容	每天通报重点产品营销情况，业绩好的介绍经验，业绩差的表态发言	分管领导
		财经时政简讯播报	主持人
		做好产品演练，重点产品做好话术总结	理财经理
	管理	支行分管领导每天参加晨夕会，确保每天晨夕会效果	分管领导
		主要负责人每周最少二次晨夕会（周一、周五），总结本机构当周情况，部署下周工作	机构负责人
		零售部每周选取一家机构参加晨夕会，传达分行营销动态，重点产品宣讲，对经营机构一周的工作进行点评，提出改进措施和指导意见	零售部
厅堂营销	氛围营造	理财模板每日更新，厅堂内外显著位置以具体产品营销为主，理财经理桌面宣传单要对重点产品有醒目标识	理财经理
	产品导向	重点产品为主线，做好客户资产配置，每天记录销售业绩	理财经理
	到期提醒	每日做好产品到期提醒，优质及以上客户做到电话提醒	理财经理
	电话营销	每天5个存量客户升级维护和新客户营销电话，并记录每天工作日志	理财经理
	微信营销	理财经理个人名义建立理财服务群	理财经理
		朋友圈每天转发重点产品	全体员工
	联动营销	手机银行开户、支付绑定率	全体员工
		信用卡、借记卡双卡联动	全体员工
		网贷扫码测额度	全体员工
		柜台一句话营销	柜员
宣传	外拓	每天早晚保证一次外宣活动	分管领导
	活动	每周一次规模客户活动（包括有成效的批量获客举措），形成简报，发送分行群	分管领导

续表

客户维护	重点客户维护	针对财富及以上的重点客户，逐户建立客户服务方案，利用好KYC需求表、充分了解客户、得到客户的认同	理财经理 分管领导
		通过老客户介绍新客户，综合营销客户大零售产品，根据分行营销导向和考核政策配置客户资产	理财经理 分管领导
	存量客户提升	理财经理每天5个存量客户升级维护，对优质及以上客户做到到期电话提醒	理财经理 分管领导
		理财经理每日做好资金变动排查，挽留流失客户，最少也要知道流向哪里了，为什么流失（50万以上）	理财经理 分管领导
		做好PCRM系统标准动作管理，像牵手行动、雪球行动、排雷行动、拆弹行动、提升行动、回流行动等，必须保证按时保质完成	理财经理 分管领导
分析管理	天天跟踪	机构分管领导每天跟踪重点指标进度，对重点产品进行统计，每天公布员工业绩，鼓励先进，鞭策后进	分管领导
	实时跟进	大额资金变动及时跟进，超过100万的客户需亲自打电话，并及时上报零售部	分管领导
	月月分析	机构每周组织重点指标分析及客户变动情况分析，每月组织本机构的零售经营分析会	分管领导
	周周通报	零售部每周公布一次营销业绩	零售部
	季季总结	每季度组织一次零售业务分析会	零售部

公私联动掩盖了不足，人口密集社区不能坐门等客

洲新支行数据分析：AUM9.7 亿元，增量全行第一，但多数是对公客户一次性存入的保证金存款。

洲新支行位置分析：周边小区密集，平均 1 平方公里的地方常住人口高达数万，按照当地的房价（平均每平方 8.4 万元）来看，周边可以说家家都是高净值客户，但是支行门口却没有任何的宣传，因为该支行对公业务很强，所以，零售业务这几年一直排在全行前列，但却掩盖了零售业务基础薄弱的真实情况，一旦对公业务不能续作，该支行将难续辉煌。

对洲新支行的六点辅导建议：

第一，洲新支行位置非常好，门口流量大，流量的转化是洲新支行业绩提升的关键，坚持利用城管不上班的一早一晚，每天做半个小时门口获客，喇叭响起来，吸引路人；展板摆出来，尽量促成；微信加起来，做好后续跟进。

第二，厅堂客流量少，但 AUM 存量是 8 亿元，存量盘活是关键，代发客户的升级和日新月异等产品触达是客户提升的关键，是"208010"，即每天 20 通电话，80 秒，加 10 个微信。洲新支行电销能力非常强，建议加强培训，以优秀电销能手带动全行电销能力的提升。

第三，周边有个菜市场，可以将菜市场的塑料袋换成银行的购物袋，向药店、水果店等客流量大的商户提供银行的塑料袋，在袋子上印上银行的拳头

产品。

第四，提高全体人员的专业和营销素质，老客户会做配置，新客户敢于开口，人人考证，加大信托、小集合等高收益代理产品的力度，人人研究产品的底层资产，人人会销售，天天有出单。

第五，多参与周边小区的社区活动，在当地进一步打出自己银行的品牌，坚持月月有主题，周周有活动，天天有宣传。

第六，客流量大的地方可以积极营销信用卡、E秒贷、抵押易等产品，走资产拉动负债之路。并加强双卡和个贷客户的联动，提高网点的叫号量，促进洲新支行整体零售业务的均衡发展。

营销小技巧：对公客户怎样进行零售交叉营销的三部曲？

第一，递送零售单页，介绍适合财务和老板的活期产品或信用卡以及贷款类产品；

第二，留下客户联系方式，加微信，并注明是对公客户，做好KYC，今后有针对性地进行专门服务和营销；

第三，力所能及地为客户做好各种服务，比如发送企业相关的财经信息，为企业提供各种上门服务等，遇到好的零售活动，积极邀约客户参加，经常维护，拉近感情，提高交叉营销成功率。

紧靠小区的支行怎样融入社区居民

大岗支行数据分析：AUM 余额 8 亿元，较年初增长 3000 万元，有效客户（资产 2000 元以上）776 个，较年初持平。业绩增长与紧靠高端小区的地理位置极不相称。

大岗支行位置分析：背靠一个一千多人的高端小区，平时人流量较大。这说明银行选点没有太大问题，但是开业后，门口没有产品信息，平时支行又不做任何宣传，所以客户即使路过，也没有吸引他的元素，这样就导致了好位置却产生不了好业绩。特别是孩子放学的时候，门口热闹非凡，并且周边还有一个适合老年人的公园。

对大岗支行的八条辅导建议：

第一，大岗支行凝聚力强，团队优秀，支行位置好，门口客流量大，建议早晨人多时候全员固定宣传半个小时，吸引门口过路客户；晚上下班前对周边两个小区门口和大岗公园居民进行加微信宣传，增加支行人气。

第二，进一步提升大堂经理及柜台的营销开口率，大堂经理"五必做"：必摆展板；必放喇叭；来了客户必递单页；必加厅堂客户微信；必向客户推荐产品。柜台的"三部曲"要坚持下去。

第三，门口的氛围营销要持之以恒，看到关注理财展板的行人要主动出击，每天每人加 10 个微信，拓展新客增量。周边的小区可以用停车杆广告，尝试用"腾讯附近推"业务对周边居民定点推送朋友圈广告。

第四，存量客户多盘活。大岗开业较早，存量客户多，建议在业务量少的时候，对低值且曾经高端的客户进行电话营销。

第五，提高个贷客户的贷储率。对贷储率低于 20% 的客户利用专用话术进行财富产品触达，个别睡眠个贷客户分给理财和厅堂人员营销，提高产品交叉率，提升客户综合贡献度。

第六，要走理财拉动存款之路。大岗支行个人存款 3 亿元，理财 5 亿元，在全行存款理财比率较为合理，下一步建议在稳步增长存款的同时，发挥这一优势，大力以信托、小集合、理财券叠加理财等产品吸引周边客户，利用周边高端客户多的资源，实现理财的再次突破。

第七，多做小型的客户活动。建议支行多做各种带人气的小型客户活动，完善客户的日常回馈机制，增加客户黏性，防止被其他银行挖转。

第八，团队年轻有活力，员工颜值高，支行联动能力强，建议做抖音、微信视频号特色，在大岗打出团队和理财品牌，实现线上导入新客。

60 亿元 AUM 支行怎样突破瓶颈，再创辉煌

某股份制银行烟台路支行 2009 年末开业，开业后曾经创造过很多奇迹，当时全行 16 家支行，作为开业最晚的"小弟弟"，从零开始，每年咬定两个目标，稳扎稳打，逐步赶超，开业第六年的时候，已经成为全行 16 家支行的老大，AUM 余额超过 40 亿元，此后，烟台路支行不但是 AUM 增量，零售存款增量以及客户数增量一直领先，并且烟台路支行相继开业的三家社区支行也齐头并进，业务快速发展，这家股份制银行全国范围内有 460 家社区银行，全国排名前两位的都出自这家支行，可以说，烟台路支行创造的辉煌让大家刮目相看。

但是当 AUM 突破了 60 亿元之后，却经历了长达 2 年的盘整，各项指标增长乏力，客户数出现下降，是什么原因？该如何突破这一困局呢？

对烟台路支行的九条辅导建议：

第一，分行和支行稳定一线营销人员。人员流动频繁，客户维护出现断档。烟台路支行老年客户多，对熟悉的员工有一定依赖性，人员变动影响客户体验，导致一些客户转走他行。因此，建议分行和支行稳定一线营销人员。

第二，加强交叉营销，提高客户黏性。去年发行的一款中短期债券型基金亏损，使得追求稳健的老年客户几乎对该行丧失信心，纷纷转走。建议：分行和支行加强产品遴选和把关，把合适的产品卖给合适的人，加强交叉营销，提高客户黏性。

第三，加强优势产品宣传。银行近两年大力推净值化转型产品，而烟台路支行是卖保本保息产品起家，客户对转型产品不信任，员工又解释不清，加上 AUM 考核弱化，个别员工销售产品完全看积分和个人收入，客户流失对员工收入影响不大，加上银行固收类产品减少，城商行大额存单 4.18% 按月付息，有很强的吸引力，造成流出较多。建议：加强优势产品宣传，多用净值相对稳定的 6M 或 12M 转型成熟产品重塑品牌。

第四，新客开户少，导入渠道受限。过去 LED 大屏，MGM 口口相传是烟台路支行导入新客的来源，现在由于产品等各种因素影响，新客导入少，或者新客进的少，老客走的多，这也应当是该支行 AUM 下降的主要原因之一。建议：烟台路支行老传统不能改变，还得坚持继续外拓宣传、门口坚持天天宣传、利用好大屏幕、夹报以及微信、抖音等线上工具。

第五，客户回馈有所减少，客户体验下降。客户反映，近年三大节日回馈较过去减少，其原因是过去礼品配置相对充裕，现在受大环境影响，费用减少，回馈的广度和力度降低，客户的实际体验与预期相比有所下降。建议：因为烟台路支行 AUM 占全行的十分之一，所以在给烟台路配备专项礼品时可以适当倾斜，提高客户感受。

第六，加强对社区的考核和调度。过去，三家社区银行增量是烟台路支行的主力，现在保利花园等三家社区 AUM 较年初负 1 亿元，支行负 8000 万元，严重影响了烟台路支行整体的 AUM 提升。建议：加强对社区的考核和调度，适当增配人员，三家网点 PK 赛，配置奖励，进一步调动竞争的积极性。

第七，强化服务管理。提升员工服务，不能"店大欺客"。烟台路支行一直是全行叫号量最大的支行之一，每天的叫号量不低于 400 个，相对其他行来说，每人维护客户量大，捉襟见肘，业务量大的时候，往往忽视了客户的体验和挽留。建议：强化服务管理，让员工发自内心地为客户提供温馨服务，注重贴心、热情、温暖。

第八，进一步加强管控客户资金流入流出机制。客户资金流失不可怕，怕的是不知道谁走了，不知道为啥走了。客户资金流入流出机制需要进一步加强管控，每日管控表单法要坚持，每日通报员工个人管户客户流出情况，特别是同户名客户转入他行，加强跟进营销，做好数据分析，采取应对措施。

第九，进一步增加客户体验感和黏性。客户活动有增加的空间，需要进一步打造理财特色。建议：进一步增加客户体验感和黏性，每月举办一次100万以上客户生日会，以及健康类、老年娱乐类等活动，通过活动稳定老客户，进一步打响品牌。

走出 LED 大屏的误区

环翠县营业部数据分析：作为一家开业 20 多年的老支行，AUM 余额 11 亿元，较年初增长 7000 万元，零售存款 9 亿元，较年初增长 5000 万元，随着当地部分股份制银行的入驻，近年零售业绩增长受限，由过去的全省先进，变成了中游水平。

环翠县营业部位置分析：坐落在临街繁华地段，独立五层楼房，有自己的停车场，属于难得的银行好位置。

对某国有银行环翠县营业部的辅导建议：

第一，营业部员工素质高，战斗力强，但厅堂服务流程有待进一步完善，员工的分工和职责以及流程化规范尚需进一步明确。

第二，银行网点分流很重要，但更重要的是从每个客户的身上挖掘需求点，进行产品推荐，营业部应当从单纯的服务型网点向营销型网点转变。

第三，外拓有很大的空间，门口有个大广场，一早一晚会有很多人，特别是夜市非常火爆，建议加强外拓宣传，从单纯的发单页，变为送礼品、递单页、加微信、后续跟，从而提高营业部的新客导入量。

第四，营业部背靠支行总部，有一定的资源优势，建议以树立专业理财的特色品牌来吸引高端客户，把营业部做成中高端客户服务特色行，利用晨夕会，每人轮流讲课，练就团队，通报业绩，形成学业务、比业绩的良好氛围。

第五，门口 LED 大屏建议尽快以播放存款和理财等带有数字的宣传内容，吸引客户眼球，并经常更新。银行在 LED 屏的运用上往往走入四个误区，即：

用宋体；播的慢；播两行；天天都播防诈骗。LED屏幕是发光体组成，用宋体，字比较细长，发光点不醒目，不如用黑体加粗；播的快慢取决于门口路过的车多还是人多，如果车多，就把速度加快，如果是行人，就播的慢一些，便于让大家路过时被吸引。

第六，营业部规模大，防流失是重中之重，营业部客户维护"四必做"：生日节日有祝福，理财到期有提醒，产品销售有配置，日常工作有维护。

"挎包精神"永流传

淮阳支行数据分析：AUM5.5亿元，较年初新增5000万元，个人存款4.2亿元，较年初增长4000万元，各项业绩在全行处于平均水平。

淮阳支行位置分析：该支行是一个典型的农村网点，开业15年，由于所处的镇是一个以屠宰为主的特色镇，经济发展十分稳定，该支行门口就是国道，路过的车多，人少。过去，该支行的老员工都是当地人，并且一直有一个"挎包精神"，所以和当地客户居民关系非常融洽，曾经有良好的口碑。但近几年，支行外拓较少，活动也几乎不组织，就导致了客流呈现逐年减少的趋势。

对淮阳支行的辅导建议：

第一，淮阳支行管理流程规范，员工敬业，各司其职，虽然业务忙，但井然有序，分流得当，客户体验感较好。

第二，大堂经理及柜台的营销开口率较低，只做交易型业务，不推产品。淮阳支行大堂经理四必做：必摆展板，放喇叭；来了客户必递单页；必加厅堂客户微信；必向客户推荐产品。

第三，屠宰型行业比较多，可以把活期理财和贷款类业务做大做强，让大家人人懂产品，人人会营销，实现产品制胜。

第四，对农村客户的渗透率需要提升，老年客户是购买普通定期和大额存单的主要客群，而对面农商行老年人较多，应加强产品的宣传，村村户户做活动，银行的"挎包精神"应继续发扬，走惠农兴商之路。

第五，没有专职理财经理，这是淮阳支行人员组织架构上的短板。没有理财经理，就意味着大家都在做服务，如此一来，就导致出现客户经营管理和提升的重要内容缺失，建议尽快配齐。

第六，门口的氛围营销要持之以恒，抓住农村赶集的机会，主动出击，用好微信营销，在稳定现有客户的同时，拓展新客增量。

第七，存量客户的盘活。淮阳开业较早，建议在业务量少的时候，对低值且曾经高端的客户进行电话营销。

总之，淮阳支行零售经营之路是：屠宰商贸是强项；新客导入促增长；营销意识要增长；电话营销要经常。

怎样做好个贷联动的潜力挖掘

东湖支行主要数据分析：东湖支行成立于 14 年前，一直是该行的个贷特色支行，AUM 余额 5 亿元，较年初增长 2000 万元，但个贷余额 10 亿元，较年初增长 2 亿元，增量占到了整个分行的 40%。

东湖支行地理位置分析：东湖支行是个老网点，门口客流量较大，而且周边有很多成熟小区，未来零售潜力市场巨大，但是该支行历任领导都只注重个贷营销，却忽视了周边的基础客群。

对东湖支行的辅导建议：

第一，个贷联动有较大空间，东湖支行有 10 亿元的个贷，而且个贷业务越来越多，建议加强个贷经理和理财经理的联动营销，理财经理人人懂个贷，个贷经理人人做理财，资金监管要进一步上量，对卖方要加强产品营销，提高资金监管的留存率，进而带动整个支行带储率的提高。

第二，厅堂要从服务网点变成营销网点。柜台人员"递单页，加微信，后跟进"要进一步养成习惯。东湖厅堂营销"四必做"：一是客户一旦超过 10 个人就要做微沙龙，坚持人人会做微沙龙；二是人人主动向客户推荐产品；三是人人主动加客户微信；四是人人会做客户流量疏导。

第三，周边小区要建立根据地。东湖地区小区云集，要积极和小区物业建立联系，经常利用活动和小区加强营销，在当地打出本行品牌。

第四，存量客户的盘活。东湖开业较早，且过往流量的个贷相关客户很多，建议对低值且曾经高端的客户进行电话营销。

第五，厅堂的业务流程需要进一步优化，人人做低柜。能用低柜的不用高柜，能用智能柜台的不用低柜，提高效率，提升客户的服务体验感。

总之，东湖支行零售经营之路是：个贷是强项，导入促增长，盘活是重点，电销要经常。

位置差、流量少，网点是否该搬迁

北郊支行数据分析：AUM 余额 3 亿元，较年初持平，零售存款 1.5 亿元，较年初减少 2000 万元。

北郊支行位置分析：北郊支行是从 30 公里外的市区搬来的，当时考虑北郊区域经济会迅速发展，但实际搬来之后，却依然非常荒凉，支行的业绩也是不断下滑。因为这个地区是纯郊区，周边的小区入住率很低，写字楼也几乎空置，所以我们的建议是先努力转变思路，实在不行再考虑搬迁问题。

对北郊支行的辅导建议：

第一，做特色支行，吸引人气是北郊的必由之路。以健康、老年、特价购物等，打造自己的特色，吸引周边客户，首先把叫号量做起来，人气是零售业务发展的根基。

第二，大力做个贷和信用卡，资产拉动负债。北郊地区新楼盘较多，二手房交易也比市区活跃，要人人会做个贷，一手房利用对公营销开发商，二手房找贝壳等中介，每年搞房产中介年会，加强渠道的导入。

第三，利用企查查平台，对周边新开户企业进行营销，用代收代付业务增加人气。北郊每年有大量的企业开户，要掌握信息，积极上门进行营销代发等业务。客户不来，我们就走出去。

第四，门口获客再向马路和人多的地方延伸，针对周边农商和城商行利率较高的特点，积极宣传收益高的代理产品，用田忌赛马的理念和同业竞争。

第五，楼上有视频广告公司，积极利用线上业务宣传实现获客，理财经

理和个贷经理要人人当网红，多用线上导客，做网红网点。

第六，电话营销做好睡眠客户的盘活。统一话术，每人每天 20 通电话，让兄弟行电话营销小能手，来行传经送宝，提高全行员工的电销能力。

第七，在情况允许的情况下，可寻找更好的网点，尽量往客流量大的地方靠拢。选点四要素：老居民区、靠近菜市场、靠近大银行、每天门口路过中老年人人数在 2000 人以上。

GM 分行辅导中发现和搜集的几点建议

近期，在对某股份制银行 GM 分行进行辅导的过程中，发现整体零售团队非常优秀，全行上下重视零售业务逐步形成氛围。但通过和一线员工交流，以及辅导中的观察，发现 GM 分行零售业务发展中存在以下问题。大家可以对号入座，用闻过则喜的精神，发现问题，解决问题。

对 GM 分行的辅导建议：

第一，理财经理轮岗和支行副行长轮岗在其他行都没有硬性要求，建议在合规的前提下，力所能及地灵活处理。否则，副职难免不考虑长远，理财经理轮岗后难免造成客户流失。

第二，很多支行门头陈旧，里面的灯不亮，灯箱也不亮，不利于塑造银行良好的外部形象。

第三，在选址和搬迁上有问题。选址建议以零售业务为主，不能单纯以停车位、办公面积等作为主要参考依据，所有的条件都应给门口客流量让路。

第四，产品创设。要想零售强，大力做私行，但对私行客户来说，更看重收益，分行所在的城市，是我国改革开放的前沿，信托林立，券商如云，应当借助地理优势，多向总行推荐项目，创设产品。

第五，不能过度看存款。客户不存款，要是买理财的话，你把钱转走也无所谓。零售业务的转型，首先是从单纯考核存款向考核客户增量，以及 AUM 总量的转型。总行零售的考核一定会转型，谁早做谁就早收益。调整相关考核指标。

第六，打电话依靠提供线索。目前都是让理财经理逐个从系统中调取名单，这样做效率较低，而其他分行都是让分行科技部，按照现在余额、曾经余额、手机号等6个以上标签，自动导出，这样电话营销的效率会提高一倍以上。

第七，厅堂人员的营销意识偏弱，大额存单眼睁睁看到客户转到其他行也不挽留，外币业务推荐到中行，这些不是个别现象。厅堂人员考核需加强。

15 个字概括景区网点零售发展方向

台庄古城支行指标：AUM 余额 7 亿元，较年初增长 8200 万元，其中零售存款 4.8 亿元，较年初增长 5100 万元，但是与周边同业银行相比，该行的余额和增量均略显落后。

台庄古城支行位置分析：该支行地处古城景点的门口，虽然人流量挺大，但是均是外地的流动人口，很难发展成客户，所以，台庄古城支行的主要精力还应用在本地客户上。

对台庄古城支行的辅导建议：

第一，打品牌。周边客流量较少，要与周边社区建立长期合作关系，加强对居民的渗透，逐步在当地打出自己银行品牌。

第二，做特色。要经常性的在行内做客户活动，老客户统一每月的生日会、春游、健康讲座、包饺子等，以健康和财富为主题，提高银行对客户的吸引力。

第三，巧盘活。台庄古城开业 6 年，沉淀了一批睡眠客户，要利用新客产品、理财券等吸引睡眠客户，打电话，加微信，与老客户建立通联，逐户做提升。

第四，做广告。大厦的路口处以及物业的停车杆都是很好的宣传阵地，可以向分行申请，把周边面朝大路的 LED 大屏维修好后租赁过来，以自己银行的优势产品导入新客户。

第五，挖同业。隔壁的某国有行是台庄古城最大资源，要提升服务，做亲民化的有温度银行，同时，在他行产品兑付等时机，研究对手的产品特点，大力进行挖转。

怎样用信用卡为突破口带动大零售发展

辛北支行指标：AUM 余额 15 亿元，较年初增长 9200 万元，其中零售存款 8.8 亿元，较年初增长 7100 万元，余额排在前面，但增量排在后面。

辛北支行位置分析：该支行地处 CBD 核心区域，年轻群体多，这部分群体生活方式都是快节奏，并且多数使用电子银行渠道，所以，物理网点对他们吸引力不大，怎样把他们吸引到网点进行二次营销成为辛北支行亟须解决的问题。

对辛北支行的辅导建议：

第一，辛北支行和周边小区居民、居委会的黏性程度，是该行系统内最高的。建议要从过去的发单页，改变为加微信，即通过改变产品触发方式，增加产品触达频率。上午加完微信，下午就有两位小区客户提着现金 12.5 万元过来买新资金理财。

第二，辛北支行的门口路过人流量每天高达几千人，但都是年轻的上班族，可以和信用卡部联合把附近的瑞幸咖啡、麦当劳等年轻人青睐的商户联合搞刷卡半价，或第二杯半价等活动，通过门口喇叭、广告等方式让路人了解，先办信用卡，然后开立借记卡绑定自动还款，然后营销我行活期理财等比余额宝高的产品，走信用卡拉动 AUM 之路。

第三，电话营销要坚持打。一开始，一定要抛开经验主义，按照分行零售部总结的话术打，从存量盘活、客户升级、双卡联动，逐步向资产配置升级。

第四，厅堂内电子类宣传较少。可以将办公区域一台不用的电视移机到厅堂客户一进门的醒目位置。填单台过大，建议更换。

第五，门口早晚的获客是重中之重，可以在取得物业支持的前提下，坚持门口获客经常化。门口流量转化提升之时，就是该行业务翻番之日！

社区银行二次发展面临的 6 大问题

中国目前社区银行可以说发展不均衡，但是有的社区银行业绩稳步上涨，零售 AUM 总量接近 20 亿元，超过了很多大支行，但多数的社区银行迟迟走不出"没信心，没客户，没方法，没盈利"的瓶颈，好多银行不得不一关了之。还下定义：开始就不应该做社区银行！那么社区银行难道真的做错了吗？现有业绩平平的社区银行该怎样提升业绩，让其在大零售的转型中发挥应有的作用呢？针对这些问题，我们对京口市某股份制银行 40 家社区银行进行调研，最终得出如下分析和建议。

京口分行社区银行面临的问题：其一，社区银行发展到一定规模之后遭遇瓶颈。AUM 贡献度下降，关注度下降，某种程度上，社区银行慢慢成了被遗忘的角落。其二，社区人员的战斗力较过去有所下降。社区银行遇到瓶颈之后，晋升机制不像过去那么容易了，派遣制员工转正无望，加上业绩的滞涨，积极性较过去有所下降，从而进入恶性循环。其三，社区支行 3 个员工，网均管理 4 个亿 AUM，人均不足 2 亿元，而支行理财经理人均管理 6 亿元以上，在目前京口分行依靠规模积分和销售积分为主导的考核机制下，社区银行员工考核绩效的整体收入低于支行。其四，支行对社区银行的重视程度不如过去，特别是有些网点滞涨之后，支行从投入产出比以及利润的角度出发，有的社区银行成了烫手山芋，都不想要社区银行。其五，社区银行的各项指标的科学性随着时间的推移，需要与时俱进，更加科学完善。特别是有些小指标，社区银行员工承担的任务比支行重很多，社区银行考核办法、绩效管理模式都需要进一步修订后完善。其六，社区银行店长权力小，个别支行授权不够，社区银行行长就是个带头干活的，连社区员工的分配，在个别支行，社区行长连知情权都没有。社区支行成了提款机，都是想着怎样从社区银行索取，但就是不给社区银行支持。

对社区银行二次发展的辅导建议：

第一，坚定社区银行做大做强的信心，信心比黄金更珍贵。从导向上要宣导社区银行的重要性，倡导干社区银行的人是冲锋陷阵的，而不是干不好的就撑到社区银行去。零售业务不能没有先锋，宣导扎根社区银行、努力奉献的典型，造势很重要。

第二，考核指标需要进一步梳理。目前社区银行承担的零售部、电银部、信用卡部的指标要做横向纵向的比较，合理确定指标数量。多倾听社区银行一线员工的声音，沿着呼声搞调研，沿着怨声抓整改。

第三，可尝试让部分支行不要的社区银行或业绩滞涨的，集中由零售部管理，很多社区业绩差的社区银行并不是自身位置问题，店长是否优秀、支行的支持程度、营销技巧等多个因素是社区银行业绩好坏的关键。

第四，要落实社区银行的片区会议和培训制定。培训是最大的生产力，要建立社区银行的培训计划，让大家提课题，量身定制社区银行的培训计划，AUM 去系统内的邯郸分行学习，个贷去系统内的合肥分行学习，社区银行活动组织去系统内的南昌分行学习，开阔视野，提高技能。

第五，社区银行管理办法重新修订。将店长晋升等指标设为"跳跳能够得着"，派遣至员工转正，社区适当加分，政策上扶持，物料上支持，工作上坚持。

第六，社区支行行长要能上能下，实行竞聘上岗，同时给社区银行行长权力，双向选择，让社区支行行长真正说了算，而不是带头大哥。

第七，对社区银行的礼品配置要充足。适当给社区切出一块专享费用，绕开支行，直接报销，或采用定点礼品公司和广告公司，让社区银行根据需求直接在额度范围内，进行申领。

第八，门头要换。把所有的 24 小时标识去掉，真正看起来像是一家银行，避免让客户误认为是自助银行，部分社区银行厅堂内环境陈旧，需要进行装修改造。

第九，强化分行社区银行中心的管理能力。社区中心主任缺岗，人员不足，建议增配得力骨干，提高社区银行的管理和驾驭能力。

第十，继续强化社区银行的导入新客能力。目前社区银行客户都是老面孔，仅靠这些客户会越来越艰难，必须继续发扬社区银行能吃苦，外拓活动天天做的优势，同时利用先进的线上获客，双管齐下，一手抓存量盘活，一手抓新客拓展，从而使社区银行重振雄风，再展宏图！

高端客户集中的网点怎样做好财富管理

苏南支行数据分析：AUM 余额 11 亿元，较年初增长 4000 万元，其中零售存款 8 亿元，较年初增长 3000 万元，从增量结构看，该行还是停留在拉存款的传统模式，而当地经济发达，藏富于民，应该大力推高收益信托等产品，先把规模做大，到时存款转化就水到渠成了。

苏南支行位置分析：该行地处高端小区旁边，但对高端客户的营销却没有找到重点，浪费了好的位置，所以转变观念是最重要的。

对苏南支行的辅导建议：

第一，员工团队踏实能干，积极上进，但要进一步加强自己银行产品的培训，利用晨夕会的时间，人人当讲师，同时先让自己和家人购买本行产品，从而真正体验本行产品的优势。

第二，梳理工作流程，提高成交速度。加强对员工个人业绩的 PK 赛，建议经常搞一些专项的柜员业务量、理财签约量，以及业绩相关的小型劳动竞赛活动，形成人人争先的氛围。

第三，强化代理产品销售，进一步拉动新客户导入。小集合和信托产品是当地老百姓的偏爱，要人人会卖，大家提升对产品的了解和信心。随着各家银行理财子公司的陆续开业，代理其他行的理财产品也陆续成为一种趋势，所以要让大家学会因时而变，学会对自营理财和代理理财进行遴选，既要考虑中收，又要考虑给客户带来稳妥收益，从而实现客户量的增加。

第四，防流失工作要做好。加强客户黏性的培养，客户维护要做到"通讯录里有姓名，朋友圈里有客户，生日节日有祝福，理财到期有提醒"，只看重存款，就会流失 AUM。挽留客户要柜台和理财天天演练，整体联动。

第五，加强微信的宣传。让每个员工提高到 2000 个好友以上，有针对性、有组织地转发产品，每个人做好自己的人设。

第六，新客导入要进一步发力。门口获客，外拓获客，微信获客，转介获客，这些都要坚持经常，争取全面开花。

新网点怎样用好工具获客

新安分行营业部数据分析：新安分行成立于 2018 年，截至目前 AUM 余额 6.1 亿元，较年初增长 1 亿元，其中零售存款 4 亿元，较年初增长 4000 万元。

新安分行位置分析：分行前面是一条国道，但是由于门口有个小广场，造成了分行距离马路有点远，所以客户几乎走不进来，支行叫号量非常少。因此新安分行要大力用好宣传工具，往网点导客。

对新安支行的辅导建议：

第一，新安分行门口客流量较少，需要做出特色。信用卡有 20 万户，借记卡零售客户有 5 万户，也就是说最少也有 15 万的信用卡客户没有开立借记卡，双卡联动的潜力非常巨大，建议举行一个信用卡客户到网点开立借记卡并购买活期理财等产品可以获得拉杆箱、电动车围挡等礼品的活动，通过对信用卡客户的定向营销提高 AUM。

第二，新安团队外拓营销能力强，建议定期对菜市场和万达开展加微信营销活动，选择适合市场的礼品，让每个员工的朋友圈都达到 2000 个以上，并学会朋友圈的营销技巧，打造各自的人设，提升在新安的影响力。

第三，在当地晚报头版刊登理财广告，主推在新安有竞争力的产品，并通过夹报、市场塑料袋等方式，进行地推，不断导入新客户。分行周边有两个大型的农贸市场，建议积极营销商户，把塑料袋全部换成银行活期理财等优势产品的塑料袋。另外，宣传工具除了塑料袋之外，扇子、气球、鼠标垫等能够给客户带来实际使用价值的宣传工具也可以用起来，不断扩大本行在当地的影响力。

第四，电话营销持之以恒，养成习惯，每人每天打 30 个电话，盘活睡眠客户，做好客户升级。用系统导数据是重中之重，低值、双卡都是取数的重要标签，分行零售部要定期导数，为网点提供支持。

第五，加强对员工进行本行产品的培训，从理财、存款、个贷等产品做到人人熟知，个个会用。二级分行一定要解决这个痛点。

第六，多做活动，用特色活动做出特色支行，比如围绕亲子、老人、健康等主题，在新安形成影响力，依靠服务，打出品牌，赢得市场。

营销小技巧：

农贸市场发塑料袋的六大窍门：一是能给干的不给湿的，便于塑料袋二次曝光。二是能给卖糕点的不给卖茶叶的，糕点销量大，发的速度快。三是能给离银行近的就不给离得远的，便于客户到网点做促成。四是一个商户先给一两百个，看看是否真正发给了客户，发得好，继续加赠，并达成长期意向。这样可以防止有的商户拿回家当垃圾袋。五是长期合作的商户，要把他的微信收款绑定我行借记卡。六是每个塑料袋最好钉上理财经理名片，或配备一张最新的理财单页。

客户基础差、依赖大户型网点的业绩提升之路

某股份制银行营口分行零售数据分析：AUM 余额 8.2 亿元，较年初增长 5000 万元，其中零售存款余额 7 亿元。该支行零售客户数只有不到 1000 人，其中 4 个公私联动带来的私行客户，存款就达到了 4 亿元，通过数据来看，客户结构不合理，大户资金波动将直接影响该支行业务指标的稳定性。

该行位置分析：周边靠近广场，距离马路较远，缺乏广告位，在当地百姓中的影响力有待提升。

对某股份制银行营口分行的辅导建议：

第一，大客户维护较好，新客户导入需要加强，支行基础客户太少，需要多做基础性宣传、导入工作。

第二，分行门口的停车杆上设个广告牌，正面是新客，背面是大额存单。让路过的两个小区居民都能看到。

第三，支行存款和理财的结构需要优化，在努力完成存款任务的同时，必须要将理财规模做大，本行新客、新资金以及活期类产品在营口各家股份银行中占有绝对优势，所以应当加大理财的考核力度，引导员工做大 AUM，在营口当地打响理财品牌。

第四，当地城商行存款利率比我们高，应避免简单的利率比较，应当多用我们的理财比对方的存款，用我们的代理产品比对方的理财，用"田忌赛马"的故事来改变我们传统的营销思路。另外，我行的优享存、灵活息等特色

存款具有其他行无法比拟的优势，大额存单如果加上利息再投定投零整和货币、债券基金等复利因素，也非常有竞争力。

第五，电话营销要持续做。目前电话营销效果不好的原因是话术不科学，锻炼的少，营口的团队非常好，应该利用晨夕会强化演练，同时让打电话好的员工积极分享经验。

第六，营口营业部通过广场舞和出租车两个群体导入了 5000 户基础客户，但是这些客户的跟踪和盘活很重要，通过加微信，宣传专属理财、专属权益，引导这些客户购买新客理财，实现盘活。

第七，营业部搬迁后，原址的老客户有部分流失，应当调出名单，通过理财权益和春节回馈权益，实现老客户的"归巢"。

第八，在新址，要与物业多做活动，从送鸡蛋变成优惠买鸡蛋，在我行买大额存单的客户物业费打折，把周边的居民都通过加微信好友变成我们的准客户，全行开展朋友圈增粉活动，通过微信宣传进一步打开市场，树立品牌。

理财销售少，AUM 规模滞涨怎样破局

营业部数据分析：县行营业部 AUM 金额 4 亿元，其中活期存款 1.2 亿元，活期占比达到了 30%，这说明该行存款盈利能力相对较强；定期存款 1.6 亿元，占到了总 AUM 的 40%，这部分存款相对稳定性好，但是成本较高；该行保险余额是 5276 万元（趸交），在总体 AUM 中超过了 13%，这部分资产对盈利贡献度较大；但理财余额只有 4000 多万元，也就是说理财余额还不如保险多，这也是该营业部零售增长乏力的主要原因。

就支行营业部的地理位置来说，同业竞争压力相对较小，主要的竞争对手是对面的农商行，农商行最大的优势是存款利率比我们高，我们恰恰拿自己最短处和对手竞争。而农商行理财少，我们却把理财放弃了。这就好比是战场上和敌人打仗，我们有步枪和机关枪，但敌人的步枪比我们火力更猛，我们却只是用步枪和敌人打，放着机关枪不用。

支行营业部和农商行相比，理财产品丰富，要转变观念，加大理财产品的销售力度，以理财规模的扩大，带动存款的沉淀和增长。我们再看看基金，营业部基金只卖了 331 万元，比照营业部的核心地位来说，销售偏少，影响中间业务收入的提升。国债 800 多万元，这个数量也可以，占到了全行的平均水平以上。但是资管产品就偏少了，资管才 200 来万元。

营业部贷款 5 亿元，存款与贷款的结构比较合理，如果计算贷存比的话，贷款占存款的比率高达 178% 以上，在整个分行中，也算是一个贷款特色行。

信用卡透支额是 2241 万元，这个数字比照我们 4 亿元 AUM 来说，特别是比照 5 亿元个贷来说，信用卡额度还是偏少的，这就需要我们努力加强个贷客户办理信用卡的交叉营销，把信用卡的发卡量以及透支额做上去，增加支行的零售盈利能力。

对营业部的辅导建议：

第一，要提高员工的专业技能。整体上营业部的团队精神面貌非常好，那天外拓的时候也给我们带来一个个感动。那天天特别冷，气温零下十几度，我们的同事只穿着单衣就出去了。外拓也没有两人一伙，个人自己寻找营销目标，不畏严寒，不畏辛苦，最终添加的微信数还是比较多的。

但是整个团队也有美中不足，就是大家对于我们银行的各个产品了解还是比较少。营销不能单单靠下苦力，更多的是要熟悉产品，掌握技巧。因此营业部要坚持落实财经晨会，大家轮流讲，掌握最新财经形势的同时，人人讲产品，人人会用营销垫板，人人学会主动开口。同时要不断提炼产品的营销话术，一定要相信话术。招商银行在零售起步的时候，他们走的捷径就是让员工背话术，当大家对这个产品把握不好的时候，让他背话术，逐步适应专业性、规范性营销。

另外，每个同事要考各种资格证，有了 AFP，尽量考 CFP，基金从业资格证争取人人都考出来，因为现在没有基金从业资格证，销售基金是不合规的。通过这一系列的措施，逐步在当地树立我们的专业形象。

第二，导入客户不能完全依赖沙龙活动。我们最近发现各个支行的沙龙活动做得还是不错的，上午一场，下午一场。但是沙龙活动有些行就仅限于搞活动，客户都是老面孔，冲着奖品来，理财经理在讲理财的时候按照 PPT 照本宣科，讲得太专业，客户也不听，有的在那打个盹儿，只等最后拿礼品走人。实际银行做沙龙的目的并不是单纯为了搞活动，而是要利用沙龙进行促成，因此理财经理要锻炼和提升自己组织沙龙的能力，不要完全按 PPT 讲，要抛开 PPT 加强互动，加入抢答，现场签单送好礼等环节，加强当场的促成。

第三，营业部的活动不能完全千篇一律都是沙龙模式。可以多做点真正的客户回馈活动，比如周一送大白菜或萝卜，既能导入新客户又能回馈老客户，结合助农扶贫爱心菜，还能增强银行的社会形象；周二特价买鸡蛋，对于老年客户来说，没有鸡蛋搞不定的客户，每斤鸡蛋比市场便宜一块钱，每个客户限购买五斤，这样每个客户每月补贴 5 块钱，一年下来一个客户只补贴 60 元，却增加了客户体验感，还增加了客户到店的机会，提高了营销效果；周三免费磨剪子磨刀；周四免费理发；周五包饺子比赛；周六客户生日会；周天有奖套圈等，做到天天有活动，周周有主题，月月有更新。

第四，电话营销要不断完善，要相信话术，不断提高电话营销的通过率和成交率。对于国有银行来说，由于过去和客户通联较少，所以在目前竞争加剧的情况下，打电话是很管用的。只是我们大家在打电话的时候，还是没有按照话术来，最终就造成了拒绝率高，效果不好，影响了大家的信心。其实我们在前面几家支行辅导中，涌现出了好多的打电话高手，通过率非常高，大家通过行内群发的教学片可以学习一下。

第五，一定要做大理财规模。该支行理财占存款的比率实在太低，这就影响 AUM 规模的扩大，所以说在稳定存款的同时，要不断加大理财产品的宣传，导入新客户，走理财转化存款，从而拉动我们整个零售资产规模的经营之路。我们这个县城，距离青岛较近，很多人在青岛上班或者做生意，理财意识是比较先进的，接受理财的能力也比较强，而整个县城股份制银行比较少，只要愿卖、敢卖、会卖就一定会见效，因此大力卖理财是我们营业部下一步的核心工作。

第六，就是进一步完善我们的考核。任何考核政策和办法，尽量不要用文字传达，做《一张看得懂"开门红"竞赛拿钱表》，大家就会一目了然，积极性就会调动起来。同时，支行要结合分行政策，制定自己的考核办法，及时树立典型，以点带面，增强团队的竞争意识。特别是目前该行柜台人员偏多，在暂时无法转岗的情况下，要加强柜台人员的竞争意识和营销意识，要人人开口，人人会营销，人人比业绩，坚决不能做交易型网点，要做营销型网点。

农村网点怎样用"田忌赛马"的思维和对手竞争

夏家庄支行是个典型的农村网点，1.2 亿元的 AUM，存款只有 143 万元，占比只有 1.1%，作为一家大型商业银行，这个比率可能比有些农商行都低很多。这里面的原因，不是农村老百姓不接受理财，而是员工自身认知的问题。厅堂和门外没有任何理财的宣传，员工不愿卖、不敢卖是根本问题，破山中贼容易，破心中贼难，首先要转变认识。

实在不卖理财，先大力卖国债也行。对面有个农商行，农商行三年定期存单利率较高，那我们就用"田忌赛马"的思维，不要用存单比存单，可以用三年国债来和他们竞争，因为农商行一般不卖国债，三年期的国债利率比农商行高，更关键的是国债提前支取是靠档计息的，而且国债是"金边债券"，是投资渠道中最安全的方式。先通过国债销售从农商行吸引客户，然后逐步推广稳健型理财，从而实现他行资金挖转。

夏家庄支行贷款余额只有 9000 万元，与兄弟行相比，规模偏小。虽然地处农区，房抵类贷款市场不大，但是有些贷款品种还是有很大的市场，夏家庄地区商业活跃，做生意的人比较多，比如惠农贷以及经营类贷款还是有很大的需求，建议加强贷款产品的宣传，进一步提高贷款规模，增加盈利能力。

对夏家庄支行的辅导建议：

第一，夏家庄支行门口路过的客户量超级大。要坚持天天在门口做宣传，利用小礼品吸引，主动添加路过人员的微信，当客户知道我们行的产品比农商行好的时候，他自己自然就找上门来。

第二，坚持产品自信。不要老是觉得农商行比我们利率高，村镇银行比我们送的礼品多，但是他们的名字都不带"中国"两个字，我们叫"中国某某银行"，更何况我们最大的优势是产品全，其他地方性银行产品线单一，客户选择银行并非都是比收益，更多的还是要比稳妥性以及产品的丰富性，所以我们要坚定信心，主动出击，尽快打开市场。

第三，服务是永恒的主题。农村的客户往往朴实，重情谊，你对他好，即使利率低一点，他可能也会冲着你的情谊和服务来，平时多用活动融入居民，农商行的"挎包精神"非常值得农区网点学习。

怎样做好资产拉动负债，从而提高贷储率

沿河路支行 AUM 余额 1.9 亿元，理财余额 1614 万元，理财占 AUM 的比率只有 8% 左右，大大低于了全行的平均水平。同时，保险基金余额也非常低，特别是基金，余额只有 41 万元，这与我们全国性商业银行的身份是不相匹配的。不过沿河路支行有一个最大的亮点是它的贷款余额达到了 6.7 亿元，交叉营销和个贷联动的潜力非常大。

对沿河路支行辅导建议：

第一，沿河路支行下一步的重点是加大个贷客户的综合营销，其中对贷款客户的存款等财富资产的交叉营销有个指标，我们叫作贷储率。什么叫贷储率呢？简单说就是指放贷款带动的储蓄等资产占比，比如放了一笔 100 万元个贷，带来的储蓄率（含理财）是多少？股份制银行平均的贷储率大约是 20%，那如果我们 6.7 亿元个贷，应该交叉营销而带来的 AUM 是 1.3 亿元，而实际该行个贷客户几乎只有贷款，存款理财几乎为零。建议沿河路支行借鉴存贷联动比较好的兄弟行做法，总结一个好的话术，先从对个贷客户添加微信开始，然后利用我们的优势活期优势产品，让客户把资金提前归集到我行，不仅能提高客户的理财收益，还便于还款，而且提高贷储比率。

第二，沿河路支行周边商户比较多，客流量非常大，客户经理要做好门口获客，避免灯下黑。比如上午我们在门口一摆出牌子，就有很多客户主动前来咨询。住在支行楼上的一个客户，因为看到牌子以后，对我行大额存单很感兴趣，这时支行负责人积极营销，经过沟通，客户说正好有个 20 万元存款从

某某行到期，下午客户就真的把20万元转过来了。几块牌子一天导入20万元，10天呢，我们坚持做的话，10天就200万元，100天就2000万元，零售业务靠的就是认真和持之以恒。

第三，对于周边商户，应重点营销我行信用贷款、信用卡、活期理财和收款码，设计一个表格式的宣传单页，简单明了:《某某银行沿河路支行周边商户7项大福利》:福利一，福利二，福利三 …… 做营销不能老想着从客户身上得到什么东西，而是应该首先考虑我们能给客户带来什么福利，这样再营销，成功率可能就提高了。同时，要逐户添加商户微信，做好后续的产品营销和渗透。

以上对沿河路支行做了一个简单的分析，总体来说，这家支行团队优秀，有一定的营销意识，但是现在缺的就是方法和技巧。如果不断学习新的技巧，加强流量转化为增量的力度，同时做好营销物料和小礼品的配置，进一步加强考核，通过这一系列的动作，沿何路支行一定会迎来业绩的腾飞和大发展。

国有银行老网点如何再创辉煌

某国有行月集支行数据分析：支行个人存款 5.1 亿元，理财 0.86 亿元，该行周边过去只有自己一家银行，但随着其他行的陆续开业，存款严重滞涨，这几年换了三任主任，均未见改善。

月集支行位于城乡接合部，是典型的三少网点，即周边住户少，门口流量少，存款增长少。但周边有众多汽车 4S 店、二手车市场，还有一个新建的建材市场。

对月集支行的辅导建议：

第一，月集支行是成立 20 年的老网点，近年周边其他行开业，陆续挖走了一些存款，导致存款滞涨。建议两手抓，一手抓防流失，客户取现要有挽留，尽快落实管户责任，加强客户的日常维护，先把客户微信都加上；一手抓存量盘活和归巢计划，持续做归巢电销。

第二，加强外拓。月集支行门口流量少，但早晚马路边的自行车道和人行道上流动人口较多，建议每天 20 分钟，摆桌子，摆展板，放喇叭，用礼品吸引，做客户流量导入。

第三，资产业务拉动负债。周边有建材市场、二手车交易市场，建议大力做个贷业务，因为个贷受位置的影响少。

第四，理财占比少。月集支行 5 亿元的 AUM，个人理财只有 6000 万元，理财占比 10%，低于全行的平均水平，因此建议以优势产品活期理财为突破口，通过大力宣传和销售理财提高人气，增加资产规模。

第五，做服务品牌。建立自己支行的服务文化："不负众望，如您所想——月集支行团队文化"，不断通过服务文化的打造吸引和挽留客户。

第六，员工不愿出头露面，虽然都能做好本职工作，但潜力有发挥的空间，打造一个营销、积极、向上的团队文化是业绩上涨的基础。所有事都找主任是农行多数网点存在的通病，需要逐步改善。

第七，研究周边其他银行的产品和服务特色，要主动出击，抓住对手产品收益低的最佳窗口期，加大宣传，实现同业吸金。

第八，商户多，多推广收款码、现金管理等产品。周边汽车 4S 店多，多办理分期业务和信用卡业务，作出支行特色业务。

第九，管户工作尽快完成。建议循序渐进地分户，由少到多，逐步通过人人管户来历练团队，增加客户的稳定性。

第十，强化绩效分配。在目前的考核办法基础上，加大业绩的分值比率，形成人人有指标，人人看指标的氛围，逐步尝试加大绩效差距，多劳多得，突出营销优先，营销者的收益占比原则上不能低于 70%。

国有银行农村网点怎样应对同业竞争

陈集支行数据分析：支行个人存款 9.1 亿元，理财 1.86 亿元，这两项指标在全行的增量名列前茅，但最近明显感觉客户量少，流失现象日趋严重。

陈集支行位置：位于乡镇中心繁华地段，门口就是一个大型农贸市场，但是流动人口多，能够进门的客户少，周边有邮储和农商行。

陈集最大的特点是能够调动大家的敬业精神，老同事全年无休，还带病坚持。团队好，注重宣传，有较强的客户基础，但也有需要完善的地方。

对陈集支行的辅导建议：

第一，虽然客户基础好，但目前新客导入受限，农历的三、五、八、十日是陈集大集，建议利用大集集中发单页，对全镇进行覆盖式宣传。

第二，陈集支行门口宣传，坚持早晚各一次。尽量全员出动，特别是柜台人员，不断强化外拓意识，天天做营销，人人看指标。

第三，柜员的开口率需要提升。农村客户相对纯朴，只要勤开口，营销将变得很简单。

第四，对周边商户开展以时时付、收款码为主的业务宣传，特别适合做点塑料袋，实现宣传裂变。

第五，支行客户习惯排队办理业务，客户体验感不好，建议买点塑料凳，排成一排，增加体验感。

第六，进入农村村民微信群进行宣传，多开设农村理财夜校，多打惠农品牌，进一步导入新客户。

第七，研究对手。陈集支行周边有农商和邮储，要经常去同业暗访，看服务，比产品，提自我。

业绩落后的县域支行怎样迎头赶上

大东县支行下设 4 家网点：支行个人存款 30.1 亿元，理财 2.86 亿元，该支行连续两年业绩名列全行倒数，员工对考核和兑现牢骚满腹，人心不稳，严重影响业绩的增长。

大东县支行网点位置：四家网点均位于城区繁华地段，但是存在"三少"，即宣传氛围少，客户导入少，活动举办少。

对大东县支行的辅导建议：

第一，强化数据分析。资金每天来了多少，来自哪里；资金每天走了多少，转向何处，什么原因；近期零售新开户和销户情况。针对流失问题，个金部一是每天通报各行资产流失情况；二是制定奖罚措施，将所有的户都分给每个人，实现管户资产考核，比如小王，管理 1 亿元零售资产，是一级客户经理，如果降到了 0.8 亿元，就降为二级客户经理，以此类推。

第二，给支行配备小礼品。多配宣传品，如扇子、塑料袋、学生尺子、气球等。

第三，尽快完善考核办法，兑现要及时，天天有通报，模拟绩效方式。发红包是办法，但不是最终手段，让员工尽快拿到奖励，言必行，行必果，才是根本。

第四，关注规模类的考核，AUM、存款余额、客户数等，要有通报，有督导，有奖惩。加强高端客户的考核和服务，一定要解决重低端客户交易，忽视高端客户维护的问题，否则流失更快。要想零售强，赶快做私行。

第五，完善系统的应用，用数据指导支行。

第六，加快年轻化步伐。建议竞聘上岗，公开竞聘。

第七，柜员资源大量浪费。一边支行反映人少，一边是柜员闲置，建议尽量都用低柜办理。每天有人做外面营销客户、外拓或电销。

第八，服务需要提升。暗访，抽查监控。

第九，电视、喇叭、展板如果不监督，很快就会进仓库。

第十，日常培训和管理需要加强，员工综合业务技能较为欠缺，营销主动性较为淡薄，网点管理较为松散，建议强化培训，不断提升员工综合素质。

搬迁后网点怎样做好新老客户衔接

北大街分理处银行个人存款 3.1 亿元,理财 0.86 亿元,该支行因为刚刚搬迁,新址与原址相隔近 3 公里,迁址后,新客户导入受限,老客户却因为搬迁而大量流失。

北大街分理处网点位置:地处十字路口,人流量大,但是客户导入非常少,平均每天叫号不到 10 个。

对北大街分理处的辅导建议:

第一,分户存在问题,客户维护和管理有提升的空间。数据引导销售是网点业绩上量的基础,建议北大街分理处尽快将管户分到每个人,让大家对管户客户进行认领,加强产品到期、日常通联等维护工作。

第二,搬迁后,在老客户的衔接上,有较大流失。需要北大街分理处把老客户利用系统梳理出来,用礼品吸引老客户过来,人人开通掌银等电子渠道,同时专门强化原址周边客户的维护工作,减少物理网点搬迁造成的影响。维护原址老客户的成本远低于新获客成本。

第三,一切考虑存款,理财产品导入少。这可能是由于全行考核导向的影响,但是网点刚刚搬迁,如果越是过度专注存款,忽视 AUM 规模,却有可能越是留不下存款。特别是网点周边中高端客户多,一定要以"存款 + 维护"进行挽留,确保存款稳定;同时,以"理财 + 拓新"来增大分理处的规模,提高叫号量,实现存款和 AUM 双增长。

第四,员工营销能力两极分化,需要强化传帮带。网点老同事营销能力超强，但也有部分员工没有把这些好的经验学过来，电话打的少，营销开口率低，虽有营销主动性，但技巧需要提升。交易业务很勤奋，营销动作相对少。

第五，获客不能依靠厅堂，要持续走出去。客户量少，活动少，导入少，这就需要持续坚持门口外拓活动，依靠勤奋来改变这个局面。

第六，存量盘活空间大。北大街分理处成立时间长，总的存量客户多，但是很多是已经流失的睡眠户，要以理财或存款为重点，再对这些客户开展归巢计划。

第七，走个贷拉动，商户拉动。业务量少的网点，走个贷拉动是一条快捷通道。

第八，网点老员工多，相对经验丰富，每个人都很敬业，这是最大的资源，希望北大街分理处进一步激发老员工潜能，坚持每天财经晨会轮流讲，坚持天天演练，坚持天天电销。

冀北分行社区银行发展的新思路

截至目前，冀北分行下辖 58 家社区银行，经过几年的发展，各项业绩指标都在稳步增长。网均 AUM 余额 6 亿元，其中零售资产规模均突破 10 亿元的有 4 家，有两家开业 3 个月均突破 2 亿元大关。冀北分行占据了全总行前十佳社区银行中的四位。取得令人瞩目成绩的同时，仍然有不足之处亟须调整、解决。

经过几年的摸索，冀北分行已经形成了独特的社区银行特色经营模式，即"产品＋服务＋效率"的模式，秉承着"简单、专注、极致、高效"的理念，用理财高收益产品、理财经理高品质的服务抢占市场，争取了许多市民成为我行的忠实客户，用较短的时间、较低的成本，扩展了在当地银行业的版图。这是我们社区银行取得成绩的法宝，也是未来转型的基础。但也要看到，我行的社区银行在经营上还存在"新老差异明显、个体差别较大、整体分化突出、特色比较单一"的问题。

经过分析，我们不难得出结论：当前社区银行的经营模式比较趋同，一定程度上存在以"用产品收益获得新客户，用产品收益黏住老客户，用产品收益替代服务"的现象。最明显的例子是，去年我行新客户理财收益极具竞争力，短期内吸引了大量新客户、新资金，但是产品到期后客户资金流失严重。每进 10 个客户，就会有 6 个流失。说明我行客户经理在客户日常沟通、潜力挖掘、资产配置、产品绑定上意识没有跟上、措施比较滞后，没有抓住机遇，做好客户留存。

产品可以带来客户，但是只靠产品价格是留不住客户的，触目惊心的流失状况，对社区银行在内的网点客户维护能力提出了更高的要求。

与往年相比，社区银行员工的整体素质，尤其是在与服务水平高度相关的从业资质、专业认证、执照取得方面，有了长足进步，但仍有部分的社区银行客户经理资质不全、专业水准较低，仅仅局限在销售自营产品、办理简单业务的水平上。社区银行转型归根到底是人的转型，人的素质决定了社区银行转型升级的质量及速度，决定了社区银行未来发展的上限，最终决定着一家社区银行的服务能力、盈利能力，而我们目前社区银行人员的整体素质显然与应对激烈市场竞争的客观要求还存在一定差距。

此外，在近期零售部社区中心人员到社区银行"以岗代训"期间，还明显地感受到一线零售营销力量薄弱、营销人手吃紧等问题，可能也会对社区银行提质增效产生影响。

因为以上这些客户问题的存在，我行社区银行客户体验被制约在一个相对较低的水平。具体表现为，一是不能有效发掘客户潜在的金融需求，无法有效引导、激发客户的相关需要，很多客户在我行的产品配置种类比较单一、产品持有结构比较单调，而事实上，购买大额存单的客户可能在证券公司开有股票账户、在其他银行持有基金、在保险公司购买过期交保险，我们资产配置的目标，其核心内涵是将客户的大部分资产都配置到我行来，而实际情况与目标显然差距较大；二是不能很好地满足客户被发掘的需要，除了产品的高收益、安全性以外，客户的金融需求是多元化的，很多需求甚至是超出金融需求范畴却与金融需求密切相关，这些生活休闲需求看似与金融无关，但却可以通过满足这些需求来提升客户体验，增强客户黏性。

冀北分行社区银行下一步转型的具体步骤：

未来，我们的目标很明确：做居民离不开的银行；我们的愿景很简单——做超出居民预期的银行。针对当前社区银行存在的问题、着眼于未来社区银行转型的目标，我们的计划分两阶段展开：

第一阶段：夯实成果，初具雏形

在以往的经营中，我们充分发挥了社区银行"小快灵、稳准狠"的优势，机动灵活、实事求是、转向快、方向准，敢于在万军纵横之中横刀立马、敢于在乱云飞渡中勇立潮头，敢于以小博大、以弱胜强，敢于胜利，这是我们社区银行取得成绩的法宝，也是未来转型的基础，优良传统不能丢。

房子的牢固与否，地基必然是重中之重，它决定着房子的质量和安全，有了质量和安全的保障，房地产开发商才能有做宣传的资本，转型年至关重要。

一是硬件补充。加入宜家的懒人沙发，创造有主题式的办公桌、茶几、饮水机，甚至是纸巾盒都可以是让人眼前一亮的东西。由此则无形之中营造出了一种与传统社区银行不一样的氛围，可能产生的效果之一则是，让一些大客户进入环境之后有一种优越感和存在感，客户不会再单纯地觉得支行网点才是正常的业务银行。

通过智能柜台的投放，低柜的普及，已经有效减少柜台资源的占用，让柜员走出柜台，更多参与到网点厅堂的管理和社区银行的经营中，成为营销创利的生力军。我们认为，后期随着智能柜台功能场景的不断迭代升级，将在释放更多的人员充实到社区银行客户服务和业务营销的队伍中的同时，降低低柜使用带来的运营、监管风险，大幅提高网点营销岗位人员占比。

二是服务提升。服务将是全新的改制体系，从我们目前的状态"产品围绕服务"，到"服务围绕产品"的转变。让客户对社区支行流连忘返，有一种依赖感，是有一种"社区居委会"的角色演绎。例如，能够帮居民遛狗、取快递，甚至可以帮空巢老人修灯泡等。作为我们，可以聘用第三方人员对社区进行划片管辖，我们称之为外围地推（社区专员），以每个人的贡献度进行奖励，此做法则可以有效地对社区银行周围进行地毯式地营销，或者说，地毯式地服务。抛开金融界，我们可以举例海底捞，作为一家火锅店，海底捞的经营模式已经不再单纯的是饮食行业，人们对海底捞的第一印象并非味道多么让人难以忘怀，而是他们的服务简直是让人觉得客户自己是真正被重视的，有一种优越感的存在。我们做了一个调查，简单询问几个人，对于海底捞的印象几乎所有人都说到了服务，这种服务让人感觉并不那么刻意，所有的动作和言语让人觉得是自然和舒服的。由于食客过多，经常有排队的情况发生，餐厅为等待的客户提供各式各样的服务，如免费美甲、美鞋、护手，以及免费饮料和水果。服务员来自五湖四海，竟然还有老乡服务，这样的服务更是直戳客户内心。在我们社区银行中，也时常会有排队现象发生，客户只能低头玩手机，或者坐在那里发呆，客户体验度不够理想，对此我们还未有针对这样的现象有所行动。而借鉴海底捞的模式，这时候若是有一个社区专员的存在，对于这部分等待的客户进行心理上的疏导（唠家常、谈天气、论国事、聊游戏），此举除了让客户在等待的时间不再难熬，同时这也是对于其心理上的一种服务意识，无形之中客户正在一点点地向我们靠近。

三是考核跟进。一个网点业绩好坏，团队建设与考核机制起着至关重要的作用。分行对社区银行的管理除了促成良性竞争外，更加强化零售积分考核系统在整个社区银行经营管理中的落地和运用，用科学合理的考核机制这一指挥棒，用"看不见的手"指引社区银行始终保持正确的发展方向，并保有强劲的发展动力。

此外还要不断巩固充实"社区银行店长负责制"：由店长对社区银行员工工作进行全面考核，支行根据店长考核结果决定员工绩效；店长直接参与社区银行员工的选用，支行在人事上给予政策倾斜；店长全面负责社区银行从安保、保洁、设备到理财、信用卡、其他对私业务等各项事宜，出现问题也直接向店长问责。行使权力，履行责任，我们相信，店长负责制运行良好，极大地催生了相关人员的使命感、责任感、归属感，为社区银行业务的开展打下了坚实的制度基础。

第二阶段：实事求是，打造特色。

经过前面对既有成果的巩固和夯实，对社区银行特点的明确和分类，我们已经可以提炼出符合每家社区银行特点的发展模式，这里以"老年大学"特色社区银行为例做简单勾画说明。

通过对我们现有的社区支行客户群体的了解，大部分均为中老年客户，这一部分的客户年龄在 40~70 岁之间，由于社会节奏的加快，并且已经不再像从前每家每户有院子，邻居间亲密无间的那种场景已经不复存在，取而代之的是一栋栋高层建筑，家家户户紧锁家门，老人在家就会略显无聊。老年大学的开办是一个能解决问题的方法，我们开办学校，让老人有文化教育的熏染，也可以让老年人之间有更多的互动，这样的老年大学一方面增加了社会稳定性，并且创造了更多的就业机会。对于银行来说，增加了客户的黏性，减轻了子女的后顾之忧，所谓对于银行客户群体的"一老一小"计划，也即是如此了。在有了这样的社会地位之后，我们的业务方面也可以转向 EVA 侧重。积极营销合格的保险类产品，有了对于我们的信任，再营销从前认为有难度的产品便不再是难事。在机构设置上，为配合特色社区银行网点的打造，我们建议增设相应机构，分别是利润中心、体验中心和零售团队培训中心：

利润中心以利润为指针、以营收为导向，守住盈利的红线不放松、不后退；

体验中心把客户体验提升到前所未有的战略高度上来，把私行客户的高端体验普及化、大众化、日常化，让独特的客户体验成为社区银行发展的灵魂；

零售团队培训中心以微信语音课堂为主，辅以定期的面对面讲师授课，这在节约培训成本、打破条线界限的同时，也加剧了人员素质的分化，使得员工素质呈现出进一步的两极分化，"优者愈优、劣者愈劣"，因此，成立一个能够统一协调组织各类零售培训并具备极强的培训输出能力的专业化培训机构，迫在眉睫。

我们相信，经过两年的沉淀与铺垫，冀北分行的社区银行对于客户和居民来说已经不再单单是银行，已经成为一种情怀、一种文化、一种生活，即上文中所提到的"人们无法离开的银行"，居民对社区银行产生了依赖感，成为居民生活的调味料、必需品。社区银行所涉及的业务不单单是银行的金融类业务，更是关怀到客户多元需求的方方面面。

情怀的基本释义为"一种高尚的心境、情趣和胸怀"，以人的情感为基础与所发生的情绪相对应。而社区银行的初衷简单来说就是，打入社区，与居民打成一片，增加客户的黏合度，为支行维护客户。如此，情怀实际上就是社区银行初衷的升华，当人们的情怀产生，自然就会离不开这家小小的网点。

依靠"十必做"，做大二级行

十多年前，某股份制银行在省会设立一级分行，此后陆续在各地市开立了二级分行，开业最短的也已经年满5年，但是多数二级分行零售业务发展还不如省会的一家社区银行。根据我们的调研显示，中小股份制银行二级分行零售偏弱不是个别现象，在很多省份可以说是普遍现象。那么，是什么原因导致了这种现象的发生，又怎样解决这一问题呢？

先来看看导致出现上述现象的原因：其一，重对公，轻零售，二级分行一把手重视程度、投入时间精力和财力不足。鉴于零售业务上量较慢，且经营单位绩效考核主要倚重营业收入及 EVA，二级分行均为近几年新成立机构，一把手以上规模、增利润为重点，对公来得快，对零售业务投入的精力、时间和财力远不如对公业务。其二，零售团队营销能力偏弱。因二级分行成立时间普遍较短，且员工大部分为当地新招聘，未经过本行系统性培训及历练，对本行企业文化融入慢，缺乏归属感。二级分行零售员工入行时间短，与分行及同城支行沟通较少，对分行相关政策了解较少，对分行绩效考核灵敏度不足。其三，市场认可度较低。股份制银行二级分行在当地网点普遍较少，品牌知名度不高，加之二级分行有效宣传不足，简单地树高炮、上广播、发材料，宣传的广度和深度较低，业务发展过度依赖对公转存对私，掩盖了零售真实情况，导致了实际的市场认可度较低，营业网点理财和存款类人流量明显少于同城网点。其四，一级分行零售部对二级分行倾注精力不如市区网点。一级分行零售部将人员培训、有效宣传等资源在同城支行投入较多，二级分行获得的培训和宣传类投入较少，零售业务拓展受到制约。在考核激励上，股份制银行实行的是多劳多得的积分制考核，二级分行员工的规模积分和销售积分均较低，由此就进入了恶性循环，越没有客户，越拿不到钱，越拿不到钱，越没有积极性。

对某分行零售业务的辅导建议：

第一，提高二级分行一把手对零售业务的重视程度，打造零售一把手工程，通过设立二级分行行长"十必做"来实现。明确一把手具体工作内容，强化思想认识，通过"十必做"，提高一把手对零售业务的重视程度：

必做一：必自我加压。一把手牵头制定本分行零售发展阶段性目标，并制定符合本分行切实可行的激励及考核方案，以进一步传导经营压力。

必做二：必跟踪督导。一是日跟踪。每日跟踪零售业务指标完成情况，强化通报，鼓励先进，鞭策落后，在全行营造重视零售业务的氛围。二是周例会跟踪。每周由二级分行行长主持召开零售部及所辖机构零售分管行长零售业务周例会，总结上周指标完成情况及部署下周零售工作计划。三是月度工作会跟踪。总结当月各项任务指标完成情况，制定相应处罚措施，确保经营压力传导到位。

必做三：必完善管控。一把手需明确所辖各机构零售主管行长、理财经理、大堂经理、柜员及其他非零售条线员工相关职责，制定零售业务发展具体落地方案，以确保各岗位日常零售工作有迹可循，有制度可依，评价做到有过程、可管控、有结果。通过岗位职责的明确，不断强化厅堂营销服务、外拓营销以及客户营销服务等。

必做四：必支持到位。二级分行的费用按照条线进行切块使用，确保各项零售宣传费用使用到位，在确保对公业务发展的同时，在费用上适当向零售倾斜。

必做五：必重视考核。一把手应将所辖经营机构支行行长的考核挂钩零售副职平衡计分卡，并提高相应权重；一把手应注重零售客户经理积分考核，及时总结分析，将多劳多得的考核理念深入全行。

必做六：必参加晨夕会。一把手需以身作则，对于总分行晨夕会经常参加，引领全辖机构提高对零售晨夕会的关注，也便于把握总分行零售业务最新动态，紧跟重点发展方向。

必做七：必强抓培训。一把手需高度重视全辖机构零售人员销售能力的提升，应定期参加零售人员各项培训，并注重培训效果，将培训工作落到实处。

必做八：必关注数据。一把手只有精通零售数据，才能管得明白。一把手需经常关注零售数据、营销业绩及考核数据等，做到心中有数，才能管理有抓手，指导有方向。

必做九：必经常通关。一把手应定期进行全行零售指标评价，按周、按月、按季分析并检视经营数据和过程管理指标，督导指标执行情况，解决经营中存在的问题，通过不断地督导与通关激励全行零售人员的工作动力，最终达到完成经营指标的目的。

必做十：必强化厅堂。一把手需确保每月在所辖各经营机构巡检及值班，以厅堂为重点，优质服务为抓手，根据总分行标准化营销动作要求，建立"全员转介，专人销售"的联动协作营销模式，提升服务体验，在保证客户优质服务体验的同时，提高营销效率。

一级分行零售业务部将按照以上"十必做"评价二级分行一把手对于零售业务的重视程度，并及时提醒各一把手开展各项工作。

第二，提高二级分行零售人员营销能力。

一是以岗代训制度。由一级分行零售部主导，选派二级分行零售客户经理到市区支行优秀网点参加为期一个月的以岗代训，且明确要求二级分行新入职及转岗零售客户经理均需到市区参加至少一个月的以岗代训。

二是专项通关机制。针对分行主推的各项指标、产品，成立二级分行专项通关小组，每周一次二级分行专题晨夕会系统培训，定期督导与辅导。

三是分行重点支持。分行将统筹安排二级分行零售业务培训与业务指导，提高支持效率，统一安排零售业务部、信用卡业务部、电子银行部和私人银行部相关人员上门支持。

四是打造营销能手。充分发挥榜样的力量，在二级分行选择一批潜力大、素质高的零售客户经理进行重点培养，使其成为二级分行营销能手，以点带面形成示范效应，增强二级分行客户经理的营销信心。

第三，提升市场知名度。为突出宣传区域效果，有效提升二级分行当地市场知名度，分行计划拟通过设立专项资源，通过报纸、电台等多种方式，提升我行市场知名度，提高产品影响力，具体措施如下：

一是调研宣传渠道、广告高效投放。一级分行零售部积极调研二级分行各区域影响力强、市场占比高的报刊，提出有针对性的投放宣传方案，通过分行的网络宣传资源，进行分地区、分客群的精准营销。

二是依据客群画像，实施精准宣传。针对二级分行各机构区域周边客群特点，设置特色场景，实施精准宣传与营销。根据客群画像进行分群、分类，将不同期限、不同风险、不同种类的产品进行分类宣传，具体产品随时更新，将我行产品深入当地居民心中。

三是依托优质项目，发行联名卡。各二级分行对于区域内的优质公司、优质项目可积极营销，探索发行联名借记和信用卡，经分行审核具备可行性的，分行负责协助推进，争取在本地内形成一至两个特色化联名卡产品。

四是宣传资源倾斜，助力打造特色支行。为二级分行提供专项宣传资源，通过当地报纸、朋友圈广告等多种方式，提升产品影响力，同时打造特色支行，通过各种活动，宣传本行的服务和产品，提升市场影响力。

五是常抓宣传引流量、勤做活动拓客户。二级分行各机构厅堂理财客户流量明显较少，日常应将外拓宣传放在首位，制定详细宣传方案，如每日宣传地点、发放折页数量、收集客户信息、后期营销追踪情况等，及时总结分析，提高外拓宣传的质量与效率。勤做活动拓客户，一方面利用专业化、标准化的服务和产品开展各类宣讲活动；另一方面利用各类特殊时机及客群，开展有针对性的活动，如"迎新春、送春联"、儿童财商教育、养老养生讲座、广场舞比赛等，各类活动需提前造势，确保客户数量，积极评估后期效果。

第四，人力资源支持适当向二级分行倾斜，将分行优秀零售业务骨干外派到二级分行进行锻炼，将同城支行先进的工作经验带到二级分行。通过赋能导师上门送训，微信课堂和远程视频等方式，加大对二级分行的培训力度，强化通关和业务指导，提升培训效果。总之，人是一切核心竞争力的奠基石。二级分行只有从转变观念、提升团队、强加资源倾斜等多个维度，才能确保发挥二级分行应有的贡献。

"李云龙式"的团队怎样持续发展

在这些年的网点辅导中，我们遇到了一支劲旅，整个辅导过程中，敬佩、感动时时伴随着我们——吉中分行是我们见过的最优秀的团队，没有之一。分行行长就是一个"李云龙式"的领导，雷厉风行，威信极高，工作执行力超级强，每个员工都有强烈的企业归属感，这些年离职率为零，绝对应该算得上是一支能打胜仗的"李云龙式"团队。但去年以来，随着零售转型以及产品竞争力的变化，吉中分行目前也遇到 AUM 滞涨、新客导入少等问题。

数据分析：在某中小股份制的总行内，零售 AUM 指标排名第一的不是总行营业部，也不是北上广深的一线支行，而是北方地区的一个经济不是太发达的小城市的分行营业部，整个分行三家网点，一家营业部，一家支行，一家社区支行，AUM 余额 67 亿元，较年初负 1.2 亿元，其中营业部 52 亿元，全总行第一，但较年初负 1.1 亿元。

位置分析：该行三家网点位置都不算太好，因此该行的外拓是关键，过去该行的对公业务发展，拉动零售大发展，掩盖了位置上的不足，因此，当对公联动下降的时候，一定要通过外拓做大基础客户。

对吉中分行的辅导建议：

第一，考核一定要兑现，否则员工不信了，再重新树立信任就难了。考核四要素：考核要公平，考核要叠加，奖励要宣导，兑现要及时。建议加大考核的严肃性、科学性和及时性。

第二，吉中分行零售过去依靠的是公私联动等大渠道类导入，现在联动资源遇到瓶颈，突然转型做传统零售会有一定的迷茫和阵痛，这就需要两轮驱动，循序渐进。一要积极推进向传统零售转型，二是要继续用好新的项目和渠道导入，比如，二手房资金监管、驾校学车款托管、公积金导入、企业代发等。

第三，信用卡客户的联动营销有很大空间。目前吉中分行有 11 万信用卡客户，而且最近办理信用卡的客户依然在快速增长，但是多数的信用卡客户在我行无借记卡或没办理关联还款，因此，有很大的挖掘潜力。建议对存量信用卡客户开展绑定自动还款且开通"日薪月益"专项营销活动，新开信用卡必须开通借记卡并绑定自动还款才能算一个有效信用卡户。

第四，零售员工之间的专业技能差距很大。有几个非常优秀的营销能手，但也有的员工由于经验不足等原因，维护能力不佳，业绩增长乏力，因此，加强行内员工的交流培训，一对一实行导师制，同时，建议加强外部培训的引入或把员工派出去听公开课回来进行转培训，不断提升团队素质。

第五，加强团队文化类建设，随着指标压力的增大，部分零售员工由于任务重且会议多，员工连轴转，疲劳应付，造成了"领导在就强打精神，领导不在便打回原形"的工作状态。零售业务不能单单靠情怀，而更重要的是得到关爱感。

第六，吉中分行个贷规模只有 3.3 亿元，这与全行 30 亿元零售存款、60 多亿元的 AUM 极其不相称，个人业务的贷存比只有 10%，建议进一步落实国家和上级行关于加大非房业务的政策，积极响应支持小微发展的号召，大力推广抵押贷等产品，在吉中当地打出个贷品牌，最终实现个贷上量，促进整体零售发展的目标。

第七，零售理财人员应尽量保持在支行的稳定。支行之间人员调动不宜过于频繁，避免人员变动造成客户维护断档，造成资产流失。目前吉中分行客户的流失，其中有一部分是因为维护人员更换的原因，建议有针对性地采取措施。

新建支行怎样实现零售业务的快速上量

对于银行人来说，当下，显而易见并且感受强烈的是，同业市场竞争激烈程度史无前例，经济下行使得银行对零售业务的重视度远超以往。但没有一家银行不面临费用的缩减、成本的约束。而通过物理网点的快速布局扩张零售版图的方法，在"资管新规"落地、理财产品"变脸"的因素作用下也并不如从前那样好使。但是银行的网点还是不断地开，只是在这种竞争越来越激烈的环境下，新开的网点该怎样应对竞争，怎样快速把业务发展起来呢？

一、表单化、精细化管理是新网点业务发展的根基

在近期对兄弟网点、同业网点的实地工作走访中，我们发现基层网点普遍存在业绩指标"五颜六色"、营销思路"五光十色"、经营方向七上八下等问题。银行零售业务的特点虽说是最讲究细致，最要求细化，也最看中细节，然而不同的营销表达、营销思维中蕴含着普遍的营销规律，提取这些规律形成统一而有效的打法并推而广之，才是快速提升网点产能，尤其是补齐低效能网点短板的好办法。

结合一线实践经验，具体来说，新形势下零售转型要做到——

由网点条线各自管理向统一标准管理转型；

由零售过去相对分散化向标准化模式转型；

由定性工作要求向定量工作标准转型。

其实质而言，既要立足网点位置、网点辐射区域，向员工个人资源、员工个人营销能力要产能，又要向标准化管理过程要产能，切实推动网点转型。

具体实施中，首先要梳理包括网点零售主管行长、大堂经理、理财经理和柜员等岗位的职能与定位，根据职责与定位，制定每日、每周、每月的工作量与工作标准要求，并把营销思路、营销方法甚至精确到每天打多少电话、使用什么话术、每天更新产品宣传折页、使用什么模版这样的营销技巧，汇集形成《网点零售岗位标准化工作指引手册》，下发到人，让所有的营销有据可依，有方可循。

把零售营销由自由发挥的天马行空变成有技术标准、操作标准的技术活。

零售岗位对标准化工作流程的执行是影响网点零售效能提升的关键。

具体要做到——

一是练好基本功，流程要清楚。要明确零售营销流程的标准内容和岗位的日常工作。三大营销流程分别是厅堂营销服务流程、外拓营销流程以及客户营销服务流程；四大岗位分别是零售主管行长、理财经理、大堂经理、柜员，通过制定落地方案，以确保各岗位包括支行分管行长、理财经理、大堂经理、柜员等岗位的日常工作有迹可循，有制度可依，评价做到有过程、可管控、有结果。

二是产能行不行，不落实等于零。为使标准化要求切实落地，需由分行牵头支行施行一对一标准化培训辅导，引导日常标准化工作流程逐步规范，帮助支行进行自我管理和提升；建立以客户为中心的客户管理体系，切实加强网点的客户维护管理工作，提升客户体验及满意度；强化网点厅堂营销"阵地战"，优化厅堂营销流程，明确高低柜联动机制，加强团队合作共赢能力，提高零售团队执行力；建立后评估机制，持续固化前期标准化培训执行要求，最终实现网点产能提升。

银行经营如盖楼，建章立制定标准是打地基，基础不牢，则地动山摇。后面的营销策划、客户维护都是建立在合理扎实、行之有效的标准之上的。把基本功练好，具体的营销思路与动作才不走样。

二、场景化营销是获客的关键

对于大多数股份制银行以及城商行、农商行的零售客户，他们认为什么东西最重要？再确切一些——他们最看重什么？这其实是问银行的零售业务定位。对于银行零售到底是做什么的，不同的人可能有不同的回答。在客户看来，零售就是存定期、买理财、办信用卡、营销贷款。在银行网点经营者看来，零售是能为银行带来效益的重要业务板块。

1. 零售 = 创造想象力

零售就是创造想象力，不过这种传统思维难免陷入"当局者迷"的窠臼，反而看不清事情本身。想要看明白，继而想清楚，再进一步寻求业务上的突围就势必要突破这种思维。笔者结合多年来在银行零售一线上上下下、摸爬滚打的经历，认为银行零售业务的职责应该是为客户创造想象力——一年将尽的时候，当你回想起过去一年最美好的憧憬，假如你能想起在银行买的理财产品最近赚钱势头良好，你开始规划用利息去买自己心仪已久的商品，期待一次向往已久的旅行——这就算是创造了想象力。

还有定期储蓄、信用卡、个人贷款为主的这些零售产品，都可以这样来为客户创造想象力。

银行零售营销就是为客户创造想象力的。这样的定位，可能乍一看有些脱离实际、天马行空，可是时间和实践都已经证明，在经营策略和经营方向上的独特定位，对网点经营者和企业来说，简直就是第二生命。

2. 产品和场景是互补关系

什么样的模式可以创造和激发想象力，什么东西又可以让想象力落地呢？

产品需要场景赋予想象力，场景也需要产品落地想象力。凡是牵扯到产品营销的概莫能外。零售业务过去拼勤快、拼会说、拼激情，现在还要拼技巧、拼思路、拼经验。

3. 人的水准决定零售营销水准

有观点认为，做零售就是做服务，只要我们的服务到位，客户体验良好，就一定可以黏住客户，让客户成为我们的拥趸。

事实上，所谓好的服务是不容易界定的，也很难说服务达到某种标准就让双方都感觉"到位"。在服务中我们也许觉得自己按章操作，做得很到位，客户当时也表示满意，可转头客户就把我们的"好"忘得一干二净，我们的付出也就没有得到相应的回报。

对于客户来说，银行独特之处在哪呢？是装修豪华的厅堂，是丰厚诱人的回馈，还是收益高的理财产品？这些东西，有的只要花钱就能实现，有的受市场影响很难一成不变。

对客户来说，真正独特，真正独一无二的不是银行的设施，而是银行的人。确切地说，是像柜员、理财经理、大堂经理，甚至保安、保洁这样一个个能够直接接触客户、为他们提供服务的人。可以试想一下，如果你只去过一家银行两三次，而大堂经理、保安能记住你姓什么，还跟你打招呼致意，你一定感到很亲切。如果你去外地的银行办业务，人生地不熟，服务人员不仅帮你解决金融方面的需求，还提供当地游玩、住宿、美食的指南，你对这家银行的记忆会不会更深刻呢？

产品和场景的融合需要人去构建，想象力也需要通过人的描绘展开。我们观察到有些银行网点原本十分红火，但是客户经理一旦变动，业绩就再也不复当年之勇；有些网点效能长期低迷，换一拨客户经理，面貌就大不一样，业绩也稳步提升。

三、"七必做"抓落地实现业绩飞跃

必做一：金融＋非金融结合。金融产品指专业化、标准化的服务和产品。非金融即商圈联盟＋营销活动。支行应围绕"一老一小"展开，"一小"即亲子，儿童财商教育等；"一老"即养老，养生讲座、广场舞比赛等。此外，还应通过互联网及商圈营销等手段导入高收入年轻客群，优化客户结构。

必做二：有一个批量获客渠道或项目。支行周边二手房中介、超市、旅行社等渠道或小区物业卡、代缴费等项目引入，批量获客。通过批量客户的单一金融需求作为切入点，提高获客效率，为客户提升打好基础。

必做三：搭建商圈联盟。每家支行都可推出优惠活动。通过搭建商圈联盟的方式，利用周边商户资源打造规模效应和商业信息网络，为我行导入

客户。

必做四：强化营销。天天有宣传，周周有活动，月月有主题。

必做五：线上线下结合。探索O2O支行生态圈试点；产品、营销及服务的线上线下结合。为线上线下支行生态圈的建设进行有益探索，并通过模式创新，扩大支行的获客能力。

必做六：中层站大堂，产能提升忙。各行都注意到未来营业网点的工作重心和交易场所将逐步向厅堂转移，非常有必要安排一名既懂业务又会营销、能控风险也能带团队、综合能力较强的厅堂主管或营业室主任，也就是真正的大堂经理，从具体事务入手实时把控厅堂动态、网点形势。

必做七：服务创新与时俱进。这就要求零售营销要创造想象力，目的不只是让产品和场景融合，更要在其中营造独特的客户感受，让客户走进来，让客户留下来。零售是靠人来做的，基层员工决定了服务的品质，也决定了产品的上限，也决定着银行的兴衰。所以，人是零售最重要、最坚实的基础设施，也是银行零售业务最重要的资产。

网点辅导之后，支行怎样做好持续和固化

通过上述诸多案例的学习，读者朋友一定有了自己的心得。那么在这里，我简单陈述一下网点辅导之后，支行做好持续和固化的措施，具体如下：

第一，厅堂布置

一是产品 A 字展架到位情况。目前个数、展示的什么产品、摆放位置。

二是墙上产品展牌到位情况。目前个数、展示的什么产品、张贴位置。

三是支行 LED 产品宣传。内容是否已修改到位、是否上下播放、停留时间是几秒、是否还是全部是口号型宣传。

四是电视产品宣传。内容是否已修改到位、是否优盘进行本地化宣传。

五是地贴到位情况。是否已张贴、内容是否突出了数字。

六是摇摇贴到位情况。是否已制作和布置、智能设备的摇摇贴粘贴位置和数量。

七是大堂经理台面及柜口宣传牌到位情况。是否已全部摆放、产品宣传是否突出了优势产品。

八是椅背宣传帖张贴是否到位。

九是厅堂绿植是否已调整位置（靠角落摆放）、客户座椅是否已调整好位置（尽量靠墙，根据网点叫号量适当减少座椅，尽量把大厅空出面积，显得宽敞）。

十是支行大门口是否摆放醒目宣传架（是否坚持经常）。

十一是是否已购置电视架将电视放置好、下班后是否将电视打开放置在玻璃落地窗前朝外播放吸引路人。

第二，外拓及支行大门口宣传

一是一天几次、一次几小时。

二是人员如何安排。

三是微信工作牌是否到位。

四是营销展业夹是否到位。

五是上周加微信几个、留电话几个。

六是上周新增客户多少、有效客户多少、手机银行多少、手机号支付多少、存款新增多少、理财新增多少。

第三，电话营销

一是是否已学习电话营销话术、是否已演练，如何演练的。

二是一天要求一人打几户、什么时间什么地点打。

三是是否集体打电话营销。

四是是否每人有电话营销台账，台账记录哪些内容。

五是电话营销效果如何。

六是上周通过电销，加微信几个，存款新增多少、理财新增多少。

第四，厅堂营销

一是厅堂营销对支行中层、客户经理、柜员、大堂经理及理财经理各有什么新要求，比如一天站大堂多长时间。

二是厅堂营销有没有营销台账。

三是上周通过厅堂营销加微信多少，存款新增多少，理财新增多少。

第五，财经晨会

一是财经晨会是否按照四大流程组织开展。

二是是否员工轮流主持。

三是取得什么成效。

四是是否会剪辑编制财经晨会展示小视频。

第六，宣传小视频制作

一是是否已拷贝银行小视频制作教学视频。

二是是否已学习教学视频。

三是上周宣传营销制作了几个小视频。

第七，客户活动

这方面主要指的是上周组织客户活动情况，具体包括：时间、地点、活动内容、参加员工、活动成效。

第六章

学习心得——怎样把
学习内容转化成
零售业绩

近两年，作为总行网点导师，曾经到本行系统内的部分网点做过交流，让我感动的是，很多学员自发地做了课堂笔记，并写了心得体会，水平非常高，正应验了那句话，自古高徒无名师，这些内容理论结合实际，贴合一线，融会贯通，值得我学习。

同时，近几年我和同事先后出版了《银行理财经理实战宝典》《玩转社区银行营销——社区型银行网点业绩提升宝典》《银行网点转型成功营销案例》等零售营销类书籍，让我没想到的是，很多读者和银行利用个人阅读、读书会、拆书会等方式进行交流，其中很多读书体会也很有借鉴意义，应大家要求，专门收录于此章节，并对这些学员和读者深表感谢！

怎样当一名优秀的客户经理

今天在总行零售部的支持下，分行邀请我们系统的宗老师为我们培训"零售获客与综合业绩提升"，受益匪浅，将培训所学与我的日常工作结合，进行了两天的总结、反思，下面分享一下我的学习感悟。

第一，线上营销的重要性

有的银行在新冠疫情期间业绩不减反增，老师着重指出了线上营销的重要性。结合自己的工作想想，线上营销对我们网点的外拓营销同样具有不可或缺的作用。传统的等客上门、外出走访宣传，效果似乎越来越不明显了。很重要的一点，外拓营销不应只是注重一次性的宣传，应该留电话加微信，为后续业务开展打下基础，然后加微信之后进行不间断地线上营销。线上营销将产品宣传与业务成交合二为一，效果更为明显。在今后的工作中，我将按照老师的讲解，为所有客户建立微信群等便捷的沟通渠道，将线上营销效果发挥到最大。

第二，从靠关系拉存贷款到靠专业配产品

这个知识点的讲解让我觉得自己的思想瓶颈有了一个很大突破，思维豁然开朗。之前工作中一直觉得自己没有关系，业务开展举步维艰，现在想我们做的是产品销售，关系很重要，但专业跟产品更重要。

课件展示浙江农商银行搞的活动，客户站在宣传板前面，拍带有存款利率的"明星照片"发朋友圈领礼品，提高了银行产品曝光率，促进了业务成交。现在网点的绑卡业务进度缓慢，一直靠厅堂办业务及找熟人来完成，可以从浙江农商银行的例子上找灵感。

电视机的"三秒定律"让我很有感触，宣传就要简单、明了，三秒钟客户就能看明白，一击必中。在今后的贷款宣传中，我们要抓住客户关注的利率、是否需要担保、额度等要素进行宣传，提高成交率。网点门口要放置宣传牌，来往的客户有需求的自然而然就进来了，积少成多，几千万元的存款也不是没有可能，原来拉存款也不一定要靠关系。

第三，拿来主义、善于学习

老师讲解的几个很出色的银行零售，让我知道山外有山，我们应该向先进的客户经理进行学习，学习他们的做法，改正自己的不足。最好的村镇银行"阳光村镇银行"、零售业务超强的招商银行和富国银行等，都是自己应该关注的，及时关注微信公众号、百度搜索一些好的经验做法，充实自己、武装自己，向先进看齐。

第四，学会使用工具

老师讲解的一个例子我很有感触，即利用企查查看刚注册的企业信息，进而拓展代发工资业务，起到了事半功倍的效果，避免了为拉存款病急乱投医的情况。图怪兽、抖音、彩视等名词的出现让人耳目一新，今后的工作中要充分利用好这些工具，不再为困难找借口，扎实做好营销宣传。

第五，拥有一颗感恩的心

老师从头至尾的讲解都充满着对自己银行、网点的爱与感恩，让人很受触动。以行为家，不仅体现在口头上，更体现在行动中。支行给自己提供了一个好的平台，见证着每个人的成长，这里是一个大家庭，每一个人都应以家人的心态维护自己家的权益。在日常的生活中要怀着一颗感恩的心，以行为家。

第六，工作注重细节，点滴成大事

老师提到的营销垫板、工作桌的营销提示牌，这些细节性的东西，起到了很重要的营销效果。在今后的工作中要全面武装自己，时时、处处做宣传，将该拥有的宣传利器全都置办到位。

第七，打造私域流量

这对我来说是一个很新鲜的名词，但细想开来其实我自己也在做着这方面的工作，不过离老师讲的还有很大差距。我用单位给开办的联通号码开通了微信，作为我的一个很重要的工具使用，在我这个微信上有好几百个客户，给我的信贷宣传提供了一个很好的平台。

老师的授课让我对自己的微信营销进行了总结反思，我希望能让其发挥更大作用。细想开来，这是一个很重要的工具。我将四张清单上的所有个体工商户清单、各行政村可授信客户清单、存量贷户及保人、外拓客户清单全部加入我的微信，这样我就有了很大的客源。

营销无诀窍，量大定江山。乔·吉拉德每到一处便发放他的名片，我可以每天向几千名客户进行我的贷款宣传。作为一名客户经理来讲，这些客户将是我职业生涯里很重要的资源，我要努力经营好。

第八，系统化学习的重要性

我从聊城大学中文系毕业后，直接进入了我们银行这个大家庭，后来又加入了客户经理队伍，一切对我来说都是一个个挑战。

之前一直觉得自己在信贷方面的工作很土气，缺少那种职业性与专业性，心态一直处于一种迷茫之中，觉得很不适应，觉得"四化"管理、执行力等东西理论性太强、不实用，现在竟慢慢地开始习惯、喜欢上这种学习的感觉。

我的孩子现在上小学，他每天什么时间干什么事情都有详细的计划表，在学习方面很受用，行为成为习惯、进而成为优秀。成人的世界遵循一样的规律，每天的工作流程化、有计划性，一切都会向好的方向发展。

第九，打造自己的子品牌

老师说，作为一名销售人员，人品永远是产品的灵魂。要做一个为人正直、做事爽快的人，做好客户的金融服务管家，让客户在有业务需求的时候第一时间想到我，朋友的感觉强过冰冷的业务关系。利用好自己的私域流量，经营好手中的万千客户，做好线上营销，让良性的互动成为自己子品牌中重要的一部分。

我的性格既朴实又务实，我想将我的这些特点传递给我的客户，让大家觉得我是一个可靠的信贷员，从而维护好自己的子品牌。

第十，充满激情地工作、生活

三十来岁的年华不应该装了一颗80岁的心，应该时刻展现"男儿何不带吴钩，收取关山五十州"的激情，将最好的年华投入到挚爱的事业中。培训过程中看到老师当年发传单的场景，我心中很是感慨，那应该是他激情燃烧的岁月。在回首往事时，我希望到那个年纪我不因虚度年华而悔恨、不因碌碌无为而羞愧，我最好的青春年华献给我最爱的事业。

很充实的一天，收获满满，有不当之处请大家批评指正。现在的每一天都很充实，日常四化管理的落实，执行力的操作、再学习，都让我觉得自己在成为专业化优秀客户经理的路上越走越路顺。

之前的自己有些呆板、保守，对不良清收中收获了干事业的激情、组织客户活动让我觉得挑战自己是一件很快乐的事，"开门红"竞赛的每一天让我重拾刚上班时的热血，我的这一切改变，让我从自己思维的泥潭中跳了出来。伟大都是熬出来的，做一个厚道的人、一个会吃亏的人、一个用好心态去生活的人。我一定心怀梦想，不负韶华，在零售业务的大舞台上绽放自己！

（客户经理 张爱涛）

没有经营不好的网点，只有不会经营的人

通过参加"零售获客与综合业绩提升"培训，不仅从老师那学习到了丰富的营销手段，于我而言更多的是经营思路上的转变，尤其是对正面临零售获客窘境的济南路支行更是醍醐灌顶，同时自己也反思了在支行经营上存在的问题，打开了经营的新思路！

第一，打造支行专属"家文化"，增强网点凝聚力

员工是企业发展进步的第一资源，是企业的宝贵财富。老师在讲课时也说只要是从他所在的网点工作过的员工，每年都会不约而同地为网点庆祝生日，这是何等的团队凝聚力，截至目前网点已经培养了17位中层干部。

济南路支行在今后的工作中将结合老师所讲的打造支行"家"文化的措施，根据员工情况，建立不同的培养成长制度，充分调动员工的主观能动性，增强员工的归属感、幸福感、获得感，重塑员工的凝聚力、向心力和战斗力！

第二，没有经营不好的网点，只有不会经营的人

培训之前，济南路支行不止一次地展开过网点经营困境的讨论，也知道网点面临的客观问题，但是仅仅是知道困难，并没有找到行之有效的解决方案，之前制定的措施办法一直没有起到显著的效果。思想一直在问题里打转。没有打破传统的外拓营销和电话营销模式，触发客户的痛点；在宣传上缺乏营销元素，没有了解客户，服务客户，想客户之所想，看似努力营销实则一直在做无用功。

通过培训才意识到自己的问题所在，外拓营销不是简单地发发传单，介

绍产品，而是要提前准备好单页、礼品、二维码；朋友圈推送不是简单地点击发送，而是要精心准备好文案，运用相关工具软件编辑好图片，注重产品宣传，减少单纯的形象宣传，以产品带动形象，一举两得；电话营销不是简单地问答而是要提前准备好话术，要封闭性提问，不要开放式提问；客户经理不是简单地投放贷款，而是要经营客户的一切；柜员不是简单地办理柜面业务，而是要勤开口、勤转介、勤加微、勤微沙、勤外拓、勤电销等，服务就要主动热情高效贴心，客户是家人，服务无止境，做一笔业务交一个朋友。

通过学习，济南路支行会后通过展开头脑风暴集思广益，针对客户引流、零售拓展、厅堂营销布置、电话营销、微信网络营销等问题制定了下一步的工作方案。日常经营中困难是肯定存在的，但是只要有问题就会有解决的方法，相信通过培训后的调整和持之以恒的营销，问题都会迎刃而解，正如老师所讲营销无诀窍，量大定江山！

第三，不断加强学习，提升自身能力，学以致用，活学活用

老师培训时说，营销的最高境界不是营销产品，是营销自己，人品永远是产品的灵魂！成功没有捷径，但是一定有方法，而这个方法在我理解而言就是要不断加强学习，提升自身能力。

作为银行员工，我们不仅仅只是需要学习单位的规章制度、产品内容、业务知识、金融知识，最重要的是学会如何学习，学会如何一直保持学习，养成学习的习惯并将所学形成行之有效的工作方法，提高自身综合素质，这样才能在营销中面对不同的客户都能游刃有余，努力做到让单位信任、让客户放心。

感谢行领导为我们提供次宝贵的学习机会，感谢老师的倾囊相授，让我在营销方法和经营管理上进一步提升，让我在支行目前面临的窘境上找到了新思路、新方法，在不久的将来济南路支行定能打破业务困局，全面提升零售业务的营销业绩！

（济南路支行 王伟）

怎样用好线上获客

非常有幸参加了"零售获客与综合素质提升"培训，感谢分行为我们创造了这么好的机会，给大家请来系统内实战派的老师前来授课，全场干货，受益匪浅！参加如此高质量的培训，全程集中精力参与，主要有以下几点感悟：

第一，关于客户经理业绩的认识

"客户经理行不行，没有客户等于零""销售人员如果靠底薪活着，说明你还不够努力""营销无诀窍，量大定江山"。诚然，一个客户经理的业绩与自身家庭、同学圈、朋友圈等资源有一定关系，然而手头的这些资源毕竟是有限的，客户经理应始终保持在营销的状态，丰富获客渠道，持续提升获客量。

客户经理只有持续获客，不断扩大朋友圈，才能拥有更广阔的客户资源，业绩才能持续提升。

建议："开门红"开始以来实行的客户经理每天业绩排名是一项非常好的举措，提升了客户经理营销的积极性和紧迫感，建议保持下去，激励客户经理始终处于营销状态。一方面发现营销能手，提升其营销热情；另一方面督促后进，让业绩靠后的客户经理红红脸出出汗，知耻后勇。另外，建议把优秀客户经理的好经验，及时用抖音、短视频、千聊课堂等方式进行推广，带动更多的同事。

第二，改进厅堂布置，打造"数字"银行

营业室门口、窗户、进门台阶、立柱、柜台、座椅等显要位置，用展旗、展板、电子相框、摇摇帖、地贴、电视机、座椅套等媒介，将特色产品的优势用最夺人眼球的数字体现出来。同时，印制塑料袋、手提包、宣传扇等全部突显数字。营造厅堂全是数字的营销氛围，以产品带动形象！

老师分享的他行厅堂布置与我们部分网点对比，感触最深的就是我们厅堂布置主题不明显，优势产品的优势未得到应有的展现，特别是"数字"未得到突显，比如优势定期存款收益率、拳头贷款产品利率等。

建议：我们的网点较多，若网点自行设计宣传材料的话难免五花八门，无法形成宣传合力。建议行零售部针对优势产品设计统一的宣传模板，各网点根据自身情况订制相应宣传措施。

第三，搞活微信营销，提升获客数量

微信营销标准流程：带礼品发传单→加微信→拉群→搞福利→营销产品并获客。

发朋友圈编辑文案要有趣有料有故事有情感，避免生硬的营销内容，提升吸引力和关注度。同时，发朋友圈最好的时间是晚上八点半。客户生日应一对一发祝福信息，任何信息应避免群发。

借助微信群与商户开展异业联盟，实现资源共享。如以优惠券的形式在微信群推三元牛肉面、优惠价馒头、优惠价鸡蛋等，在客户来网点领取优惠券的过程中实现获客，最终达到银行、商户、客户三方共赢的效果，增强与客户、商户的黏性。

加大对物业、社区、村两委的沟通协调力度，争当物业群、社区群、村居群的群主，定期开展优惠、爱心活动，实现获客。

建议：零售部整合全行能为客户提供优惠活动的资源，实现各网点间优惠资源共享，提升微信群优惠活动的覆盖面和优惠力度。

第四，用活营销工具，发展线上营销

客户经理应以客户为中心开展营销，客户经理的职责是经营客户一切事务，最高境界是教客户买产品而不是叫客户卖产品。授人以渔，而非授人以鱼。

用活淘宝、拼多多、彩视、图怪兽、企查查等软件和网站，为客户提供

有针对性的贴心服务。

针对目前抖音、快手利用率相对较高的现状，开展抖音直播等形式的线上宣传模式，提升产品的宣传力度和市场知名度。

建议：线上营销是一把双刃剑，建议先选择合适的小部分员工审慎开展，待大家掌握营销技巧后再全面铺开。以抖音直播为例，专业性要求高，若直播人员未掌握营销技巧而盲目开展直播，不仅起不到应有的营销效果，反而有可能对单位的形象造成影响，得不偿失。

以上是我通过培训得出的几点不成熟的感悟，不当之处请批评指正。后续将与支行同事开展对培训内容的进一步学习和感悟，学有所得、学有所悟、学以致用！

（黄河支行 陈金强）

用好展业工具让营销变得更简单

正是"开门红"活动收官之际，指标压力最大的时刻，行里组织这次大规模的现场培训，我开始有点不理解，可是在经历了一天的培训后，老师的课程转变了我的想法，甚至有些意犹未尽的感觉。通过今天的培训，心中有颇多感触，在此与大家分享。

首先，我们应该改变传统的营销方式。

在过去，我们的营销方式无非是发放传单、电话营销、"扫楼"等传统的线下营销方法，然而随着社会的发展和网络技术的进步，微信、抖音、快手等应用在不断地扩大，很多花甲古稀之年的老人都能够熟练地使用微信、抖音，因此我们的宣传营销也应该以这些平台作为抓手，进行内容丰富、有实质性效果的线上宣传。

就我自己而言，之前没有这方面的经验，始终有一种畏惧和懒惰的心理在阻碍着我去尝试，今天通过老师展示的课件，我才认识到原来有很多人已经走在了我的前面，并且已经取得了很好的营销宣传效果，这也坚定了我要尽快尝试的信心和决心。在接下来的工作中，我要仔细思考线上宣传该走的方向并且坚持不懈地做下去，努力成为一名能跟上时代步伐的新型营销人。

其次，营销就应该直接抓出客户的需求。

通过老师的授课以及大量的视频和图片的展示，我看到了我们同业人制造的营销氛围。简单直接的利率数字直击眼球，能够抓住客户的需求点和痛点，老师形象地说道："你把网点弄得跟机关事业单位一样，没人会想进来！"

细细想来，确实是如此。我们首先要把客户吸引进厅堂里来，才能给客户展现我们的厅堂服务和业务能力。在以后的日常营销以及活动营销中都要做好营销环境的布置来进行造势，能够在第一时间抓住客户的眼球，引起客户的购买欲。

最后，这次的培训让我找到了不足，认清了差距。

之前在外拓营销的过程中，我以为手里一支笔一个本一摞单页就可以了，通过今天老师讲到了营销垫板和展页夹的作用时才意识到自己的业余。在自己亲手制作了营销垫板以后，才更加深刻地认识到这小小的一张纸原来有这么大的作用，在营销过程中这小小的一张纸竟然能给客户这么直接地展现我们的产品优势。

总而言之，这些都是细节的体现，在今后的工作中我会尽快建立自己的展页夹，制作出属于自己的营销垫板，在制作展页夹和营销垫板的过程中熟悉我们的产品，找到我们的产品优势，努力成为一个注重细节、专业素养高的营销人。

还有好多好多的知识需要思考、消化和感悟，老师一天的课程让我认识到自己原来真的犹如井底之蛙，一味地闭门造车只能被淘汰。在今后的工作当中还是要继续加强学习，并将学习到的先进经验运用到实践、运用到日常的工作当中，为了单位的发展，为了我自己的成长，都应该努力向前。

（董集支行 郑玉洁）

多方努力确保业绩倍增

今天，我有幸参加了零售部组织的"零售获客与综合业绩提升培训"，培训老师语言生动幽默，讲解深入浅出，引人入胜，水平很高。一天的培训，全程听得津津有味，收获颇多。

第一，我要转变营销观念，要加大产品宣传，减少形象宣传，树立"营销无诀窍，量大定江山"的营销理念，不怕失败，敢于直面拒绝，扩大营销广度和深度，和客户做朋友，相信"朋友过千，法力无边"，营销多了，业绩自然就会增长。

第二，我要不断学习，跟上时代步伐。"工欲善其事，必先利其器"，培训老师给我们讲解了营销工具的用法，展示了营销工具带来的巨大效果。"人力不如工具""单一不如裂变"，我要熟练掌握营销工具，并将营销工具运用到以后的营销工作中。

第三，在工作和学习中我要养成善于总结和积累的习惯。今天培训老师所讲的案例，就是老师在工作和培训中的总结和积累。营销客户也一样，不论营销成功与否，都应该及时总结原因。有成果以后继续发扬，有问题及时找出解决的方法，以后再遇到同样的问题就会迎刃而解，"常总结，长进步"。

第四，在以后的工作中我要注意营销细节，努力培养私域流量。现在的营销就是营销自己，我要充分利用微信朋友圈和微信群，及时与客户互动，做客户专业的金融服务专家，努力打造人设，以人设促营销。

第五，我要在思想上树立"团结争先"的工作理念，争做"六勤"员工，严格贯彻落实行里的工作部署，切实担负起营销的责任，尽自己最大努力打造我们的零售品牌。

（郝家支行 苏金刚）

五大零售工具让营销更简单

今天参加了为期一天，主题为"零售获客与综合业绩提升"的培训，感受深刻，获益颇丰。这是最近几年培训中鲜有的不讲理论，只讲干货的强有力课程。感谢行党委能够提供这种实用的学习机会，现将感想汇报如下：

第一，与时俱进，充分运用互联网工具

老师分享的几款 APP 应用和实用网址，以前接触的不多，基本没有使用过。原来很多信息不用找关系去要，在网上就能轻易地获取资料。还包括抖音、彩视等微视频软件的使用，发短视频的营销效果比纯文字和图片都要好。

第二，学习先进，充分运用展板工具

观看了老师播放的视频，发现原来小小的展板和电子相框有这么大的用途。"三个展板顶一个客户经理"，产品以简单直接的形式出现在人们的面前，给人以视觉冲击，快速形成感染力，吸引人的眼球。

第三，个性营销，充分运用文案工具

以文案和产品来带动宣传，减少人们的审美疲劳。特别是通过节日氛围和亲情文案的烘托，以激发客户更主动、更直接购买产品的欲望。

第四，脱颖而出，充分运用福利工具

"存款积分有礼"这是每家银行都会采取的营销策略，但是通过今天课堂上讲到的通过低价买鸡蛋和周二、周四低价买馒头这些形式，可以以更低的成本来获客。

第五，以量取胜，充分运用微信工具

一名合格的客户经理的微信好友不能低于 1000 名，并且把微信好友们进行标签分类，针对不同的客户群体推送朋友圈。青岛银行客户经理以小区物业群群主的身份帮助小区建立物业群，并选择合适时机进行宣传，确实新颖。

借此，我有两个建议：

一个是学习借鉴先进经验。今天老师很多授课内容有不少股份制银行的先进经验，行总部有关科室可以牵头到周围的股份制银行营业部进行暗访，并将一些实用的先进经验及时介绍到我们基层网点；或者由基层网点定期向行总部有关科室报告基层网点周边银行的活动内容，以做到知己知彼，制定策略或是加以借鉴。

另一个就是加大对运营主管的培训力度。一个好的合格的运营主管能顶一个行长。增强运营主管对厅堂营销工作的重视程度，改变以往会计主管的固有观念，提升他们的厅堂营销能力和获客能力，提升厅堂营销主动性。

通过这次学习，我将学以致用，结合支行的实际情况，把适合自己的先进经验运用到自己的网点上。真正做到"客户是家人，服务无止境"，不断树立信心，提升业绩，在春天行动最后阶段把业绩提高到一个新水平。

（新建路支行 陈津）

如果不转变思路，零售业务没有未来

我有幸参加了宗老师的"零售业绩提升系列"丛书读书会，经过读书学习，我不仅充实了更多的理论知识，开阔了视野，解放了思想，更提高了零售知识。从业务知识到案例展示，每一个内容都让我感到收获多多，开拓了思路方法，较全面地提高了自己的理论水平和零售能力，以下是我的几点心得。

首先，从大的层面上我们需要改变思路。

在新形势下我们遇到的困难越来越大，零售成为网点盈利的重要渠道，而零售获客又是网点业绩提升的重中之重。这个思想改变，我自己感觉最重要的就是两点：一是实践，以前的银行是坐在那里等钱来，而现在我们需要走出去把钱拉进来。对于现在的我们来说，前有国有银行的多年积淀、股份制银行的强力影响，后有其他银行的各种竞争，如果我们不实践、不走出去，最终将得不到任何客户。二是特色，老师书中讲的各种特色支行深深吸引到了我，不管是 LED，还是宣传塑料袋，只要有自己的特色就有了很大的吸引力。现在的顾客可选择性很高，这个特色恰恰可以满足顾客较高的选择，是吸引顾客的重要手段。

其次，营销细节是成败的关键。

通过读书会我学会了很多的营销技能。从大的营销环境到小的停车牌摆放都给了我深刻的印象，我懂得零售营销给客户的不单单是一个产品，而是一份解决方案，而且从中我也掌握了营销的切入点和如何快速来给客户匹配产品。

针对各种类型的客户如何来对其营销，在营销过程中的话术学习尤为重要，老师总结了客户一般会提出的问题和如何来解决这些问题的方案，通过话术的学习对提升自己的营销技巧有很大的帮助。还有后期怎样来维护我们和客户的关系，做到"宁可错过一千，绝不放过一个"。

最后，是心态上的转变。

说实话，刚开始组织全员读书会的时候还很抵触，觉得自己学习的也差不多了，但是学习之后，我心态上已经有了很大变化，原来自己学的都是一些皮毛，完全是一只"井底之蛙"。

银行业已不再是高高在上的行业，不再是在家坐着就有钱赚的行业，现在以零售为重点，这无疑是一个明智的决定。通过学习重新激起了我的营销热情，从以前觉得还可以，变成现在要积极主动地提升自己，因为态度决定出路。

本次读书会让我们开阔了视野，丰富了知识，打开了思路，不仅对零售有了更加深入的认识，也对开放先进的特色零售理念有了进一步了解。

（读者　陈凡生）

身先士卒带头干，做有温度的领导

2月23日上午，我和同事们一起做了读书分享会，对宗老师的《银行网点转型成功营销案例》等系列零售营销书籍进行拆书分享，通过书中生动的案例、营销垫板和工具的分享让我对银行零售工作有了更新的认识，也让我深刻认识到我们与优秀零售银行之间的差距。我看到了自己作为银行人的不足，尤其在零售工作方面，让我在今后工作中如何开拓市场，如何扩大销量有了更深刻的认识。下面就书中内容我给大家分享一下我的想法。

第一，认识真正的零售营销

零售工作没有捷径，不积跬步无以至千里。零售营销是一个需要我们持之以恒去坚持做的工作，只有坚持才会有成效。并且深刻地认识到对待不同的客户要会说话、说对话才是关键，对待客户我们要学会变通，不能一成不变营销。而且我们要换位思考，站在客户的角度去想问题。

第二，怎样带领一个团队去做零售

只有一个懂得关心下属，一个有温度的领导，才能培养出一支懂感恩、有拼劲的团队。老师所工作过的支行离我家很近，我本人也在其支行办过业务，能感受到员工都是发自内心地在快乐工作。老师还亲自带领大家发传单导客，亲自为员工下厨做饭，为年轻的员工搭建平台参加比赛、出版书籍，给文化底子不高的保安提供岗位，这无疑让每一位员工都会用心做事，使我更加明白，只有用心的领导才能带出优质的队伍。

第三，纸上得来终觉浅，绝知此事要躬行

通过学习，我认识到了自己专业知识的欠缺，以此次读书会为契机，今后我要加强对我行各类零售产品以及资管新规下的理财业务的学习。只有自己专业了才能赢得客户的信任。我们处于发展的起步阶段，上半年要带领营业室的同事好好学习，争取每个人都考出理财资格，才会让客户对我们更加信任。

总之，通过此次学习，感悟到了很多，也成长了很多。希望我能把以上的这些理论都用于今后的工作和生活当中，时刻提醒自己，激励自己！不断前进！为分行零售事业的发展添砖加瓦！

（读者 董力新）

收益低、额度少都不是业绩差的理由

通过对宗老师《银行网点转型成功营销案例》等零售营销系列图书的阅读，整体感觉收获颇多、受益匪浅，犹如一盏明灯为以后零售工作更好地开展打开了思路，指明了方向。感受和需要总结的地方很多，主要有以下几点：

第一，观念转变，即：好的产品并不是做零售的唯一支撑

宗老师书中介绍说，某股份银行仅有 3 个人的社区网点，竟有 10 亿元的金融资产规模，让我触动很大。要知道，该银行的零售产品尤其是最主要的储蓄存款产品，相对于我行来说是完全没有竞争优势的，所以反思下来，我们行现在大额存单买不上或者是没额度，根本不是拉不动存款的借口，光有好的产品是远远不够的！我必须转变这种只有好产品才能拉存款的观念，转而从其他方面找原因做提升，从根本上把零售业绩提上去。

第二，做零售是需要技巧和方法的

老师书中说得很对，产品是一方面，但好的营销话术（电话营销、面对面沟通）、好的服务技巧（比如加深和客户的关系）、好的产品宣导（垫板配合讲解）、持续的客户维护（客户节日、生日回馈）、多样的活动方案（抓住各种节日：小节大过，大节特过，没节造节过），同样是业绩增长的重要支撑。我们要想把零售业绩干好，必须在这些方面下足功夫。

第三，做零售是需要勤奋、持之以恒精神的

一直也明白，零售业务难做也需要坚持做，但是检讨一下自己我在这方面下的功夫还是太少了，跑出去的时间少，客户联系的时间少，客户维护的也少……俗话说，有多少付出就有多少回报，付出的少得到的肯定也少。所以在以后的工作中，我要在本职工作之余，抓住每一个空闲的时间，多发朋友圈，多给客户打电话，多给客户发问候，多给客户做服务，让客户时刻记着我，进而存款的时候第一个想到的是我！

第四，做零售是需要好的辅助措施的

资管新规是一个利器，谈资管新规必谈保本理财，谈保本理财必谈资产配置，合理地为客户灌输这些新的国家政策，才能引导客户并把我们想卖的产品卖给他们。所以，我要在以后的工作中，把这些重要的政策规定学习好研究透，作为自己营销的有力工具，进而提升自己的营销业绩。

时不我待，从现在开始，行动起来，改变以往的工作方法，尽全力提升自己的零售业绩，力争完成既定的任务目标。

（浦江支行　刘新会）

客户维护体会

读书使人进步，我将阅读宗老师零售系列图书的体会分享如下：

第一，零售工作贵在勤

老师曾经身为领导，带头走向大街发放宣传折页，这看似简单的行动，但老师一路坚持，甚至在做行长时每日也都做，一个上午就营销了三位理财客户，让一个成立时间不长的支行零售综合资产发展到接近 60 亿元的规模，这是用实打实的行动干出来的，不劳无获，勤劳才能结硕果。

第二，专业是银行员工的法宝

国家发布资管新规，理财收益率下降，获客难度增加，这是不利的一面，但又是营销客户购买大额存单有利的一面。通过向客户传导资管新规、理财不再刚性兑付等讯息，转变客户购买意愿，引导客户向购买储蓄存款方向发展。

国家政策的调整，金融知识的层出不穷，面对新知识新问题，分析的角度非常重要，要善于学习，发现有利的一面并加以运用。专业知识的运用同时配合专业的营销垫板会起到事半功倍的效果，一是体现了我们的专业，二是帮助客户拓宽了思路，增加了更多资产配置的选择，比如金字塔原理图、标准普尔家庭资产结构图等，让客户认可我行员工的专业度，增强客户黏性。

第三，客户维护要讲技巧

营销新客户购买大额存单或者理财往往很难，营销成功了不是送礼品就是加微信、打电话，等热乎劲过去了，成老客户，往往热情不再，渐渐就疏远了。

只成为单纯的买卖关系，合作时间肯定不会长久。书中老师特意讲到，过年、八月十五、客户生日时必须要联系，是非常有必要的。

另一类客户是低效客户，这类客户的提升对业绩提升帮助很大。给低效客户打电话要做到四点，一是强调专享理财；二是可以享受抢购稀缺资源——大额存单的机会；三是享受类似一周一次免费洗车等优惠活动；四是如果以上都不感兴趣，有最新银行金融信息及时联系客户，让客户感到银行员工一直在关心着他们。

实际上增加客户的感情不仅仅是用产品、礼品，最重要的是关心客户，做到与客户常联系，成为朋友，业绩不愁做不好！

第四，宣传要以产品带动形象

银行宣传的重点是两个，一是宣传银行形象、员工形象；二是宣传产品。提升个人客户数量和打造个人的人设是非常有必要。

产品宣传抓卖点，贷款强调效率高，存款强调安全，理财强调灵活性，发挥全行员工包括保安、保洁成为宣传小能手。

最后宗老师的顺口溜经验让人记忆深刻：资管新规要学好、业绩提升离不了；宣传展板要用心、网点才能多拉新；存款要想涨得好、大额存单是个宝；个贷要想盈利高、非房业务要做好；理财产品要转型、资产配置要先行；电话营销扎实做、客户升级结硕果；零售业务要深耕，全年业绩才更红！

结合老师的分享，我做了一个怎样做好朋友圈营销的思维导图，如图 6-1 所示。

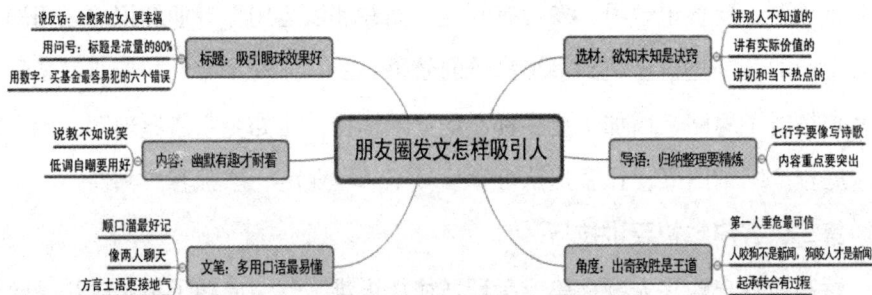

图 6-1　朋友圈营销思维导图

（读者 华贤哲）

营销不能守陈规，厅堂转介到底好不好

通过对宗老师零售系列书的学习，让我对银行零售工作有了更新的认识，也让我深刻认识到我们与优秀零售银行之间的差距。通过生动的案例，我看到了自己作为银行人的不足，尤其是在零售工作方面。本次读书会我的收获有如下几点：

第一，零售工作没有捷径

不积跬步无以至千里，所有的成绩都是辛苦付出的结果，数以万计的日均是无数张实实在在的传单换来的，是走访每一个商户宣传产品换来的，是派发塑料袋到每一个商贩换来的。

通过宗老师书中的分享，我认为发传单也是讲究方式方法的，在我们建行创业初期，或许宣传好我们的一亩三分地就是最好的方法，把周边小区居民和商铺工作人员宣传全覆盖，并且尽可能地得到他们的认可，认可我行品牌及我行产品，逐渐扩大我行零售客群。

第二，存款不是拉来的，而是理财摆布来的

零售并非只有存款这一个抓手，理财也是吸金的法宝，摒弃之前只有存款客户才是"上帝"的观念，开卡只是故事的开始，理财储备多了，一样可以贡献日均，所以也不要一味给所有客户强加"存款"这道硬菜，而是要看人下菜，只要能把他留下，他买快乐宝、直销银行、理财等都可以。

第三，零售技巧高大上不如实用主义

宗老师书中讲的很多实用性的营销技巧及吸睛手段值得我行借鉴。例如，我行宽阔的停车场空间，可以充分利用，在靠近马路的地方设立符合三秒钟定律的优势产品广告，最大可能地吸引过往市民的注意力，这样或许比发传单的效果要好，可以更直观地吸引过往市民。

第四，团队是零售取胜的根基

宗老师的零售业绩系列书除了教会我们营销技能，还给我们诠释了人情冷暖。一个有温度的单位，一有温度的领导，必定会培养一支懂感恩、有拼劲的团队，老师亲自示范如何正确地发传单吸客，亲自为员工下厨做饭，为年轻的员工搭建平台出版书籍，给文化素质不高的保安提供岗位，这无疑让每一位有血有肉的员工都会死心塌地地做事。

发展零售事业，离不开一个有思想的"领头羊"，一个行之有效的方案和一个团结的团队，这样干事才能有目标，有劲头，有成绩。

第五，转介绍不如让每个人都成为营销者

通过这次读书会，我认识到了自己专业知识的欠缺，以此为契机，加强对我行各类零售产品以及资管新规下的理财业务的学习。

专业是赢得客户信任最基本的素质，我们处于发展的起步阶段，零售特别是理财业务处在一个业务死循环的境地，没有专业的理财经理，理财很难上量，甚至连双录的柜员都紧缺，客户每每都会质疑我们的专业程度。当然了，也正是因为没有理财规模，所以觉得大可不用设立专人负责理财业务，当前形势下，这种死循环或许会阻碍我们零售业务的发展，如果柜员理财经理化，建议大堂经理取得理财资格，担任理财经理，这样更能赢得客户信任，客户来行，多次被转介，给客户一种"被忽悠"的感觉。

从书中，我们学到很多实用性的东西，需要我们付诸实践，从点滴做起，学习优秀案例，学习股份制银行先进零售经验，为分行零售事业发展添砖加瓦。

（营业部 赵萍）

沟通和适应，是重要的营销起步点

参加完宗老师系列零售营销书的读书会，马上就要回到各自的工作岗位，一路上脑海中浮现书中的一幕一幕……给我的感触很深，使我又一次得到锻炼和成长。本来是在周末大清早，说心里话是不想去，就抱着既来之则安之的态度来了。但读书会中营销技巧、营销小道具、客情关系的管理等的分享，让我很受启发。大量生动的案例教学，实用性和操作性强，生动易懂，张弛有度，使我们在轻松的学习中掌握到更多的方法和技能。

书中说，年轻人应该做自己该做的事而不是自己想做的事。学习、成长、锻炼自己是我们应该做的事，虽然很累很疲惫，但真正扛过以后，会感觉收获很大。下面就给大家分享一下我的感悟：

第一，沟通和适应，是重要的营销起步点

那首先如何做到有效沟通呢？当然是主动出击。人与人之间的交流很关键，在我们营销工作中更为重要。做销售的首先要把自己推销出去，陌生的队友们从四面八方走到一起，需要我们主动交流，尽快在短时间内融入团队，让大家记住你，记住你所做的金融产品，给大家留下深刻的印象。比如我们在做展板或宣传页时，如果写什么"月月享""快乐宝"，那么客户就会不知所云，所以最高效的沟通方式是直接写大额存单每月到手 710 元，贷款每天只需还4.56 元，数字要占到整个空间的三分之一以上，才能达到有效沟通。

其次，要学会适应环境。在最短的时间内适应一切，融入集体，融入你的团队。我们平时也一样，要适应大的社会环境，因为环境不可能来适应你。

通过这次读书会，我懂得了要把自己的个性化极强的一面，主观意识太强的一面收敛一下，顾全大局，适者生存，不适者淘汰。

其中印象最深的是，书中宗老师说他年轻的时候在某支行干负责人的时候，他会每天第一个在大街上发宣传单页，引客入门。这样做让所有的员工感到适应与温暖，并正向激励了大家的积极性，起到了事半功倍的效果。

第二，八小时之内求生存，八小时之外求发展

说到这里感觉很惭愧，自己好多时间都没有好好珍惜。老天给每个人的时间都是一样的，为什么有的人很卓越，有的人却很平庸，在短短几年内差距就很大，究其原因其实是我们的大脑实在太懒惰了。所以一定要珍惜时光，做一些有意义的事，年轻的时候苦点儿累点儿没什么，等我们老的时候才能有个安逸幸福的晚年。

懂得这样的道理，怎能干不好本职工作呢？人有时候最大的敌人是自己。有些困难和障碍是自己给自己制定的，其实，真正做起来并没那么难，只要战胜自己，相信自己能行，你就一定行。如果连尝试都没尝试怎么就知道自己不行呢？

第三，个性化服务才是营销的根本

会说话，说对话才是关键。宗老师书中讲到，因为我们的客户有不同的类型，处事方式也不同，所以，我们要学会变通，不能一成不变。首先分析客户是什么样的性格类型，选择使用合适的应对方式。然后，我们要做的是将本行金融产品和客户的内心需求相匹配。

总结宗老师书中的精髓，在这个过程中，需要我们在专业的金融知识与坚持不懈地打亲情牌这两方面下功夫。前者需要我们有持续的学习能力，准备好一次营销过程中客户可能会问到的所有疑问，不断练习不断实战，凝练话术，抓住第一时间掌握主动权的技巧；后者则需要我们在客户过生日与所有节假日想着给客户一声问候，不要群发，要有针对性，没事拉家常多建立联系，搞活动要会搞、持续搞，不断扩大影响，以老带新，这一家银行才能走上良性循环的道路。

第四，要学会换位思考

平日里，大家喜欢抱怨和让负面情绪蔓延，不曾体会作为领导肩上的担子有多重。这是人之常情，人们站的高度不同，看问题的角度也就不同。其实我们应该相互理解，多加强沟通，作为员工应该站在领导的角度上多想想，多为行里想想，而不是一味地向行里索取。行里发展好了，员工自然也就发展好了，这是相互促进的结果。

执行就是把"思考"转变为"现实"的过程。想得再好，说得再好，不行动就没有任何结果，只会产生思想的垃圾。在一个团队里，谁先动起来，谁的执行力就比较强，谁就可能成为领导者。同时，我信奉工作中"认真第一，聪明第二"的信条，万事就怕"认真"二字，营销也是一样。

总之，这次读书活动让我学到了很多，感悟到了很多，也成长了很多。希望我能把以上的这些理论都用于今后的工作和生活当中，时刻提醒自己，激励自己不断前行！

（读者 周广颖）

后记：招行、平安零售营销的新招及他行落地

　　不研究同业，就是低头拉车，与别人的差距会越来越大；不借鉴同业，盲目自信，就可能是在错误的道路上狂奔。因此，了解、借鉴、融合招行和平安的优秀做法，可以防止掉队，并且可以走捷径快速提升业绩。

　　如果说招行靠的是客户经营，平安则更像是偏重员工经营。很难说哪种好，哪种不好，毕竟发展就是硬道理，数据是最好的说明。下文针对招行和平安的业绩报告，对零售业绩进行分析。

　　今年以来，各家银行基本走出了新冠疫情带来的业绩阴影，各项规模类指标开始稳步增长，但同期环比增速都不是太大。但是招行、平安的零售 AUM、高净值客户数、个人存款等指标均实现了较快增长，绝对增长额几乎创了历史同期最高。截至一季度末，招行金葵花及以上客户较上年末增长 6.85%，零售 AUM 总量较上年末增长 7.30%，距离 10 万亿元仅有一步之遥。平安银行零售指标增速也非常亮眼，零售 AUM 总量达到 28026 亿元，较上年末增长 6.8%，其中私行 AUM 总量同比增长 53%。

　　那么，两家银行今年零售业务用了哪些新招？这些新招其他行该怎样借鉴，怎样落地呢？

一、招行和平安的零售组织构架更贴近市场

第一，招行和平安的零售组织构架

下面的图1为招行的一级分行零售构架。

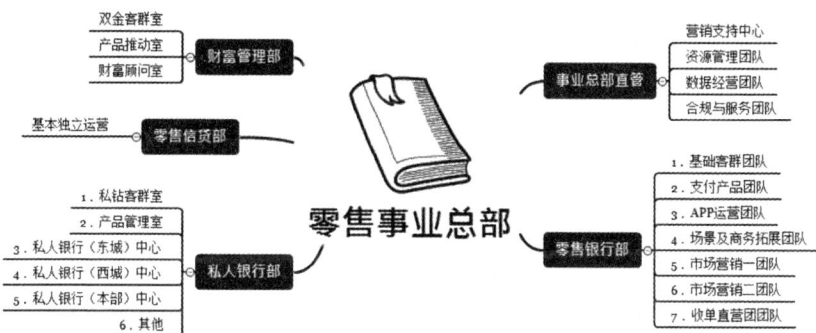

图1　招商银行的部门设置和构架

招行和平安的零售业务均实行准事业部制，比如招行各分行一般是副行长兼零售事业部总裁，总裁下辖零售部、财富部、私行部和零售信贷部。招行、平安各分行零售构架如图2所示。

图2　平安各分行零售构架图

零售部负责基础客群建设和基础客户的市场营销及大堂经理管理；财富部负责金葵花理财经理管理以及产品销售；私人银行部负责钻石和私人银行客户的服务体系搭建，并直接经营。比如某市分行私人银行下设两个私行中心，私行中心老总都是总经理级，每人带着 10 个理财经理，其中 5 个私钻，5 个私行，私人银行主要考核的指标是规模和中收，其中中收占考核分值最高。

同时，招行公私联动的概念是和其他行不一样，多数行的联动都是对公支持零售，而招行的联动是零售支持对公，由私行中心为对公业务输送公司贷款、投行、贸金等客户。从支行层面来说，招行有接近一半的支行是零售专营行。

从平安银行的业务构架来说，有点类似招行，都是以市场为中心，支行中的零售专营行占比比招行还多，零售业务在一家分行独立性很强，与对公关联不大，反而与当地平安保险的营销员联动很多。

去年以来，平安提出零售业务 AUM 等指标在增量和增幅上要向招行看齐，实践证明差距确实在缩小，平安银行的 AUM 规模曾经是股份制银行的第三梯队，短短几年下来，现在已经稳居股份制银行第一梯队行列。

两家银行在零售策略上，可以说英雄所见略同，都是高度重视零售业务、搭建好的组织构架、一切以市场为导向，这些经营理念是他们成功的关键。

第二，招行零售人员的五个构成

一是零售市场拓展团队。主要做代发工资客户的拓展和维护、信用卡发卡、线上小额贷款、分期等外部拓展业务，这是花旗模式的延续，高度重视市场外部拓展是花旗的特色。

之所以设立外拓团队的原因，还与招行环环相扣的客户导入和提升理念息息相关。在招行：85% 的私钻（500 万元）来源于金葵花（50 万元）提升；75% 的金葵花来源于金卡（5 万元）；50% 的金卡客户来源于普卡（5 万元以下）；45% 的普卡来源于代发工资。

值得他行借鉴和反思的是，部分股份制银行没有外拓团队，没有大量基础客户的导入，财富管理就是无本之木，无源之水，业务增长就受到一定限制。套用一个招行历史上的经典句式，银行不做高净值客户，今天没饭吃；但如果不做长尾客群和年轻客群的导入，那么明天就没饭吃。

二是理财专员。理财专员有点类似其他行的低柜理财经理，专门维护 50 万元以下金卡客户，招行之所以进行分层客户管理，是为了避免像其他行一样，理财经理既维护 1000 万元大户，又维护 30 万元小户，这样为了提高业绩，理财经理只能抓大放小，从而影响整体的营销和服务效果。

招行这样分层的好处是专人做专门的事，防止小客户被忽略。

客户达到了级别就上交给高一个等级的金葵花理财经理来维护，这种客户上交的机制，也使得招行理财经理离职后，能够带走的客户很少，因为客户维护不是终身制，所以带走的数量有限。另外招行大客户实行的是上交后的多人维护，行长和主管参与维护，这样就会防止因员工发生变动而影响客户的稳定。

三是金葵花贵宾理财经理。在招行资产达到 50 万元以上，就是金葵花客户，金葵花理财经理比理财专员在专业等整体服务水平上有更高的要求，确保能够对等地给客户提供更加专业的金融服务。一个金葵花理财经理维护客户的上限是 400 个，一旦超过 400 个，多了的就进公共池子，由行长进行重新分配。

四是私钻理财经理。招行把零售资产 500 万元以上的叫钻石客户，1000 万元以上叫私人银行客户，这两个类型的客户也是由不同的理财经理维护，钻石理财经理最多只能维护 80 个，私人银行理财经理最多只能维护 60 个。

五是个贷客户经理。由零售信贷部管理，招行的个贷业务虽然都属于大零售板块，但在运营和管理上相对独立一些，零售信贷部有自己的客户经理，以及通过招聘派遣制客户经理助理来实现个贷的上量。

二、招行和平安的获客来源、资产增量的十大渠道

第一，两家银行都走了高端客户挖掘和提升之路

银行 20% 的客户，创造 80% 的价值，招行和平安正是依托客户分层，抓住了高端客户对全行零售业务的"定盘星"作用。2021 年一季度季报显示，招行管理金葵花及以上客户 AUM 为 78802 亿元，较上年末增长 7.28%，占比 82.13%；招行的私人银行客户较上年末增长 6.91%，私人银行客户 AUM 较上年末增长 7.55%；户均总资产 2791.74 万元，私行客户 AUM 占零售 AUM 比重保持快速上升趋势。

平安银行一季度季报显示，财富客户 98.86 万户，较上年末增长 5.8%，私行达标客户 6.25 万户，较上年末增长 9.1%；私行达标客户 AUM 规模 12333.16 亿元，较上年末增长 9.2%，户均 AUM 上升至 1973 万元，也就是说，平安私人银行客户 AUM 余额占到整个零售 AUM 的近一半。

数据显示，招行和平安注重高端客户拓展和维护能力的提升，推动客均资产增加，高净值用户对零售的贡献度越来越大。

第二，招行平安今年大力销售代理产品，促进规模快速增加

近年来，虽然各家银行都建立了自己的理财子公司，但是往往出现这样一种情况，同样一款产品，理财子公司给本行渠道的收益率定价会比给其他代销行低一些，所以，招行今年大量代理销售建信理财、光大理财等他行产品，用于稳定本行老客户，吸引新资金。并且这几年信托、保险成为各家银行争

相代销的重点产品，2020 年招行银行代理信托类产品销售额达到 4691.2 亿元，同比增长 38.19%，进入 2021 年以来，这种良好的势头得以延续，从产品端实现曲线借力，弯道超车，找到了理财规模增长的新亮点。

第三，基金业务对规模的增长功不可没

2020 年招行银行代理销售非货币公募基金达到 6107.04 亿元，同比增长 177.88%，尽管 2021 年以来股市出现波动，但是对招行代理基金影响不是太大，因为当理财经理销售基金和客户购买基金都成了一种习惯的时候，暂时的下跌反而会促进销售金额增长。

有人说，AUM 增长的最高境界不是来了新客户、新资金，而是帮客户遴选好基带来净值增长，AUM 总量就会自然上涨。招行总行有个优选基金的池子，各个分行的投顾团队再根据本地客户的风险承受能力和投资习惯再筛一遍，做到优中选优，最大限度地稳妥增值。

过去招行零售中收主要依靠卖保险，2021 年招行零售利润中，代理基金占了大头，因为招行的 AUM 规模大了，客户量多了，基金自然就好卖。

第四，弱化存款考核，突出 AUM 规模指标

2007 年的时候，招行的存款和别的股份制差不了多少，但在这种情况下，招行率先设立 AUM 这个指标，并替代存款指标，进行重点考核。他们的理念是"客户资金不必进我口袋，只要经我手管理即可"。同样，对公业务（招行叫批发业务）有个类似 AUM 的指标叫 FPA，包含传统的贷款、票据贴现、信用证，也包含表外的债券承销、资产支持证券、撮合交易等，即"客户融资不必由我出资，只要由我服务即可"。实际上，AUM 和 FPA 是从客户的资产负债表考虑问题，此举很多银行不以为然。因为存款是立行之本，客户都去买基金买理财，存款怎么办？实践证明，招行就依靠这样一个战略，不但 AUM 快速上涨，存款也同步快速上涨，目前个人存款已经突破了 2 万亿元，几乎是很多股份制银行 AUM 的总额。

第五，员工销售能力提升弥补产品收益缺陷

如果单纯论存款和自营理财，招行的收益率算是比较低的。但借着招行银行的品牌和员工的销售能力，他们会利用产品配置、礼品、打感情牌等多个因素来弥补产品收益率低的不足，最终照样把产品销售出去。

一个500万元的客户，很多银行往往靠一笔高收益固收类信托来挽留，但招行一定把500万元打散，按照收益性、稳妥性和安全性三个角度做成产品组合，靠配置和综合增值服务赢得客户——世界上最好的产品不是信托，也不是银行理财，也不是存款，而是投资组合！

平安则用的是保险公司模式，支行线下活动几乎每周都有，理财经理营销能力强，一个是靠配置，这是掩盖产品收益率低的手段；另一个是抓住客户心理，用礼品弥补收益的不足，赢得客户。

第六，用差异化产品吸引客户

很多银行这两年都在推三年或五年大额存单，但是从利差和利润的角度来说，这些产品几乎是不赚钱的。所以招行2021年针对经济形势不明朗，居民投资带有一定观望心理的新情况，主推特色存款"享定存"，1年期年利率2.25%，两年期年利率3.15%，并且代发工资客户略高，单从这两款定期存款来看，利率在同业很有优势，吸引了一些新客户。所以，招行的产品策略是"田忌赛马"，另辟蹊径，找对手防御的薄弱环节下手，同样会吸引很多他行资金。

第七，有了MAU，就会有AUM，线上导入客户大幅增加

最新的数据显示，作为招行零售客户的主要经营渠道，"招商银行"和"掌上生活"两大APP、MAU（月活跃用户）达1.07亿户，其中，招商银行APP全年理财投资客户数达到1033万户，同比增长35.55%，占全行理财投资客户数的94.84%；招商银行APP的理财投资销售金额达到10.09万亿元，同比增长28.2%，占全行理财投资销售金额的80%左右。

截至3月末，平安口袋银行APP注册用户数11,788.40万户，较上年末增长4.2%，其中，MAU达到3796.42万户。

相对多数银行而言，招行、平安的客户相对年轻一些，所以两家银行2021年把MAU线上获客作为重中之重。

好多银行习惯线下搞活动，但招行很少举办线下活动，而是围绕手机银行铺天盖地开展各种客户活动，客户停车缴费、加油支付等消费场景，都越来越习惯用 APP 进行支付，因为不但有优惠，还有抽奖；客户资金达到 40 多万元，很快就会收到参加金葵花达标客户的升级活动，都是线上化，智能自动推送。尽管每个小的项目导入客户有限，但是场景多了，涓涓细流就会汇集，零售业务就是靠一个个小的点，汇成了 AUM 的汪洋大海。

第八，MGM 导入他行资金

营销的最高境界就是口口相传。这些年各家银行都在推客户转介活动，但是很多银行效果并不十分明显。但招行的 MGM 却非常具有吸引力，客户 M1 把在其他行的客户 M2 转介到招行后，双方通过手机 APP 都知道自己能享受什么特惠理财，双方都拿什么固定奖励，另外两人还都有抽奖，这样转介有新意，有实惠，有乐趣。

第九，创新型产品赢得了市场的认可

表面上看，大家都觉得招行产品收益率低，但是为啥大家还趋之若鹜呢？其实深层次去看招行产品，还是有很多创新方式的。比如，"金葵花信托"就是一款其他行很少见的产品，之所以叫"金葵花信托"就是因为起点比较低（100 万元起），金葵花客户也能买。这个产品实际上是用信托 + 年金保险包装成了一款固收类产品，单独说卖保险，很多客户不认可保险，单独卖信托，而起点资金一般要求 300 万元起，所以招行设计这款"金葵花信托"就成了银行的保险和信托，客户接受起来就容易多了。

第十，银保协同给平安带来了大量客户

如果说招行偏向于经营客户，平安则非常注重经营员工。平安有严格的考核制度，用工管理也是用了保险公司的"增员"模式，不断招人，合同制、派遣制等用工制度非常灵活，"宽进入，严转正，自然淘汰"，某种程度上说平安靠的是人海战术，3 个人拿 4 个人的工资干 5 个人的活，把员工潜能发挥到极致。

另外，平安集团内的联动应当算得上是中国金融业的翘楚，平安叫"综

合金融"，广发叫"保银协同"，光大叫"集团联动"，平安银行依托了平安保险庞大的寿险营销员队伍，通过集团统一对保险营销员加入银行存款、理财、客户数、个贷等考核指标，并配置优厚的奖励措施，保险营销员的积极性得到充分发挥，在平安银行很多分行，保险营销人员导入的 AUM 和客户数占到全行的一半以上。

在平安集团的统一调度下，平安信托旗下 1200 人财富管理团队统一划入平安银行私人银行体系。这批信托出身的私人银行理财经理，在集合信托、私募、家族信托等高端产品的销售上比普通银行理财经理更胜一筹，不但促进了集团联动和信托产品在银行内推广，更有力地促进了平安银行私人银行客户的增长。

三、招行和平安在过程管理和督导上的特色及借鉴

第一，招行和平安非常注重运用员工智慧

招行有个专门收集员工意见的论坛，叫"蛋壳吐槽专区"，任何员工都可以匿名在上面提意见和吐槽，系统进行了加密设置，谁也查不出是谁发的、哪个分行发的，为的是能够让大家畅所欲言。比如，招行 APP 推出以后，好多员工反映不好用，于是总行发动大家挑毛病，吐槽，并且明确要求大家挑刺的时候，不要只和同业银行比，要和拼多多、淘宝等互联网公司比，结果收到了很好的效果，招行 APP 在近乎苛刻的挑刺中不断完善，成为银行最好的 APP 之一。

另外，去年很多一线员工反映电话销售的数量、时长等要求过于死板，占用一线员工大量精力，效果不好，于是招行今年对电话营销等过程管理开始"减负"。很多银行的吐槽论坛只是形式，前脚提完意见，后脚就知道哪个分行提的，导致了没有人敢说真话，因此招行这个真征求意见、真听取意见、真整改意见的做法值得多数银行学习。

第二，管理督导不是简单下指标，而是教方法，多赋能

招商银行在指标下达上，也和很多银行一样，任务一年比一年重。比如，2021 年一季度的零售各项指标是完成全年任务一半，最终他们顺利完成了。这里面与下任务的科学性和合理性有关系，更多的则是对一线完成指标的赋能和服务。

在业绩的督导和过程管理上，招行、平安除了科学考核督导之外，各主管部门不是简单讲下任务、发通报，而首先做的是跟上培训辅导，培训除了外部讲师之外，两家银行都非常重视内训师队伍的建设，即投资顾问团队发挥了很大的作用。另外，在礼品的配置上，两家银行均通过线上给一线提供了强有力的增值服务支持。

第三，高度重视防流失

招行对客户流失的考核近乎苛刻，比如某分行规定，流失一个金葵花客户扣罚奖励 500 元，有的员工每月单此一项被扣 6000 多元，因此在招行有句话叫"防抢防盗防流失"。当然，招行在防流失上，除了奖罚之外，更多的是利用系统对资金流失、降级进行预警监测，通过配置专属挽回产品或挽留的增值服务，以及行长联动挽留机制，确保了招行客户流失率位居银行业较低水平。结论：招行 AUM 不是涨得好，而是流失管控得好。

第四，考核一切都用二维码

在招行和平安，一个理财经理有十多个二维码，客户办理业务只要扫码就能准确地把业绩统计到员工名下，其中有客户转二维码、手机银行等小指标二维码、信用卡二维码、产品销售二维码等。在平安银行，就连理财经理通过朋友圈发的海报，都是通过口袋银行自动生成，客户扫码既能方便地办理业务，又能自动统计到客户经理名下。但好多银行还在用推荐人代码，让客户体验感不好，效率也低下。

第五，平安更注重对员工的培训

在对员工的培训上，保险公司要比银行强很多倍，而平安银行是保险出身，所以整个平安银行销售文化很简单：紧跟听话执行照做出活，看似寥寥八个字，平安上下能够贯彻得淋漓尽致确实不容易。

四、招行、平安经验怎样在他行落地

第一，要想零售强，赶快做私行

尽管长尾客户依然是银行服务的主要群体，但改革开放以来，中国居民财富的集中度越来越高，高端客户的理财需求也越来越大，同样，高净值客户对银行零售 AUM 和中收贡献越来越高，高净值与超高净值客户将成为各家银行竞争的重中之重。因此借鉴招行和平安模式，大力做好高端客户的服务和营销是银行零售业务实现快速上量的必由之路。

具体落地工作包括：参考招行搭建投顾团队并科学考核；参考招行对客户进行分层服务；做好私行高端产品的创设和包装；组织高端客户转介活动要注重实效。

第二，要想中收高，代理不能少

有专家说"银行迟早有一天会成为保险公司的小卖部"，这绝对不是危言耸听，银行依靠存贷利差盈利的时代即将过去，随着理财子公司时代的全面开启，银行的销售方式正在由"自有产品销售"向"开放产品平台"转型，自营理财也将成为历史，因此，银行将迎来全面代理业务时代。

具体落地工作包括：尽快扭转大家不愿卖代理产品的观念；建立绩优基金筛选和推广机制；统一基金、保险、信托等代理产品的销售话术；大力销售他行理财子公司有竞争力的产品。

第三，营销一味卖产品，不如专心做配置

招行、平安的经验给我们带来启示，零售业务正在由"财富产品销售"

向"客户需求驱动的投顾模式"转型，因此银行在管理上要从单纯的产品督导模式转向产品配置的引导模式，而理财经理也要抛开单纯卖卖卖的理念，在兼顾完成销售指标的同时，从维护客户、做百年老店出发，真正为客户量体裁衣，做客户的理财管家。

具体落地工作包括：加大产品交叉营销考核力度；引导大家为客户量身制定资产配置方案；打造理财经理个人的专业"人设"，赢得客户信赖；强化家族信托营销，锁定客户资产。

第四，各种客户照顾到，分层营销很重要

关于客户分层服务，多数银行尚未推行，原因一个是人少，一个支行就一两个理财经理，只能胡子眉毛一把抓；另一个是观念上认为分层服务的上交机制考核起来很难，员工或支行非常抵触，不好落地。但是，从招行和平安成功的经验来看，银行根据管理资产规模，对客户进行分层，匹配差异化的产品、服务和渠道覆盖方式，确实效果显著。

具体落地工作包括：人员少的情况下先实行客户的分群管理；建立简单易行的客户分层考核机制；在总行未实行分层管理的情况下，分行选择试点行先行先试；注重对员工进行差异化营销能力培养。

第五，零售长久兴旺，年轻客群要培养

数字化浪潮下，居民对数字化渠道的接受度日益提升，特别是年轻客户群体更看重方便、快捷、多渠道的数字化体验，因此谁抓住这批年轻客群谁就会赢得零售的未来。招行一直注重培养年轻客群，因此在所有银行中，招行客户的平均年龄是最低的。如果银行现在不去抓年轻人，当现在这批五六十年代出生的主流理财客户老去的时候，银行将无财可理。

具体落地工作包括：积极营销信用卡客户联动营销财富产品和个贷产品；营销年轻人的互联网活期理财归回银行；开展校园一卡通的营销；积极向年轻客户推广基金定投产品。

第六，规模要想涨得好，资金管控很重要

招行和平安非常注重运用科技创新，对流失客户进行预警和管控，招行

有个 "W+" 系统，通过这个系统，理财经理可以对客户生活习惯等画像一目了然，比如某个客户爱超市购物，某个客户爱娱乐消费，甚至某个客户资产进出什么规律，该配置什么产品等都可以看到，因此学习平安和招行不但要获客，还要学习通过精准 KYC 和增值服务稳客，扎牢出水口，资产池子才会越来越大。

具体落地工作包括：做好客户资金的监测和分析；利用 CRM 系统在资金管控中的应用；利用现有系统对客户进行画像分析；通过理财 POS 分析客户的资产情况。

第七，活动创新做得好，规模增长少不了

目前很多银行的活动仅仅限于包粽子、插花等传统活动，其实最好的活动是精准筛选客户，有针对性地举办专属活动。比如针对流失临界点客户，招行一般是依托数据，对有流失倾向的、需要提升的设计专属活动，一个 45 万元的客户升级到 50 万元可享哪些权益，拿什么奖品，享受哪些专属理财，然后由系统把这些权益自动加到客户名下，这样有的放矢，精准营销，效果会更好。

具体落地工作包括：积极借鉴招行进行客户活动创新；用好活动的宣传工具，提高活动的曝光量；搞活动要做好后评估，并总结完善；活动现场要进行签单和导入技巧。

第八，传统导客要打破，增量就要靠外拓

招行的新客户导入一般依靠代发和转介，而平安的客户导入则习惯用 APP 场景和口袋银行，客户下载就有红包，购买产品就有专门为新客户设计的钩子产品，所以吸引了很多他行客户。另外招行和平安的外拓团队值得多数银行借鉴，零售业务不走出去，很难实现上量。

具体落地工作包括：通过互联网从源头做好新注册企业代发业务营销；对意向客户积极用钩子产品实现开单；分行零售部可以尝试建立外拓团队；培养员工养成外拓习惯；加强员工外拓过程的管控。

第九，零售业绩涨得稳，专业团队是根本

理财经理不是卖理财的，而是根据客户需求和行内导向给客户做配置的。

平安银行的销售策略是帮适合的客户配置优秀基金或私募，让客户赚了钱之后，再把赚的利润赎回，让客户买保险，这种营销模式往往使客户比较容易接受，但是这就得需要提升员工的专业能力。

具体落地工作包括：学习平安银行，积极给员工培训，调动积极性；加强零售岗位经验内化；选择员工更喜欢的培训方式，提高团队综合能力；建立适合本行的积分考核机制。

人是一切核心竞争力的奠基石。无论是招行还是平安，都是依靠了一支敢打硬仗的零售团队，招行行长田惠宇说"今天的招商银行可能是离大财富管理最近的幸运儿"，里面的幸运主要是全行上下"因您而变"的科学理念，和不断坚持创新思维，走差异化营销之路的策略。对于多数银行来说，中国的银行净息差不断收窄已成定局，金融脱媒也在不断加快，银行只有向身边优秀的同业学习，不断完善和提升自我，才会在今后更加激烈的金融竞争中能勇立潮头，扬帆远航！